Paul Good   *Wandern im Verbotenen*

Foto Hartmann Basel 1874
© Nietzsche Archiv der Weimarer Klassik
KSW GAS 101/17

Paul Good Philosophie Symposium
Grand Resort Bad Ragaz

NIETZSCHE IN RAGAZ

Wandern im Verbotenen

Über Sinne und Sinn in Nietzsches Philosophie
Herausgegeben von Paul Good

AGON PRESS

IMPRESSUM

Friedrich Nietzsche Symposium Grand Resort Bad Ragaz
23. bis 26. Juni 2011
Initiator, Konzept und Leitung: Prof. Dr. Paul Good
www.philosophiesymposium.ch

Die Buchreihe wird von der Grand Resort Bad Ragaz AG unterstützt
www.resortragaz.ch

Gedruckt mit Unterstützung der Roman Norbert Ketterer Stiftung

Herausgeber: Paul Good, Bad Ragaz

© 2012 Texte bei den Autoren und bei Agon Press Lachen / Bad Ragaz
© Videoprints von Tomasz Rogowiec
© The Munch Museum / The Munch-Ellingsen Group / 2012, ProLitteris, Zürich
© Pechstein, Hamburg/Toekendorf / 2012 ProLitteris, Zürich
Für alle andern Künstler gilt: © 2012, ProLitteris, Zürich
Alle Rechte vorbehalten

Gestaltung und Satz: Stefan Steiner, Köln
Reproduktion und Druck: Lösch MedienManufaktur, Waiblingen
Printed in Germany

Vertrieb: Philosophie Atelier, Elestastr. 16, CH-7310 Bad Ragaz
T +41 (0)81 330 75 15 oder Mail good@philosophiesymposium.ch
Agon Press Lachen / Bad Ragaz 2012

ISBN 978-3-9523857-2-2

Inhalt

Paul Good, Bad Ragaz 7
Nietzsches Diätetisches Philosophieren
Über Gesundheit, Ernährung, Klima, Wandern

Rüdiger Görner, London 31
Der Kunst-Fall Nietzsche
oder die Wiedergeburt des Denkens aus dem Geist der Sinne

Éva Grépály und Rüdiger Schmidt-Grépály, Weimar 47
Nietzsches Labyrinthe
Leitmotive seines Denkens

Paul Good, Bad Ragaz 75
„Der Leib ist eine große Vernunft" –
Der Schaffende als Modell für das Menschsein

Thomas Hürlimann, Berlin 101
Nietzsches Regenschirm

Roman Signer, St. Gallen 122
„Hören aus der Tiefe", 2011, Installation an der Tamina

Ulrich Mosch, Basel 125
„…unablässiges Spiel der Doppel-Belichtungen"
Wolfgang Rihms „Opernphantasie" Dionysos
nach Friedrich Nietzsches Dionysos-Dithyramben

Wolfgang Henze, Wichtrach / Bern 159
Nietzsche und die bildenden Künste des Expressionismus,
insbesondere bei „Brücke" und Ernst Ludwig Kirchner

Nachbemerkung des Herausgebers 222

Autorenverzeichnis 224

Paul Good
Bad Ragaz

Nietzsches Diätetisches Philosophieren
Über Gesundheit, Ernährung, Klima, Wandern

Eröffnungsvortrag

Meine Damen und Herren, liebe Freunde der Philosophie

1. Begrüßung

1.1 Ich eröffne das *Zweite Philosophie Symposium im Grand Resort Bad Ragaz 2011* und heiße Sie alle herzlich willkommen. Ich freue mich, dass Sie sich so zahlreich für diese sehr spezielle Wanderung im Verbotenen Ihres eigenen Denkens und Fühlens eingefunden haben.

Nietzsche ist eine ganz spezielle Erscheinung in der philosophischen Landschaft. Für viele ist er ein Schnurrbart, ein Kauz, ein Vernichter von Moral und Religion, jedenfalls ein Monster, das im Wahnsinn endet. Ich möchte Ihnen Nietzsche als Gespenst austilgen und Nietzsche als Menschen nahebringen, der ein guter Nachbar der nächsten Dinge sein wollte.[1]

---

[1] Vgl. F. Nietzsche, *Der Wanderer und sein Schatten*, MA II, 2, Nachtrag 1880 (KSA 2, 535 ff.)

Nietzsche in der Einzahl gibt es nicht. Nietzsche ist ein Plural. Es gibt ihn selbst nur als Mehrere, als Perspektivenwechsel, sein Werk ist auf Differenz angelegt, nicht auf Einheit. Vieldeutigkeit ist Programm, nicht Mangel. Es existieren demnach notwendig verschiedene Zugänge und Lesarten nebeneinander. Er hat wie jeder Große sein eigenes Vokabular geschaffen und Neubeschreibungen geliefert. Nietzsche war als Skeptiker ein rhetorisches Genie. „Umwertung aller Werte", „Ewige Wiederkunft", „Übermensch", „Wille zur Macht" heißen vier Hauptthemen und Konzepte seiner Philosophie. Wir können (in skeptischer Haltung) gerade bei ihm hinter Vokabulare und Neubeschreibungen nicht weiter zurück auf ewige Wahrheiten (Metaphysik) rekurrieren.[2] Nietzsche existiert in Interpretationen. Er fürchtete sich vor allem vor denen, die ihn verstanden hatten. Wir tun also gut daran, ein zweifelndes und tastendes Gespräch mit ihm zu führen.

1.2 Ich bin stolz, sehr stolz, Ihnen mit Ursula Pia Jauch (Zürich), mit Rüdiger Schmidt-Grépály (Weimar), mit Rüdiger Görner (London) auf diesem Symposium einen erstklassigen und breiten Kompetenzbereich von Nietzsche-Ansichten oder Nietzsche-Zugängen präsentieren zu können. Ich heiße Sie alle drei als Referenten der Philosophie herzlich willkommen und danke für Ihr Engagement.

Ich bin froh, dass auf dem Symposium eine Dame Nietzsches Peitsche schwingt, bin neugierig, was Sie, verehrte Frau Jauch, Kritisches über Nietzsches Wirkung auf Frauen erzählen werden. Auf dem Schloss Marschlins in Igis, keine 10 km von Bad Ragaz entfernt, besaß Nietzsche in Meta von Salis-Marschlins eine frühe Fanin, der er bis zum Zusammenbruch bedeutende Briefe geschrieben hat. Auch ihre Besuche in Sils-Maria waren dem Philosophen wichtig.

Ich begrüße Sie, Herr Rüdiger Schmidt-Grépály und Ihre Gattin, Sie sind Initiator und Leiter des Nietzsche-Kollegs der Weimarer

---

2 Vgl. Richard Rorty, *Kontingenz, Ironie und Solidarität*. Frankfurt am Main, 1989

Klassik Stiftung, Sie werden uns Leitmotive von Nietzsches Denken vorstellen, damit auch Neulinge das vielgestaltige Oeuvre des Philosophen in etwa einschätzen und überblicken können. Sie sind für eine Werk-Kartographie durch zwei berühmte Lese-Einführungen (zusammen mit Cord Spreckelsen) zu *Also sprach Zarathustra* und zu *Ecce Homo* dafür der Spezialist. Zudem verdanken wir Ihrer Mithilfe Brief-Autographen und das Nietzsche-Foto im Programmheft.

Schon freundschaftlich verbunden bin ich Ihnen, liebe Herr und Frau Görner aus London, Welcome to You, Sie haben hier bereits vor einem Jahr über Rilke begeistert. Ihre spezifische Betrachtung des Denkkünstlers und Kunstdenkers Nietzsche, der aus den Sinnen die Wiedergeburt eines neuen Geistes feiert, macht sehr neugierig, zumal Sie mit mehreren Büchern zu Nietzsche in der Auslegungskunst international brilliert haben.

Zum Konzept meines Symposiums-Projektes im Grand Resort gehört sodann, Philosophie stets unter Präsenz der Künste in vereinter Wahrnehmung der Welt und Anstrengung des Ausdrucks zu pflegen. Das liegt bei Nietzsche, der sich außer Alt-Philologe und Philosoph auch Komponist, Dichter, Sänger, Tänzer, Satyr, Narr und Hanswurst bezeichnete, besonders nahe.

So freut es mich ganz speziell, dass es gelungen ist, im Programm einen Akzent auf die Wirkungen von Nietzsches Werk in den Künsten *prominent und aktuell* zu setzen. Ich begrüße mit Gattin Herrn Ulrich Mosch von der Paul Sacher Stiftung, Basel, der größten Musik-Autographensammlung der Welt. Sie werden uns Wolfgang Rihms im vergangenen Jahr bei den Salzburger Festspielen uraufgeführtes und gefeiertes Musiktheater „Dionysos" nach Nietzsches Dionysos-Dithyramben in Ton und Bild vorstellen. Wie kommt der berühmte Opern-Komponist Wolfgang Rihm heute auf die Idee, entlang von Bocksgesängen unseres Philosophen Musik für heute zu schreiben? Was für Musik ist da entstanden, lautet die spannende Frage.

Nicht weniger weitreichend ist Nietzsches Wirkung auf die Entstehung des *literarischen* und des *bildnerischen* Expressionismus zu

Beginn des 20. Jahrhunderts gewesen. Über letzteren, bislang wenig erforscht, werden Sie uns, Herr Wolfgang Henze, aus erster Hand berichten. Ich heiße Sie und Frau Henze-Ketterer freundschaftlich willkommen. Ich bin auf Ihre Ergebnisse speziell zu Ernst Ludwig Kirchner sehr gespannt und möchte Ihnen ein herzliches Dankeschön aussprechen, dass Sie auch die Exkursion leiten werden. Wir beehren den extravaganten Maler, Zeichner und Bildhauer am Samstag mit der Fahrt zum Ernst Ludwig Kirchner Museum in Davos.

Und *last but not least* die Dichterstimme: nochmals ein Höhepunkt aktueller Nietzsche Rezeption zum Schluss mit der Lesung von Thomas Hürlimann zu Nietzsches Regenschirm. Ich bin mit Nietzsche gesprochen „überstolz" (Nietzsches „Zarathustra" besteht aus der permanenten Evokation des Wortes „über", ist im Modus des „über" geschrieben)[3], Sie als prominenten und auch im Ausland vielbeachteten Schweizer Autor über das Wandern im Verbotenen beim eigenen Schreiben zu hören. Beim „Fräulein Stark" reizt der pubertierende Protagonist ständig erotische und moralische Verbote aus. Der mit Bruno Ganz verfilmte „Kater" erschafft ein Empfindungsmonument für Dichtung als Tabubruch beim Rollenbild „gute Familie". So begrüße ich auch dieses zweite Trio als Vertreter der Künste mit Freude und ich empfehle ihre Vorträge wärmstens.

1.3 Nietzsche ist der große Tabubrecher und Umwerter aller Werte. Wie kommt das noble Grand Resort dazu, diesen Rebellen unter den Philosophen ins eigene Haus zu lassen? Es gibt einen simplen Grund:

---

3 Vgl. im „Zarathustra" (KSA 4) wiederkehrende Ausdrücke wie Übermensch oder Übermut, das Gute, das kein Wegweiser für Überwelten (Z I/5) ist, „ich bin das, *was sich immer selber überwinden muss*" (Z II/12), weiter Über-Held (Z II/13), Über-Drache (Z II/21), Vertrauens-Überseliger (Z III/1), alles Übermürbe (Z III/7), Überfluss an Überfließendem wie an den Viel-zu-Vielen (Z III/8), der große Überdruss am Menschen (Z III/13), Über-Reichtum und Über-Fülle, aber auch Über-Güte. (Z III/14)

der Philosoph hielt sich 1877 einen Monat zur Kur in Ragaz auf. Er hoffte, das legendäre Heilwasser könnte ihn von seinen Schmerzanfällen befreien. Den Aufenthalt und seine Sorge um die Basler Lehrtätigkeit sowie um mögliche Verheiratung habe ich im Programmheft geschildert.

1877 hielt sich also unser Philosoph fast 4 Wochen im Grand Hotel Tamina auf. Jetzt machen wir sein Denken 4 Tage lang im Grand Resort präsent. Ich möchte dem Hausherrn Direktor Riet Pfister danken dafür, dass er mir diese Plattform bietet, um internationale Begegnungen in Kunst und Philosophie herbeizuführen, um Bad Ragaz als geistigen Ort der Begegnung zu erschaffen. Philosophie ist höherer Luxus. Man kann sie nicht kaufen, man kann sie nicht bezahlen. Und sie ist trotzdem notwendig. Sie befreit das Leben von der „Ketten-Krankheit", so Nietzsches Ausdruck in *Menschliches, Allzumenschliches*. (MA II Nr. 350, KSA 2, 702) Aber Vorsicht, wer Ketten brechen will, muss sich erst durch entsprechende Kraft beweisen. Ich möchte alle Gäste auffordern, sich durch die modernen Bade- und Wellness-Verführungen im Haus tüchtig zu stärken.

Ebenso wie Rilke vor einem Jahr ist Nietzsche ein Exot innerhalb der Businesswelt. Umso erfreuter war ich, dass das Management dem Freigeist viel Sympathie und Förderung bei der Organisation und Durchführung dieses Symposiums entgegengebracht hat. Allen Beteiligten sei mein Dank ausgedrückt.

Und ich schließe den formellen Teil der Begrüßung mit der Dankadresse an die Sponsoren, ohne die es kein Symposium gäbe. Allen ein Dankeschön, speziell der ZKB als Hauptsponsor, persönlich präsent durch das Direktionsmitglied Reto Siegrist mit Gattin. Herr Siegrist und Herr Pfister werden beim Apéro ihre Vorstellungen und Erwartungen ans Symposium eigens ausdrücken.

Liebe Teilnehmerinnen und Teilnehmer, seien Sie aufs herzlichste zur regen Teilnahme am Gespräch über *den* Philosophen eingeladen, der die Philosophie zerbrach, eine Philosophie der Zukunft versprach und der doch der Umstrittenste aller Sucher und Versucher bis heute geblieben ist. Ich freue mich auch speziell, dass einige von Ihnen das zweite Mal dabei sind. Das Thema *Wandern im Verbotenen – über Sinne und Sinn in Nietzsches Philosophie* setzt die Rilke'sche Thematik vom *Sprung durch die fünf Gärten in einem Atem* (Rilke nannte die Sinne „Gärten") fort, nun sozusagen bei seinem größten Lehrmeister Friedrich Nietzsche. So entsteht bei den Bad Ragaz Symposien eine Kontinuität in der philosophisch-künstlerischen Wahrnehmung der Welt.

1.4 Zum Thema „Wandern im Verbotenen", meine Damen und Herren, zeige ich Ihnen zur Begrüßung noch nicht den Wanderer im Verbotenen der Ideale und Moralen, sondern einen Menschen, der ein Wanderer und guter Nachbar der nächsten Dinge sein wollte und insofern diätetische Maßnahmen zur Stärkung seines Lebens ergriffen hat.

> Philosophie, wie ich sie bisher verstanden und gelebt habe,
> ist das freiwillige Leben in Eis und Hochgebirge – das Aufsuchen
> alles Fremden und Fragwürdigen im Dasein, alles dessen,
> was durch die Moral bisher in Bann gethan war. – Aus einer
> langen Erfahrung, welche eine solche Wanderung *im Verbotenen*
> gab, lernte ich die Ursachen, aus denen bisher moralisirt und
> idealisirt wurde, sehr anders ansehn als es erwünscht sein mag:
> die *verborgene* Geschichte der Philosophen, die Psychologie ihrer
> grossen Namen kam für mich an's Licht. – Wie viel Wahrheit
> *erträgt*, wie viel Wahrheit *wagt* ein Geist? das wurde für mich
> immer mehr der eigentliche Werthmesser. Irrthum (– der
> Glaube an's Ideal –) ist nicht Blindheit, Irrthum ist *Feigheit*…
> (EH Vorwort 3, KSA 6, 258/259)

Irrtum ist Feigheit, der Wahrheit ins Antlitz zu schauen. Mit diesem Text aus dem Vorwort von Friedrich Nietzsches Selbst- und Werkrückblick 1888 mit dem bezeichnenden, an die Jesus-Situation vor Pilatus anknüpfenden Titel *Ecce Homo* (Seht hier den Menschen!) eröffne ich thematisch das *Zweite Philosophie Symposium im Grand Resort Bad Ragaz 2011*.

Das Philosophieren – ein freiwilliges Leben in Eis und Hochgebirge, also in Einsamkeit, ein Alleingang, eine Differenzform von Leben, keine allgemeine Lebensform. Sie wird durch Neugier getragen allem durch Dogmen Verbotenen gegenüber. Warum muss es so viele Verbote geben? Was einem selbst fremd und fragwürdig geblieben ist im Dasein muss man in langer Erfahrung durchwandern. Die Ursachen des Moralisierens und Idealisierens bei großen Philosophen eruiert Nietzsche aus deren Verhältnis zu den treibenden Kräften des Lebens, daraus, ob ihr Denken ein Produkt der Bejahung oder der Unterdrückung derselben war. Das Kriterium solcher Differenzanalysen lautet: Wie viel Wahrheit bezüglich des Lebens ertrug und wagte ein Geist? Kann er Leben *lebensimmanent* bejahen, obwohl es Leiden, Schmerz, Untergang einschließt, ohne eine transzendente Rechtfertigung dafür zu fordern?

Mit dieser Textstelle wollte ich den Fokus dieses Symposiums auf die Kräfte des Lebens lenken, die ein Denken, eine Philosophie hervorbringen. „Geist ist das Leben, das selber in's Leben schneidet", sagt Zarathustra im 2. Buch „Von den berühmten Weisen" (Z II/8, KSA 4, 134), d.h. an der eigenen Qual mehrt es sich das eigene Wissen. Es kann also wehtun, liebe Gewohnheiten aufzugeben und die verborgene Psychologie der Kräfte bei sich selbst empirisch zu erforschen. Nietzsches Werk stellt in sich selbst dar und provoziert bei anderen das, was ich *ein philosophisches Differenzbild vom Denken* aufgrund unterschiedlichen Schätzens von Leben nenne.

2. Nietzsches Diätetik

Ich möchte Ihnen unseren Philosophen von einer sehr menschlichen Seite vorstellen. Er eröffnete in der Philosophie die Wert- und Sinnfrage ganz neu. Das Phänomen „Leiden" und „vergängliches Leben" muss Sinn und Wert in sich selbst haben (nicht erst in einem „transzendenten ewigen Leben"). Nicht das Leiden, sondern die Sinnlosigkeit des Leidens in sich selbst war bisher das Problem. Jeder von uns sieht sich immer wieder damit konfrontiert. Und die übermenschliche Aufgabe ergab sich für Nietzsche, dem vergänglichen Leben Sinn und Wert in unerhörtem Maße *aus ihm selbst* zu verschaffen. *Philosophisches Denken* auf der unendlichen Immanenzebene des Lebens selbst zu etablieren, es von Religion, Metaphysik, Moral vollständig abzukoppeln, zur Freiheit zu emanzipieren, darin bestand die übermenschliche Aufgabe. In diesem Kontext wird Diätetik für ihn wichtig. Physiologie tritt an die Stelle von Moral und Metaphysik.

2.1 Lassen Sie mich, liebe Nietzsche-Freunde von nah und fern, in diesem zweiten Teil das Anliegen von Nietzsches diätetischem Philosophieren skizzieren. Was versteht unser Philosoph unter Diätetik? Wie rühmt er Gesundheit, Klima, Ernährung, Wandern, Erholung als physiologische Bedingungen seines Denkens? Warum sind ihm über bloß subjektive Lebensverbesserungen hinaus einfache körperliche Belange für seinen Begriff von Philosophie so relevant? Den Ausdruck „Diät" benutzt Nietzsche häufig zur Verbesserung des Körperbefindens wie aber auch im Kampf gegen Krankes und Dekadentes im Geiste (wie den Pessimismus). Ich beginne mit einem Textbeispiel, das die geistige Relevanz von Diät *geniebetont* präsentiert. In der *Götzen-Dämmerung oder Wie man mit dem Hammer philosophiert* von 1888 lesen wir bei Nummer 31 der „Streifzüge eines Unzeitgemäßen":

> *Noch ein Problem der Diät.* – Die Mittel, mit denen Julius Cäsar sich gegen Kränklichkeiten und Kopfschmerz vertheidigte: ungeheure Märsche, einfachste Lebensweise, ununterbrochener Aufenthalt im Freien, beständige Strapazen – das sind, in's Grosse gerechnet, die Erhaltungs- und Schutz-Maassregeln überhaupt gegen die extreme Verletzlichkeit jener subtilen und unter höchstem Druck arbeitenden Maschine, welche Genie heisst. –
> (GD, Streifzüge 31, KSA 6, 130)

Also ein ganz spezielles Diät-Problem. Von einfacher Ernährungs-Diät gebe ich später Beispiele. Hier geht es generell um Lebensführungs-Diät fürs Genie. Interessant, Genie eine Maschine zu nennen! Das ist ein Typus Mensch, der bezüglich seiner Bestimmung eben keine Wahl hat. Ein physiologisch begründeter höherer Wille zur Macht definiert die Genie-Maschine. Sie besteht nicht in körperlicher Ausstattung als Kraftprotz wie etwa bei Athleten. Subtil und unter höchstem Druck arbeitet sie. Ich habe diese Stelle ausgesucht, weil hier das Problem der Diätetik Erhaltungs- und Schutz-Maßregeln überhaupt gegen extreme Verletzlichkeit betrifft. Extreme Empfindlichkeit gehört nämlich gerade zu dieser Maschine. Sie muss Erhaltungs-Maßregeln ergreifen, einmal um den Kränklichkeiten des Körpers (Kopfschmerzen) zu wehren, sodann um die moralisch-geistigen Leiden am Leben zu beenden. Härte erfordert sie, äußerste Härte gegen sich selbst, wie von Cäsar überliefert, der Tage und Nächte durchritt, selbst auf dem Pferd schlief. Nietzsches nächster Freund, der Basler Theologieprofessor Franz Overbeck, schreibt der Gewalttätigkeit, die Nietzsche gegen sich selbst gerichtet hat, am Ende den plötzlichen Ausbruch seines Wahnsinns zu.[4]

Unser Philosoph war von früh an ein kranker Mann. Er litt fast permanent unter Kopfschmerzen, wurde oft wegen Schmerzanfällen tagelang ans Bett gefesselt. Seine Sehkraft wurde immer weniger, er konnte kaum mehr lesen, er wurde fast blind. Also ein Kranker ergreift Maßnahmen gegen seine Gebrechen. Der Patient als Arzt. Das daran Entscheidende für mich ist, *dass er aus dem Negativen im Leben kein Argument gegen das Leben gemacht hat.* Nietzsche fordert gegen die Romantiker und gegen den späten Richard Wagner, „ein Leidender hat auf Pessimismus *noch kein Recht*". Ich will Ihnen die ganze

---

[4] So in seinen Erinnerungen an seinen Freund und Basler Kollegen 1906, soeben 2011 neu erschienen: Franz Overbeck, *Erinnerungen an Friedrich Nietzsche.* Mit Briefen an Heinrich Köselitz und mit einem Essay von Heinrich Detering, Berlin 2011.

Passage vorlegen aus der Vorrede von *Menschliches, Allzumenschliches. Ein Buch für freie Geister* (2. Band 1886)[5]:

> Damals lernte ich die Kunst, mich heiter, objektiv, neugierig, vor allem gesund und boshaft zu *geben*, – und bei einem Kranken ist dies, wie mir scheinen will, sein „guter Geschmack"? Einem feineren Auge und Mitgefühl wird es trotzdem nicht entgehn, was vielleicht den Reiz dieser Schriften ausmacht, – dass hier ein Leidender und Entbehrender redet, wie als ob er *nicht* ein Leidender und Entbehrender sei. Hier *soll* das Gleichgewicht, die Gelassenheit, sogar die Dankbarkeit gegen das Leben aufrecht erhalten werden, hier waltet ein strenger, stolzer, beständig wacher, beständig reizbarer Wille, der sich die Aufgabe gestellt hat, das Leben *wider* den Schmerz zu vertheidigen und alle Schlüsse abzuknicken, welche aus Schmerz, Enttäuschung, Ueberdruss, Vereinsamung und andrem Moorgrunde gleich giftigen Schwämmen aufzuwachsen pflegen.
> (MA II, Vorrede 5, KSA 2, 374)

Welche Rhetorik des Einsiedlers! Da haben wir also diese Kunst der geistigen Diätetik, die das Leben gegen den Schmerz verteidigt. Ein Heroismus (oder die Größe der Zen-Haltung), als Leidender so über das Leben zu reden, als ob er kein Leidender wäre. Und diese hohe Haltung macht heiter, objektiv, neugierig, vor allem gesund und boshaft. Sie macht den Reiz von Nietzsches Schriften tatsächlich aus, wenn man sie selbst als Freier Geist, als befreiter Geist liest und wenn man die zunehmende Aggressivität der späteren Rhetorik als Tempobeschleunigungen von Liebenswürdigkeiten gegenüber dem Leben versteht. Echolosigkeit machte den Einsiedler hart.

In der Fortsetzung umschreibt Nietzsche *Methoden seiner Diät-*

---

5 Nietzsche nennt einleitend an dieser Stelle solches Reden ein „einsiedlerisches", auf das sich nur die Schweigendsten und Leidendsten verstehen.

etik. Er erinnert an den Arzt, der seinen Patienten unter Umständen in eine völlig fremde Umgebung, z. B. irgendwohin zur Kur schickt, um ihn der Sorgen und Gedächtnismarter zu entziehen, damit er „Hände und Sinne nach neuer Nahrung, neuer Sonne, neuer Zukunft ausstrecken lernt". Derart zwingt sich der Patient als Philosoph „zu einem umgekehrten unerprobten *Klima der Seele*, und namentlich zu einer abziehenden Wanderung in die Fremde, in *das* Fremde, zu einer Neugierde nach aller Art von Fremdem…" (MA II, Vorwort 5, KSA 2, 375) Da haben wir diese Wanderung ins Verbotene, ins Fragwürdige im Dasein, in die Fremde, in das Fremde, diese Neugier für alles Fremde in mir, das man, durch Verbotstafeln moralischer, metaphysischer, religiöser Art umstellt, einfach ungelebt ließ und unentdeckt hielt. Wandern im Fremden wird gefordert. Neugier ist der Antrieb. Diätetik führt zu einem noch unerprobten Klima der Seele.

Ich will Ihnen den Schluss dieser Passage nicht vorenthalten, wo Diätetik als Kunst bezeichnet wird, mit einem Minimum von Leben ein Maximum von Bejahung des Lebens zu schaffen. Dabei stehen Nietzsche die griechischen Kyniker vorbildhaft zur Seite, an Diogenes in der Tonne wird eigens erinnert:

> Ein langes Herumziehn, Suchen, Wechseln folgte hieraus, ein Widerwille gegen alles Festbleiben, gegen jedes plumpe Bejahen und Verneinen; ebenfalls eine Diätetik und Zucht, welche es dem Geiste so leicht als möglich machen wollte, weit zu laufen, hoch zu fliegen, vor Allem immer wieder fort zu fliegen. Thatsächlich ein Minimum von Leben, eine Loskettung von allen gröberen Begehrlichkeiten, eine Unabhängigkeit inmitten aller Art äusserer Ungunst, sammt dem Stolze, leben zu *können* unter dieser Ungunst; etwas Cynismus vielleicht, etwas „Tonne", aber ebenso gewiss viel Grillen-Glück, Grillen-Munterkeit, viel Stille, Licht, feinere Thorheit, verborgenes Schwärmen – das Alles ergab zuletzt eine grosse geistige Erstarkung, eine wachsende Lust und Fülle der Gesundheit. Das Leben selbst *belohnt* uns für unsern zähen Willen zum Leben, für einen solchen langen Krieg, wie ich ihn damals mit mir gegen den Pessimismus der

Lebensmüdigkeit führte, schon für jeden aufmerksamen Blick unsrer Dankbarkeit, der sich die kleinsten, zartesten, flüchtigsten Geschenke des Lebens nicht entgehn lässt. (MA II, Vorrede 5, KSA 2, 375)

Große geistige Erstarkung, wachsende Lust und Fülle der Gesundheit, Philosophie als Große Gesundheit, das ist das Ziel von Nietzsches Diätetik. Vom Pessimismus, von der Lebensmüdigkeit Schopenhauers, der ihn jung völlig vereinnahmte, weglaufen, wegfliegen, Wandern ins eigene Fremdsein, am einfachen Leben Gefallen und Genüge finden, das Leben lohnt es, indem es uns *unsre Aufgabe* zurückgibt. Die Gestalt eines ganz und gar humanen, zuerst sich selbst hart fordernden Mannes tritt da vor uns. Er wird gelegentlich auch die Rolle des Kriegers spielen.

Gesundheitslehre empfiehlt unser Philosoph „geistigeren Naturen" als „disciplina voluntatis", als Disziplinierung des Willens. Er versteht sich auf die Schlangenklugheit, die Haut zu wechseln. Das berechtigt ihn zu dieser Diätetik. Seine Wanderbücher, wie er sie nennt, zeigen den Weg zu einer neuen Gesundheit von Morgen und Übermorgen, der den Gesündesten, den Stärksten, den guten Europäern zum Wohle gereicht.

Nietzsche ist auch darin Differenz-Denker, dass er aus seinem eigenen Lebenskampf seine Philosophie macht: „ich machte aus meinem Willen zur Gesundheit, zum *Leben*, meine Philosophie." (EH, KSA 6, 267) Nietzsche präsentiert sich selbst als Heilmittel gegen den Lebenspessimismus. Wussten Sie, geschätzte Hörerinnen und Hörer, aus seiner Philosophie bisher einen so positiven geistigen Gewinn zu ziehen?

2.2 Diätetik nimmt sodann in Nietzsches Werk sehr konkrete bis witzige Züge an. In *Ecce Homo* fühlte er sich am Ende genötigt, den möglichen Einwand, er beschäftige sich als Philosoph statt mit großer Aufgabe mit lauter Nebensächlichkeiten, zu entkräften: „diese kleinen Dinge – Ernährung, Ort, Clima, Erholung, die ganze Casuistik der Selbstsucht – sind über alle Begriffe hinaus wichtiger als Alles, was man bisher wichtig nahm." (EH 2/10, KSA 6, 295) Die kleinen Dinge! Nun wertet Nietzsche den Ausdruck „Selbstsucht" natürlich um, er spricht häufig vom notwendigen Egoismus des Schaffenden. Er nennt ihn „Instinkt der Selbsterhaltung" oder „Instinkt der Selbstvertheidigung" (ich werde diesen Instinkt beim Samstagsvortrag mit Spinozas Begriff „conatus" in Verbindung bringen). Kasuistik der Selbstsucht: Ein Differenz-Gesichtspunkt par excellence, der eine Kasuistik, also Einzelfallmaßnahmen, rechtfertigt. Nietzsches Diätetik bietet kein generelles Ernährungsprogramm, sondern zielt auf Differenz-Maßnahmen entsprechend der geistigen Aufgabe des Einzelnen.[6]

Diätetik im engeren Sinn hat es also mit der rechten Ernährung zu tun. Wenn gilt, dass unsere Gedanken, Ideen, Werte, Wünsche, Ideale ganz wesentlich Produkte physiologischer und psychischer Kräfte sind, dann gehört die Förderung des körperlichen Wohlbefindens und der lustorientierten Kräfte durch Ernährung zur Diätetik und Hygiene des Geistes. Dafür liefert ihm, metaphorisch und mit abgründiger Bosheit geäußert, die deutsche Küche für die Herkunft des deutschen Geistes gerade den abschreckenden Beleg: Suppe vor der Mahlzeit, „die ausgekochten Fleische, die fett und mehlig gemachten Gemüse; die Entartung der Mehlspeise zum Briefbeschwerer!" Da haben wir die Herkunft des deutschen Geistes der Schwere, des Tiefsinns „aus betrübten Eingeweiden… Der deutsche Geist ist eine Indigestion, er wird mit Nichts fertig." (KSA 6, 279/280) Über Schweizer Geist aus Schweizer Küche äußert er sich kaum oder vornehm zurückhaltend!

Manchmal wird der Ausdruck „Diät" im ganz engen Sinn gebraucht. Da liest man etwa in einem Brief vom 21. August 1885 aus Sils-Maria: „Das Clima ist rauh und härtet ab; auch halte ich strengs-

---

6   Rüdiger Schmidt und Cord Spreckelsen haben im Buch *Ecce Homo, Nietzsche für Anfänger* (München 2000) diese Casuistik der Selbstsucht ausführlich dargestellt.

tens noch an meiner Milch- und Reis-Diät fest." (KSB 7 Nr. 625, S. 88) Milch- und Reis-Diät! Armer Philosoph. Das war natürlich nicht die einzige, die er sich gelegentlich auferlegt hat. Aber, dies sei gleich betont, Vegetarier[7] war er nicht, aus Erfahrung nicht, wie Richard Wagner, der ihn bekehrt habe. Es gibt die frühere boshafte Bemerkung, dass Vegetarismus den Sozialismus begünstigt.

Gebündelt informiert unser Philosoph zu Beginn von *Ecce Homo* über seine spezifischen diätetischen Maßnahmen. Sie klingen für uns so witzig wie zum Teil albern. Die damalige Medizin konnte ihm nicht helfen, so behalf er sich selbst, indem er sich tendenziell ein Minimalprogramm bei der Ernährung verordnete.

Etwa bei den Getränken. *Kaffee* lehnt er ab! Warum? „Café verdüstert." So redet ein überempfindlicher Magen, der den Kopf verdüstert. Tee verträgt er nur morgens, um nur einen Grad zu schwach macht er den ganzen Tag übel. „In einem sehr agaçanten Klima ist Thee als Anfang unräthlich: man soll eine Stunde vorher eine Tasse dicken entölten Cacao's den Anfang machen lassen." (KSA 6, 281) So spricht und rät der Causeur, der Nietzsche bei vornehmen Engländerinnen im Hotel Alpenrose in Sils-Maria auch gewesen ist, wo er regelmäßig mit ihnen speiste.

Alkohol ist ihm total nachteilig, ein Glas Wein oder Bier am Tag macht aus seinem Leben bereits ein Jammertal. Das wird mit Spitze gegen München, wo seine Antipoden dem Bier erliegen, wie gegen Naumburg gesagt, dessen Wein ihm jung wohl das Weintrinken völlig ausgetrieben hat! Ein Genießer ist er also nicht, unser Pastorensohn. Dass Wein erheitert, glauben nur Christen. Für ihn eine Ab-

---

7 Man beachte die „Definition des Vegetariers" in *Der Fall Wagner*: „ein Wesen, das eine corroborirende Diät nöthig hat. [Von „corroborare": etwas in allen seinen Teilen kernfest machen, erstarken lassen!] Das Schädliche als schädlich empfinden, sich etwas Schädliches verbieten *können* ist ein Zeichen noch von Jugend, von Lebenskraft. Den Erschöpften *lockt* das Schädliche: den Vegetarier das Gemüse. Die Krankheit selbst kann ein Stimulans des Lebens sein: nur muss man gesund genug für dies Stimulans sein!" *Der Fall Wagner* 5 (KSA 6, 22)

surdität. Extrem verstimmbar, machen ihn schon stark verdünnte Mengen Alkohol zum Seemann. Also Abstinenz in Alcoholicis für *geistigere* Naturen. Und der Rat: „*Wasser* thut's …" (EH II/1, KSA 6, 281) Da kommt ihm der biblische Vergleich vom Geist, der über dem Wasser schwebt, für einmal gerade gelegen. Und Orte wie Nizza, Turin, Sils-Maria bevorzugt er, weil man dort damals Wasser aus fließenden Brunnen trinken konnte.

Das Kriterium der rechten Ernährung ist ihm nicht etwa der Genuss, sondern die Wirkung, die daraus für die *geistige Aufgabe* zu erwarten ist. Er formuliert es zum Handgebrauch als Frage:

Wie hast gerade *du* dich zu ernähren, um zu deinem Maximum
von Kraft, von Virtù im Renaissance-Stile, von moralinfreier
Tugend zu kommen?
(EH 2/1, KSA 6, 279)

Dem Maximum an Kraft im Sinne der Tüchtigkeit des großen Renaissance-Individuums dient sein diätetisches Bemühen. Und er ist erstaunt darüber, nach langen eigenen, schlimmen Zeiten „aus diesen Erfahrungen so spät ‚Vernunft' gelernt zu haben." Vernunft setzt er in Anführungszeichen, um sie von der allgemeinen Vernunft abzusetzen, weil es sich bei diesem Instinkt der Selbstsucht, der auch eine Selbstzüchtigung sein kann, nur um eine individuelle Vernünftigkeit handeln kann.

Deutsche, englische, selbst französische Küche, lehnt unser Philosoph, ein Asket der Ernährung, ab. Er neigt leicht zu Pauschalverurteilungen und komischen Kurzschlüssen. So scheint ihm die englische Küche als Rückkehr zur Natur nur eine Rückkehr zum Kannibalismus zu sein, den die schweren Engländerinnen-Füße belegen. Man mags glauben oder nicht!

Weil fettarm, leicht verdaulich, bekömmlich, einfach, triumphiert im Urteil Nietzsches einzig die piemontesische Küche. „Die beste Küche ist die *Piemont's*." (EH 2/1, KSA 6, 280) Alle Vorurteile gegenüber dem Leben, alle Lebensmüdigkeit, alle Lebensverneinung entstammen hingegen schlechter Verdauung. Nietzsche schließt häufig verdächtig kurz zwischen physiologischen und geistigen Bedingungen, auch wenn man der Wichtigkeit der Physiologie fürs Denken zustimmen muss.

2.3 Ein *erweiterter Gebrauch des Ausdrucks „Diät"* kann bei Nietzsche auch einmal *kulturpsychologische Dimension* oder *religiös-asketische Züge* annehmen. Als Beispiele für erstere gibt es seltsam pauschale Kurzschlüsse, wenn Nietzsche etwa die frühe Verbreitung des Buddhismus „zu einem guten Theile" von der einseitigen Reiskost der Inder und von einer daraus resultierenden allgemeinen Erschlaffung abhängig macht. Oder wenn er die europäische Unzufriedenheit im 19. Jahrhundert aus mittelalterlichen germanischen Neigungen zur Trunkenheit, aus einer Art „Alkoholvergiftung Europas" erklären möchte. Er nennt beides „Nachwirkungen eines grossen Diätfehlers." (FW 3. Buch Nr. 134, KSA 3, 485/486) Einseitige Übertreibungen und Exzesse sind also einfach Diätfehler.

Für das zweite, den Begriff *„Diät" auf religiös-asketische Belange zu beziehen*, dient ihm in *Jenseits von Gut und Böse* das, was er „die religiöse Neurose" nennt, die er „mit drei gefährlichen Diät-Verordnungen: Einsamkeit, Fasten und geschlechtlicher Enthaltsamkeit" verknüpft sieht. (JGB 3, Nr. 47, KSA 5, 67 ff.) Er lässt dabei ausdrücklich offen, was Ursache und was Wirkung ist und ob überhaupt ein solches Wirkverhältnis besteht. Religiöse Neurose setzt er mit religiösem Wesen gleich und er kann nicht begreifen, was am „Phänomen des Heiligen" und an Wundern selbst für Philosophen wie Schopenhauer so reizvoll sein konnte. Ihm sind Bußkrämpfe, Welt- und Willensverneinung ebenso wie wollüstige Ausschweifungen bei Wilden oder Zivilisierten eher „maskierte Epilepsie". Damit hat er die drei Pfeiler des asketischen Lebens, auf denen das abendländische Mönchstum beruht, pauschal als Krankenbilder des Lebens abgetan.[8]

---

[8] Aufgeschreckt wird man vielleicht von Überlegungen „Zur Pflege der Gesundheit" in *Morgenröthe. Gedanken über die moralischen Vor-*

Ein sehr gegen Schwäche, Krankheit und Schmerzen kämpfender Philosoph zeigt sich bei einer Art *Selbstrezeptur*. Wandern ist ihm bereits eine diätetische Maßnahme. Es soll ihn fit halten gegen die kränklichen Tendenzen in seinem Leben, gegen physiologische wie psychische und moralische Schwächung, die häufig aus dem Ressentiment und anderen trübsinnigen Leidenschaften kommt. Mitleid, Selbst- und Fremdmitleid, ist immer falsch, weil es den Leidenden, Geschädigten oder Kranken nur noch mehr schwächt. Man muss die positiven Kräfte in sich vermehren. Das kann man nur selbst, durch Selbstüberwindung, durch Härte gegen sich selbst, wodurch man neue Kraft und Leichtigkeit erlangt.[9]

urtheile (3. Buch Nr. 202), wo zwischen der „Physiologie der Verbrecher" und der von Geisteskranken kein Unterschied ausgemacht wird, unheilbaren Verbrechern die Gelegenheit zum Selbstmord angeboten, die Begriffe Sünde, Schuld und Strafe in diesem Zusammenhang abgeschafft werden sollten. Kranksein wird bei manchen wilden Völkern mit Schuldigsein verknüpft. Dagegen fehlen noch heute die Ärzte, meint Nietzsche, welche diese „praktische Moral" in Heilkunst umwandeln. Doch da stellt Nietzsche mit Bedauern fest: „noch gehört die Lehre von dem Leibe und von der Diät nicht zu den Verpflichtungen aller niederen und höheren Schulen." (KSA 3, 178) Nietzsche möchte die Gesundheit einer Gesellschaft (und des Einzelnen) daran bemessen, „wie viel Parasiten sie ertragen kann". Aufgeschreckt wird man dann allerdings ob der eugenischen Praktiken der Nazis, die hemmungslos mit krankem Leben experimentierten. Die für Schulen geforderte Lehre vom Leibe und von Diät betrifft hingegen die Pflege der Bildung allein unter Rücksicht der Förderung des Lebens.
9 Am Ende dieser Bemerkungen zur rechten Ernährung fürs gesunde Denken führe ich noch eine Kritik an der Schaustellung des Reichtums durch Nahrung an, die Nietzsche in der *Morgenröthe* unter dem Titel „Gegen die schlechte Diät" richtet. (M 3 Nr. 203, KSA 3, 179) Sie beginnt mit dem Ausruf: „Pfui über die Mahlzeiten, welche jetzt die Menschen machen, in den Gasthäusern sowohl als überall, wo die wohlbestellte Classe der Gesellschaft lebt!" Da huldigt man nämlich dem „Viel zu viel". Die Speisen sind auf äußeren Effekt und nicht auf die innere Wirkung hin zubereitet. Die Folge ist Schwere des Magens

2.4 Ort, Klima, Erholung

in Sachen Diätetik sind schließlich die Wahl von Ort und Klima für den Stoffwechsel nach Nietzsches persönlicher Erfahrung ebenso relevant wie die Wahl der rechten Erholung. Stets im Blick auf die hohe Aufgabe, die jemand zu erfüllen bereit ist. Wie bei der fetten Ernährung ist auch das deutsche, feuchte Klima den Eingeweiden nicht zuträglich: „Das Genie ist *bedingt durch trockne Luft, durch reinen Himmel.*" (KSA 6, 282) Das Engadin sowie das Piemont (Genua, Turin) erfüllen die klimatischen und meteorologischen Bedingungen perfekt. (Nietzsche zählt noch die Provence, Paris, Florenz, Jerusalem und Athen dazu.) Physiologische Unglücksorte, ihm „geradezu *verbotene* Orte", sind ihm Naumburg, Schulpforta, Thüringen, Leipzig, Basel. „In meiner Baslerzeit war meine ganze geistige Diät, die Tageseintheilung eingerechnet, ein vollkommen sinnloser Missbrauch ausserordentlicher Kräfte,

und des Gehirns. Aufregende Getränke sollen abhelfen. Überempfindsamkeit und schlechte Träume sind die allgemeine Folge. Weltmüdigkeit allenthalben. Diese Küche des Viel-zu-Vielen scheint in England ein ganzes Christentum nötig zu haben, um Verdauungsbeschwerden und Kopfschmerzen erträglich und gerechtfertigt erscheinen zu lassen. Das Lustige daran, es handelt sich bei solchen Mahlzeiten keineswegs um Schlemmerei. „Was wollen also diese Mahlzeiten? – *Sie repräsentiren!*" Was? Nicht den Stand, man ist Individuum, es gibt keinen Stand mehr. Was Nietzsche da beobachtet, ist doch recht erstaunlich. Er behauptet, solche Mahlzeiten repräsentieren das Geld. „Aber Geld ist Macht, Ruhm, Würde, Vorrang, Einfluss; Geld macht jetzt das grosse oder kleine moralische Vorurtheil für einen Menschen, je nachdem er davon hat!" Solche Vielerlei-Mahlzeiten auf dem Tisch sind die sichtbaren Repräsentanten des Geldes. Kein Wunder, dass der Philosoph diese Art von schlechter Diät ablehnte. Dieses negative Beispiel von „schlechter Diät" zeigt, wie weit dieser Ausdruck von Nietzsche verwendet wird. Denn dies heißt üblich ja gar nicht Diät, mit Masse an Speisen zu protzen, Reichtum zu zeigen. Alles, was von der Ernährung her für das Denken hinderlich oder förderlich erscheint, zählt ihm zu Diät. Diätetisches Philosophieren bedenkt Kräfte und Schwächen, die dem Geist durch Ernährung, Magen, Verdauung zuteil werden.

ohne eine irgendwie den Verbrauch deckende Zufuhr von Kräften…" (EH 2/2, KSA 6, 283) Was die Erholung von der eigenen großen Aufgabe betrifft, so zählt Nietzsche alles Lesen dazu. „Lesen erholt mich von *meinem Ernste*." (KSA 6, 284) Er liest wenig, aber er liest deshalb nicht schlechter. Vehemente äußere Reize der Beeinflussung muss man beim Lesen abwehren. („eine Art Selbst-Vermauerung gehört zu den ersten Instinkt-Klugheiten der geistigen Schwangerschaft", KSA 6, 283) Die Skeptiker sind ihm „der einzig *ehrenwerthe* Typus" der Philosophen, die er liest. Französische Bildung kann als einzige bestehen. Pascal liest er nicht, liebt er aber. Montaigne's Mutwillen im Geiste ist ihm über alles heilig. Molière, Corneille, Racine entsprechen seinem Artistengeschmack.

2.5 Wandern – Zum Schluss, verehrte Gäste, lassen Sie mich noch von der Wichtigkeit des Wanderns sprechen. Nicht metaphorisch vom Wandern im Geistigen, sondern wörtlich vom Wandern mit den Füßen als diätetische Maßnahme. Bei dieser wie bei allen vorhergehenden gilt der Satz: „Die *Krankheit* brachte mich erst zur Vernunft. –" Nietzsches Philosophie entsteht als *wanderndes, wandelndes Denken*. Sie begründet ein Nomadentum im Denken.[10] Philosophie als Königsweg etablierte sich als Denken von Sesshaften. Zarathustra begreift sich dagegen als Wanderer: „Ich habe gehen gelernt: seitdem lasse ich mich laufen." (Z I/7, KSA 4, 49) Sich laufen lassen aus dem abgesteckten Territorium hinaus in die Wildnis, ins bislang Verbotene.

Dahinter steckt eine *nomadische Natur*, die keinen dauernden Wohnsitz hat, viel reist, mühsam und langsam, einige Orte immer

---

10 Der Nomade ist überall zuhause. In *Die fröhliche Wissenschaft* sagt es folgende Notiz im 3. Buch: „*Immer zu Hause.* – Eines Tages erreichen wir unser *Ziel* – und weisen nunmehr mit Stolz darauf hin, was für lange Reisen wir dazu gemacht haben. In Wahrheit merkten wir nicht, dass wir reisten. Wir kamen aber dadurch so weit, dass wir an jeder Stelle wähnten, *zu Hause* zu sein." (FW III Nr. 253, KSA 3, 516)

wieder aufsucht, sich nirgends definitiv niederlässt, nirgends oder überall wirklich zuhause ist.[11] Dazu war Nietzsche ein Staatenloser. Und einer, der gar nicht über das Studium der Philosophie Philosoph geworden ist, sondern über die Altphilologie. Er las die Alten im Original. Und er wollte immer ein Künstler sein.

Man glaube nicht, dass die nomadische Lebensform, weglos und gefährlich am Abgrund, in der Denkform seiner Philosophie sich nicht niedergeschlagen hätte. Im Gedicht „Der Wanderer" in *Die fröhliche Wissenschaft* sagt die letzte Zeile: „Verloren bist du, glaubst du – an Gefahr." (FW Vorspiel Nr. 27, KSA 3, 359) Ich erinnere an ein hübsches Verschen in *Die fröhliche Wissenschaft*, zitiere aus „Vorspiel in deutschen Reimen:" (Nr. 52, KSA 3, 365)

Mit dem Fusse schreiben

Ich schreib nicht mit der Hand allein:
Der Fuss will stets mit Schreiber sein.
Fest, frei und tapfer läuft er mir
Bald durch das Feld, bald durchs Papier.

Das wandernde Denken und Schreiben bedient sich der Kurzformen wie Spruch, Vers, Aphorismus, Notiz, Aufzeichnung. Es handelt sich für mich um differentielle Formen.[12] Diese Kurzformen sind, bei Nietzsches genialer rhetorischen Begabung, lauter rhetorische Worttänzchen, kleine Ritornelle. Denn rhythmisch bewegt sich

---

[11] Ähnlich lebte der Dichter Rainer Maria Rilke die meiste Zeit reisend, ohne feste Absteige, aus dem Koffer.

[12] Aus lauter Bemerkungen und Landschaftsskizzen wird später der Stil von Ludwig Wittgensteins *Philosophischen Untersuchungen* im 20. Jahrhundert bestehen. Er reiht lauter einzelne pragmatische Bedeutungsanalysen aneinander, der eigenen früheren identitätslogischen Systematik der Wortbedeutung im *Tractatus* abhold, wo die „logische Form" gleich „Bedeutung" war. Jetzt betreibt er differentielles Schreiben.

der Nomade allemal. Und natürlich geht die Topographie ein, ob er am Meer steht oder auf Berge steigt. Und die Höhe, die Höhenluft, eine dünne Luft. Nietzsche schreibt Höhenluftbücher, wie er selbst warnt. Er bedient sich ständig der Bergmetaphern für sein Denken. Seine Sprüche müssen Gipfel sein, Bergspitzen. Und die nächste Verbindung zwischen ihnen ist die von Gipfel zu Gipfel, dafür muss man wiederum lange Beine haben.[13] Man muss weit gegangen sein! Man darf schmunzeln, man muss oft laut lachen, wenn man Nietzsche liest. Gemäß dem Zweizeiler mit dem Titel „Vorsicht: Gift!" (Bruchstückhaftes aus den Jahren 1869 bis 1888):

Vorsicht: Gift!

Wer hier nicht lachen kann, soll hier nicht lesen!
Denn, lacht er nicht, packt ihn „das böse Wesen".

Sie wissen, liebe Freunde von Nietzsche, die nomadische Philosophie verschiebt Vokabular, Stil und Methoden des Denkens. Sie wird gesungen, gelacht, getanzt und mit dem Hammer betrieben! In *Götzen-Dämmerung* im Abschnitt 7 „Was den Deutschen abgeht" finden Sie die Erklärung dafür, wie das neue Denken gelernt werden kann: „dass Denken gelernt sein will, wie Tanzen gelernt sein will, *als eine Art Tanzen…*" (KSA 6, 109)

Beim Schreiben mit dem Fuß wird Körperliches, bisher dem Denken stets ein Fragwürdiges, ein Fremdes, endlich ins Recht gesetzt. Hier tritt Bewegung gegen das Sitzfleisch an, für Nietzsche die Sünde wider den heiligen Geist. Dem Sitzfleisch beim Lesen verdankt sich aber die meiste Philosophie. Man liest und schreibt über Gelesenes, statt über Erlaufenes, Erlebtes, Erfahrenes. Darum Nietzsches Rat:

---

13 Vgl. *Also sprach Zarathustra*, I / 7 „Vom Lesen und Schreiben". (KSA 4, 48ff.)

So wenig als möglich *sitzen*; keinem Gedanken Glauben
schenken, der nicht im Freien geboren ist und bei freier
Bewegung, – in dem nicht auch die Muskeln ein Fest feiern.
(EH II/1, KSA 6, 281)

Die Diätetik von Nietzsche ergibt sich aus der Körperbindung des Denkens. Gedanken müssen einem Fest der Muskeln entwachsen. Sonst taugen sie nicht fürs Leben. Die Motorik wird hier nicht als Sport empfohlen, sondern die Lebenskräfte werden als Geistgeneratoren mobilisiert. Ausgerechnet von einem, der wenig Körperkraft mitbekommen hatte! Gegen Gustave Flauberts Diktum, man könne nur sitzend schreiben, schießt Nietzsche in *Götzen-Dämmerung oder Wie man mit dem Hammer philosophirt* (1888) den Pfeil ab: „Nur die *ergangenen* Gedanken haben Werth." („Sprüche und Pfeile." Nr. 34, KSA 6, 64) Flaubert verdächtigt er allein des sitzenden Schreibens wegen als Nihilist.

Ich muss Ihnen Notiz Nr. 366 aus *Die fröhliche Wissenschaft* vorlegen, darin unser Philosoph im Blick auf ein gelehrtes Buch dem Sitzfleisch abschwört:

Wir gehören nicht zu Denen, die erst zwischen Büchern, auf den Anstoss von Büchern zu Gedanken kommen – unsere Gewohnheit ist, im Freien zu denken, gehend, springend, steigend, tanzend, am liebsten auf einsamen Bergen oder dicht am Meere, da wo selbst die Wege nachdenklich werden. Unsre ersten Werthfragen, in Bezug auf Buch, Mensch, Musik, lauten: „kann er gehen? mehr noch, kann er tanzen?" ... Wir lesen selten, wir lesen darum nicht schlechter – oh wie rasch errathen wir's, wie Einer auf seine Gedanken gekommen ist, ob sitzend, vor dem Tintenfass, mit zusammengedrücktem Bauche, den Kopf über das Papier gebeugt: oh wie rasch sind wir auch mit seinem Buche fertig! Das geklemmte Eingeweide verräth sich, darauf darf man wetten, ebenso wie sich Stubenluft, Stubendecke, Stubenenge verräth. –
(FW 5. Buch Nr. 366, KSA 3, 614)

Mit zusammengedrücktem Bauche vor dem Tintenfass: solches Schreiben ergibt nichts, was fürs Leben taugt. Ich sagte es bereits: Man ist an den Ausspruch erinnert, er habe seine Kräfte nie an Fragen verschwendet, die keine sind, man solle ihn bitte vor allem nicht verwechseln. Nietzsche markiert *ein Außen* zu aller bisherigen Philosophie. Der Philosoph als Wanderer wird vor allem der Kritiker der Stubengelehrsamkeit und der Dogmatiker mit eingeklemmten Eingeweiden. Weil sein Kriterium für Denken stets die Frage ist: was taugt es fürs Leben? Wie schätzt es Leben ein? Verhält es sich bejahend oder verneinend zum vergänglichen Leben? Der neue Philosoph bewegt sich in Territorien, wo selbst die Wege nachdenklich werden, wo der Begriff „Weg" selbst fragwürdig wird. Schon in *Menschliches, Allzumenschliches* (1878) notierte Nietzsche bei Nummer 638:

> *Der Wanderer.* – Wer nur einigermaassen zur Freiheit der
> Vernunft gekommen ist, kann sich auf Erden nicht anders fühlen,
> denn als Wanderer, – wenn auch nicht als Reisender *nach* einem
> letzten Ziele: denn dieses giebt es nicht. Wohl aber will er zusehen
> und die Augen dafür offen haben, was Alles in der Welt eigentlich
> vorgeht; desshalb darf er sein Herz nicht allzufest an alles Einzelne
> anhängen; es muss in ihm selber etwas Wanderndes sein, das
> seine Freude an dem Wechsel und der Vergänglichkeit habe.
> (MA 9, KSA 2, 362)

Dem nomadischen Denker, dem die Wege selbst fraglich, nachdenklich wurden, liegt an Freiheit der Vernunft. Er reist oder flüchtet mit seiner Vernunft nicht zu einem letzten Ziel oder Ideal. Er beobachtet als Empiriker, nicht als Metaphysiker, was in der Welt vorgeht. In ihm lebt eine wandelnde Kraft, welche Freude am Wechsel, also am Vergänglichen statt am Ewigen hat. Er ist nicht bloß Peripatetiker im Wandelgang des Peripatos wie die Aristoteliker, die des Meisters Physik und Metaphysik bewundern. Nietzsche wandert im Außen der Philosophie, im Verbotenen der großen Traditionen und Schulen.

In *Jenseits von Gut und Böse* führte Nietzsche aus, dass der Philosoph lange genug verwechselt wurde mit dem wissenschaftlichen oder mit dem religiösen Menschen und dem Pöbel scheint „weise" eine Art Flucht abseits des schlimmen Spiels zu sein,

> aber der rechte Philosoph – so scheint es *uns*, meine Freunde?
> – lebt „unphilosophisch" und „unweise", vor Allem *unklug*,
> und fühlt die Last und Pflicht zu hundert Versuchen
> und Versuchungen des Lebens: – er risquirt *sich* beständig,
> er spielt *das* schlimme Spiel...
> (JGB Nr. 205, KSA 5, 133)

Davon werden nun, nachdem wir kein Monster sondern einen Menschen angetroffen haben, die Vorträge dieses Symposiums handeln. Ich freue mich darauf, wichtige Akzente von Nietzsches Wanderungen vorgelegt zu bekommen. Und ich schließe mit dem Hinweis auf meinen eigenen Samstagvortrag „Der Leib ist eine große Vernunft". Der Körper mit seinen Kräften blieb in fast aller Philosophie bis ins 20. Jahrhundert ein Ungedachtes, sagen wir ruhig ein Verbotenes, im besten Fall Sinnlichkeit ein Vorhof der Erkenntnis. Heute wird er durch Neurobiologie, Hirnforschung, Emotions- und Kognitionsforschung als wesentliche Grundlage und Bedingung des Denkens endlich wissenschaftlich gewürdigt. Ich zeige Ihnen, wie Nietzsche ihn bereits als physiologische und psychologische Bedingung allen Denkens aus der Vergessenheit herausholte.

Der Leib – eine *große Vernunft?* Ich erzähle Ihnen die Geschichte von jenen *aktiven* Kräften, die auszogen, sich zu wagen und zu vermehren, und die Geschichte von den *reaktiven* Kräften, die zu Hause blieben, weil sie sich als zu schwach einschätzten, sich lieber in Ressentiment verzehrten und zur Kompensation nicht gelebten Lebens das Ideal als Instrument der Unterdrückung erfanden.

Rüdiger Görner
London

Der Kunst-Fall Nietzsche
oder die Wiedergeburt des Denkens aus dem Geist der Sinne

Um mit Stichpunkten oder einem kleinen Mosaik aus Ansätzen zu beginnen – infinitivisch seien sie gehalten, um den Grundformcharakter dieser Zugänge zu betonen, dergestalt etwa: Den Körper zum Erkenntnisgegenstand, aber auch zum Mittel des Erkennens von Welt als Physis erklären. Das Denken verleiblichen oder als einen Kunstakt verstehen. Das Ich dabei inszenieren wollen. Oder soll man sagen: ein Denken, das durch den Magen geht und auf die Verdauung achtet? Und das in einer Sprache, die zum Beispiel Interjektionen, ja Konjunktionen weniger als Bindeworte einsetzt denn als Enzyme, welche die geistige Verdauung anregen sollen?

Worte als Spaltstoffe für Schwerverdauliches: Bedenkt man Friedrich Nietzsches intellektuelle Verfahren – und der Plural ist in jeder Hinsicht angesagt – dann gehört die Reflexion und konkrete Einbeziehung des geistigen und physischen Stoffwechsels ebenso dazu wie die von ihm peinlich genau vermerkten klimatischen und topografischen Bedingungen des Denkens. Unter bestimmten Réaumur-, Celsius- oder Höhenverhältnissen, auf schmalen Felsküstenwegen um Genua oder auf der Promenade von Nizza lernt Nietzsche die Sinne als Geburtshelfer eines rapide sich wandelnden, mit christlichen Tabus brechenden Wertempfindens begreifen. Er versteht sich dabei als ein neuer Kolumbus, ausgestattet mit einem inneren Kompass, dessen Nadel in alle Richtungen zugleich zeigt, sich aber immer wieder auf ihn selbst richtet. Zuletzt wird sie ihn zu seiner rhetorisch inszenierten Selbstkreuzigung führen, die er im Grenzbereich zum Wahnhaften noch als letzte dionysische Rauscherfahrung erlebt. Was aber bedeutet das, wenn das Körperliche das Wissen grundiert und die organisch erklärte Form den geistigen Gehalt konditioniert? Nietzsche, dessen Gedanken mit Migränen rivalisierten, hatte das Wie zum Was erklärt und die rhapsodisch-aphoristische Form zum Denkinhalt. Zwischen Basel, Ragaz und Sils, zwischen Sorrent, Rapallo und Turin ereignete sie sich, die Aufhebung der Antinomie von Leib und Geist.

Mit dem Projekt der „Umwerthung" aller Vorstellungen, Werte und sprachlicher Bedeutungsebenen verfolgte Nietzsche nichts weniger als eine Wiedergeburt des sinnlich angereicherten Intellekts des im Geiste der Renaissance Schaffenden. Dieser Ansatz keimt in einer Notiz zur „Geschichte des Ichgefühls" vom Frühjahr 1881, wohl noch in Genua entstanden;[1] die Arbeit an der *Morgenröthe* lag bis auf die Korrekturen hinter ihm ebenso die ausgiebige Lektüre Stendhals, von dem er in *Die fröhliche Wissenschaft* sagen wird, dieser habe „unter allen Franzosen dieses Jahrhunderts die gedankenreichsten Augen und Ohren gehabt." (KSA 3, 450)

Eine Übergangszeit also: von der reinen Reflexion unterwegs zur *Fröhlichen Wissenschaft* und der philosophischen Dichtung des *Zarathustra*, die mit einem Notat im Herbst jenes Jahres 1881 zur erfahrenen Idee der „Wiederkunft des Gleichen" ihren Anfang nehmen sollte. Auf diesem Weg versucht er, das Ichgefühl von jeglichem

---

[1] Friedrich Nietzsche, *Sämtliche Werke*. Kritische Studienausgabe in 15 Einzelbänden (= KSA). Hrsg.v. Giorgio Colli und Mazzino Montinari. Bd. 11. München 1988, S. 494. (Die nachfolgenden Werkzitate im Text beziehen sich auf diese Ausgabe.)

„Selbstbetruge zu reinigen". Aber das eigentliche Stichwort jener Zeit lautet: „Das Ichgefühl umschaffen!" (KSA 11, 450) Ein facettenreicher Prozeß, den Nietzsche auch im Sinne eines Selbstversuchs in Gang setzt; dazu gehört, dass er ausgerechnet beim Studium eines Lehrbuchs zur Mechanik der Wärme von einer Musik spricht, „die nur für den wissenschaftlichen Menschen bereitet" sei.[2] Die Maschinenerfahrung kommt hinzu, meist jedoch in Verbindung mit überraschenden Attributionen. Noch in Genua bereitet er sich auf einem Kocher, er nennt ihn gleichfalls Maschine, eine Genueser Spezialität zu – eine Eierspeise mit Artischocken; er erwägt erstmals den Erwerb einer Schreibmaschine nebst einem Transportkasten aus Mahagoni (KSB 6, 113 u. 120), worüber er mit dessen Erfinder, einem gewissen Malling-Hansen aus Kopenhagen, korrspondiert; zudem sieht er sich selbst als eine „Maschine, welche zerspringen" könnte (KSB 11, 112) und stellt sich vor, die Pariser Elektrizitäts-Ausstellung zu besuchen, „theils um das Neueste zu lernen, theils als Gegenstand der Ausstellung: denn als Witterer von elektrischen Veränderungen und sogenannter Wetter-Prophet nehme ich es mit den Affen auf und bin wahrscheinlich eine ‚Spezialität'", wie er in einem Brief an Overbeck im November jenes Jahres 1881 wieder aus Genua schreibt. (KSB 11, 140) Nimmt man noch Nietzsches Bemerkung hinzu, Stendhal habe sich in Mailand wie „neugeboren" gefühlt, dass er seinen Namen in Italienisch auf seinen Grabstein setzen ließ (KSB 11, 485), dann ergeben sich aus diesen disparaten Äußerungen doch deutliche Aufschlüsse über das, was Nietzsche dieses „Umschaffen" des Ichs und seiner Identität(-en) bedeutete und noch in seiner parodistischen Brechung wert war. Es kann zu einem Ausstellungsgegenstand werden, einem wissenschaftlichen Ereignis, aber auch einer Sinnesmaschine, die bestimmte Orte braucht, um sich jeweils neu zu

---

2 Brief an Köselitz vom 16. April 1881. In: Friedrich Nietzsche, *Sämtliche Briefe. Kritische Studienausgabe in 8 Bänden*. Hrsg.v. Giorgio Colli und Mazzino Montinari. Bd. 6. München 1986, S. 84. (Künftig im Text zitiert als KSB).

erfinden. Auf dem Weg zur „ewigen Wiederkunft" gewinnen freilich die Sinne die Oberhand.

Vorbereitet hatte sich diese Entwicklung in der *Morgenröthe*, aber auch schon in *Menschliches, Allzumenschliches*. In beiden Fällen bildete die Musik den Ausgangspunkt für Nietzsches einschlägige Überlegungen: „Oh, wenn unsere Denker Ohren hätten, um in die Seelen unserer Musiker, vermittelst ihrer Musik, hineinzuhören!" Und weiter: „Denn unsere Musiker haben nicht den leisesten Geruch davon, dass sie ihre eigene Geschichte, die Geschichte der Verhässlichung der Seele, in Musik setzen." (KSA 3, 200) Was sich seit Nietzsches erster Provokation, *Die Geburt der Tragödie aus dem Geist der Musik*, vorbereitete, kommt hier in Wendungen wie „die Musiker haben nicht den leistesten Geruch davon" vollends zur Geltung: ein entschieden synästhetisches Denken und Schreiben, das ihn in der Dichtung bei Stendhal und später Baudelaire so beeindruckte. Nietzsche wollte sich den Geschmack auf der Zunge des Denkens genüßlich zergehen lassen, und zwar als asketischer Hedonist.

In *Menschliches, Allzumenschliches* hatte Nietzsche als ein Zeitphänomen die „Entsinnlichung der höheren Kunst" bezeichnet. Aufgrund der neuen Musik seien die Ohren „immer intellectualer" geworden, was offenbar gegen Wagner und Liszt gerichtet war. Aufschlußreich seine Auswertung dieses Zustands:

> Je gedankenfähiger Auge und Ohr werden, um so mehr
> kommen sie an die Gränze, wo sie unsinnlich werden:
> die Freude wird in's Gehirn verlegt, die Sinnesorgane selbst
> werden stumpf und schwach, das Symbolische tritt immer mehr
> an Stelle des Seienden, – und so gelangen wir auf diesem Wege
> so sicher zur Barbarei, wie auf irgend einem anderen […] je mehr
> der Ambraduft der Bedeutung sich zerstreut und verflüchtigt,
> um so seltener werden Die, welche ihn noch wahrnehmen […].
> (KSA 2, 178)

Die ungewöhnliche Metaphernbildung, „Ambraduft der Bedeutung", verrät einmal mehr Nietzsches Bereitschaft, selbst erkenntniskritische Überlegungen in synästhetischer Form vorzutragen. Die „Gedankenfähigkeit von Auge und Ohr" entspricht seinem Urteil über Stendhal und begründet Nietzsches mittelbares Plädoyer für eine sich wieder gebärende Kultur anspruchsvoller Sinnlichkeit. Was aber hat es mit dem „Ambraduft der Bedeutung" auf sich, offenbar einem Qualitätsmerkmal einer solchen Kultur?

Unter Ambra versteht man einen der ältesten organischen Duftstoffe, um den sich Legenden ranken. Man hielt die Ambra wahlweise für „Erdpech", im Chinesischen für das „Speichelparfüm der Drachen" (*lung sien hiang*), für eine Bernsteinart, bis man entdeckte, dass ihn Pottwale bilden aus den unverdaulichen Teilen ihrer Nahrung. Das Wohlriechende der Ambra entsteht über Jahre, wenn ihre Substanz mit Licht, Salzwasser und Sauerstoff reagiert. Sie gilt als orientalisches Aphrodisiakum, Gewürz und einen Wein anreichernden alkoholischen Stoff, der bereits in der Antike als Rauschmittel Verwendung fand.[3] Nietzsche wählte somit eine Metapher, die mit der Mythologie des Geruchsinns arbeitete, den er zusammen mit dem Gehör-und Sehsinn in die Waagschale der Resensualisierung der Kultur werfen wollte. Die Vorstellung freilich, dass sich die Bedeutung wie ein Parfüm verströme, ja, dass jeder Wortbedeutung eine bestimmte Duftnote zukomme, hat ihren ästhetischen Reiz wohl erst in unseren Tagen durch Patrick Süskinds Roman *Das Parfüm* erhalten. Man mag es für eine besondere Pointe halten, dass

---

3 Vgl. dazu bes. Alain Corbin: *Pesthauch und Blütenduft: Eine Geschichte des Geruchs* (Originaltitel: *Le miasme et la jonquille*. Paris 1982. Übersetzt von Grete Osterwald). Berlin 2005; Sabine Krist/Wilfried Grießer: Die Erforschung der chemischen Sinne. Geruchs- und Geschmackstheorien von der Antike bis zur Gegenwart. Frankfurt am Main / Berlin / Bern / Bruxelles / New York / Oxford / Wien 2006; Gisela Reinecke, Claudia Pilatus: Parfum – Lexikon der Düfte. Köln 2006; Renate Smollich: Der Bisamapfel in Kunst und Wissenschaft. Stuttgart 1983, S. 26-30 (zur Geschichte des Duftstoffs)

sich die Ambra dyspeptischer Zustände in Pottwalen verdankt, eine Disposition, die Nietzsche immer wieder reflektierte bis hin zur bekannten These, alle Schweiger seien dyspeptisch.

Nietzsche, der sich stets auf seine animalische Witterungsfähigkeit etwas zugute hielt, sprach auch noch drei Jahre nach dieser metaphorischen Einlassung in einem Brief an Overbeck vom März 1884 vom „Vor-Geruch", den er synonym mit „Ahnung" verwandte. (KSB 6, 485) Diese Sinnlichkeit hat ihren Preis; sein Name ist der Ekel. Nietzsche stellte sich diesem Problem gleichfalls in seinen Notizen während besagter Übergangszeit Frühjahr/Sommer 1881 von der *Morgenröthe* zum *Zarathustra*. Es ging ihm augenscheinlich um eine Steigerung der nach-hegelianischen Ästhetik des Häßlichen, wie sie Karl Rosenkranz 1853 vorgelegt hatte, nämlich um eine Physiologie des „aesthetisch-Beleidigenden". Unter diesem Stichwort beschreibt er die Verdrängung des physisch Inneren des Menschen, das er als „blutige Massen, Kothgedärme, Eingeweide", als „saugende pumpende Unthiere" sieht, „formlos oder häßlich oder grotesk" dazu noch mit „peinlichem Geruch". (KSA 9, 460) Die Haut verhüllt, wovor sich der Mensch schämt, nämlich seine eigene Materialität. „Der Mensch, soweit er nicht Gestalt ist, ist sich ekelhaft – er thut alles, um nicht daran zu denken", befindet Nietzsche und weiter:

> Die Idealisten der Liebe sind Schwärmer der schönen Formen,
> sie wollen sich täuschen und sind oft empört bei der Vorstellung
> von Coitus und Samen. – Alles Peinliche Quälende Überheftige
> hat der Mensch diesem innerlichen Leibe zugeschrieben:
> um so höher hob er das Sehen Hören die Gestalt das Denken.
> Das Ekelhafte sollte die Quelle des Unglücks sein! –
> Wir lernen den Ekel um! (KSA 9, 460 f.)

Hier radikalisiert Nietzsche die Materialität, wie er sie in *Menschliches, Allzumenschliches* erstmals aufgegriffen hatte. Gunter von Hagens anatomische Provokationen als ästhetische Erfahrungen könnten hieraus ihre theoretische Reflexion beziehen, wenngleich

Nietzsche von einer solchen Kunst vermutlich auch ihre synästhetische Geruchsdimension verlangt hätte. Freilich hatte schon Goethe in seinem Gedicht „Nur wer die Sehnsucht kennt" die Vorstellung von brennendem Eingeweide evoziert und damit eine prekäre Balance hergestellt zwischen vollendeter lyrischer Schönheit und gewagter Anspielung; doch zeigte Nietzsche mit diesem Notat, wie weit er in seinen Überlegungen zu gehen bereit war – bis zu einem von ihm ausdrücklich als „Aufgabe" (KSA 9, 466) bezeichneten Sehen der Dinge wie sie sind, vor und hinter ihrer Hülle. Denn das Umschaffen oder Umlernen, gar Umwerten kann nur gelingen, wenn wir, wie er sich selbst vorschreibt, „alle Dinge auf ihren Werth für das Erkennen hin prüfen." (KSA 9, 466) Gemeint war damit eine sinnlich-intellektuelle Erkenntnis, der buchstäblich jedes Mittel recht sein müsse, um zur verläßlichen Einsicht über das was ist und wie es ist zu gelangen.

Bezeichnend für Nietzsches stets sprachkritisch und wortschöpferisch geprägtes Denken ist nun, dass er die Frage nach der Sinnlichkeit auch als stilistisches Problem vorstellte, und das im wohl kuriosesten Werbungsbrief, der überliefert ist. In Tautenburg legt er eines Augustmorgens Lou von Salomé zehn Aphorismen „Zur Lehre vom Stil" unter die Tür, eine mehrfach kodierte Liebesepistel, die in der Geschichte der Gefühle nicht einmal in Kleists oder Kafkas Brautbriefen ihresgleichen hat. Er versucht eine Annäherung an die spröde Geliebte vermittels scheinobjektiver Stilfragen, die Fragen des Herzenstaktes deutbar sind. Wenn er etwa schreibt: „Man muß Alles, Länge und Kürze der Sätze, die Interpunktionen, die Wahl der Worte, die Pausen, die Reihenfolge der Argumente – als Gebärden empfinden *lernen*" (KSB 6, 244), dann will er andeuten, wie unmittelbar Satzzeichen und Gefühlszeichen zusammen gehören. Und weiter: „Der Stil soll beweisen, daß man an seine Gedanken *glaubt*, und sie nicht nur denkt, sondern *empfindet.*" Noch deutlicher: „Je abstrakter die Wahrheit ist, die man lehren will, um so mehr muß man erst die *Sinne* zu ihr verführen." Sprachsinnlich wirbt er um Lous Intellekt. Zur Wahrheit – auch jener über die Liebe – gelte es durch Sprache, oder soll man sagen: stilistisch nachgeformte Wortkörper, die Sinne reif zu machen. Das bedeutet auch, die Sinne selbst verführen nicht nur, sie können auch Objekt der Verführung sein. Und schließlich: „Der Takt des guten Prosaikers in der Wahl seiner Mittel besteht darin, *dicht* an die Poesie heranzutreten, aber *niemals* zu ihr überzutreten." (ebd.) Was ist das? Herzenstakt oder, wie Nietzsche in späteren Jahren vorzugsweise sagt, „Vornehmheit"? Verbietet sich hier der „Prosaiker" die „Poesie" seiner Gefühle für Lou im Namen des Stils?

Zu dieser Zeit notierte er: „Der Eine sucht einen Geburtshelfer für seine Gedanken, der andere einen, dem er helfen kann: so entsteht ein gutes Gespräch." (KSA 10, 59) Ein Gespräch, keine Berührung oder allenfalls eine Berührung durch Worte, einen Wort- oder Schweigensblick lang.

Aufgrund dieser Erfahrung mit Lou glaubt Nietzsche nun auch zu wissen, Frauen seien „viel sinnlicher als die Männer", weil „sie sich der Sinnlichkeit als solcher" weit weniger bewußt seien. (KSA 10, 96) Auf diese Bemerkung folgt übergangslos der Eintrag: „In der Musik von heute giebt es eine tönende Einheit von Religion und Sinnlichkeit: und folglich mehr Weib als jemals in der Musik war." (ebd.) Damit könnte Kundry aus Wagners *Parsifal* gemeint sein, die sich in seiner Hörerfahrung schon bald in Bizets Carmen verwandeln wird, wobei diese womöglich von der *dame des camélias* abstammte, die immerhin seit 1853 als *La Traviata* die Sinne zur Opernwahrheit verführte.

Der Zusammenhang mit der Musik und der Rolle der Frau darin ergab sich für Nietzsche gerade in jener Lebensphase des Sommers 1882 zwingend, vertonte er doch Lous Gedicht „Gebet an das Leben" („Gewiß – so liebt ein Freund den Freund,/wie ich dich liebe, räthselvolles Leben!"). Der „Dämon der Musik" sei wieder über ihn gekommen, schreibt Nietzsche der zu seinem Freund Paul Rée abgereisten Lou aus Naumburg nach. (KSB 6, 247) Noch wichtiger sind für unseren Themenzusammenhang die Worte, mit denen er seine Partitur an Heinrich Köselitz zur kritischen Durchsicht seiner Komposition schickt. Mit dieser Hymne wolle er „die Menschen zu meiner Philosophie verführen." (KSB 6, 249) Und er mutmaßt: „Ein großer Sänger könnte mir damit die Seele aus dem Leibe ziehn; vielleicht aber, daß andre Seelen sich dabei erst recht in ihrem Leib verstecken!" (ebd.)

Die Parallelerfahrung dazu, die Nietzsche einmal mehr physisch und psychisch zu durchleben hatte, bestand im Schmerz. Was er Freund Overbeck bereits im Herbst 1881 anvertraute: „Sum in puncto desperationis. Dolor vincit vitam voluntatemque" (KSB 6, 128), feiert er geradezu in einem Gedicht „An den Schmerz", das er aus Tautenburg am 1. Juli 1882 an Köselitz nach Venedig schickte. Der Schmerz sei wert gelebt zu werden, heißt es darin. Es war in jener Zeit, als er Lou auf einem Zettel bekennen wird: „Zu Bett. Heftigster Anfall. Ich verachte das Leben." – geschrieben übrigens an einem 25ten August, der achtzehn Jahre später sein Todestag sein wird.

Die Schlußwendung in Lous „Hymne an das Leben" nimmt diesen Schmerz auf: „Hast du kein Glück mehr übrig mir zu geben, / wohlan – so gieb mir deine Pein." Gemeint ist damit, das Leben solle seinen Schmerz dem „Freund" geben; doch dürfte nicht nur Nietzsche diese Verse auch auf sich bezogen haben: Lou schien bereit, seine Schmerzen quasi als Freundschaftsgabe zu empfangen, sie mit ihm zu teilen. Dass sie diese Schmerzen jedoch durch ihre Liaison mit Paul Rée potenzieren würde, Nietzsche hatte Rée als den für ihn um Lou werbenden Freund gehalten, ließ sich zu jenem Zeitpunkt noch nicht absehen.

Im Nachklang der Erfahrung eines kurzen, von Nietzsches Schwester eifersüchtig befeindeten Lebensversuchs mit Lou vermerkt der Musikerdenker wieder in Genua, er nennt die Hafenstadt als Topos der Sinnlichkeit übrigens „Dirne", im November 1882: „die Worte liebkosen und streicheln." So sehr dies auch nach der sinnlichen Konsequenz aus seinem ausgeprägten, wie gesehen erotisch konnotierten Stilbewußtsein klingt, hier bereitete sich doch das vor, was er bereits ein halbes Jahr später, im Frühjahr/Sommer 1883, die „tragische Erkenntnis" nennen wird. (KSA 10, 239) Diese aber verlange nach Kunst – eine Formel, die aus der *Geburt der Tragödie aus dem Geist der Musik* vertraut ist, wobei nun das Tragische in der Musik aufgeht. Nietzsche fragte in jener Zeit, es sind die Wochen und Monate nach dem Tod Wagners, worin denn die Aufgabe der Musik in einem „zerdachten Zeitalter, das denkmüde" geworden sei, liege. (KSA 10, 238) Nietzsches vielfach varriierte These lautete, eine an ihre Grenzen kommende Wissenschaft, ein entsinnlichter Rationalismus also, müsse früher oder später in Kunst umschlagen. (vgl. KSA 10, 239)

Was ergibt sich aus dem bisher Gesagten? Zum einen die Forderung Nietzsches, die Kunst solle zum entmoralisierten Sündenfall der Wissenschaft werden. Zum anderen die Einsicht, dass der Schmerz sinnlichen Erkenntniswert habe. Zum weiteren, der Schaffens-und Denkakt entspringt einundderselben Quelle – einer bejahten aber meist verdrängten Sinnlichkeit.

Als Zwischenergebnis unserer Überlegungen wäre festzuhalten: Die Signale des Körpers lernte Nietzsche als Wegweiser für sein Denken verstehen – auch wenn sie, was in seinem Fall nicht selten war, in entgegen gesetzte Richtungen wiesen. So verdankte er als selbsterklärter Immoralist Entscheidendes etwa der (französischen) Tradition moralistischen Denkens.

Doch lassen sich in Nietzsches Denken kaum je verlässliche Positionen herausarbeiten. Denn die „tragische Erkenntnis" könne, so Nietzsche im Herbst 1883 wie jede andere Form oder jeder Anspruch des Erkennens auch nur ein bloßer „Wahn" sein. (KSA 10, 493) Er bringt dabei zwei weitere Überlegungen ins Spiel, die die rein sinnliche Wahrnehmung in ihrem Wert relativieren; sieht er doch im Gewissen ein „Gefühl, in dem uns die Rangordnung unsrer Triebe zum Bewußtsein kommt" (ebd.), womit auch die triebbeeinflussten sinnlichen Wahrnehmungen gemeint gewesen sein dürften. Hinzu kommt, dass Nietzsche von der Existenz eines „unbewußten Gedächtnißes" ausging (ebd.), das unsere Instinkte mit Vergleichswerten früherer Erfahrungen versorge und damit unsere sinnliche, triebgebundene Wahrnehmung der Welt steuere.

Doch greift auch dieser Erklärungsversuch zu kurz, wenn es darum geht, sich zu verdeutlichen, weshalb Nietzsche sich so emphatisch für die Resensualisierung des Bewußtseins einsetzte. Sie war Teil seiner Kritik an der christlich-protestantischen Verteufelung der Sinnlichkeit und einer Kultur, die das Körperliche gewissenshygienisch zu verdrängen versuchte. Die realpräsente Leiblichkeit aber auch ihre Verwandlung in der Eucharistie schien Nietzsche nur liturgischer Anlass zur Überwindung des Physischen oder einer allenfalls heuchlerischen Bejahung des Lebens. In der *Morgenröthe* identifizierte er freilich den vorchristlichen Platonismus, dessen dialektische Methode und Platons angeblichen Glauben an den Zusammenhang von Dialektik und dem „guten entsinnlichten Menschen." (KSA 3, 51) Aphorismus 43 der *Morgenröthe* stellt in dieser Hinsicht einen Schlüssel dar, der auch den Zugang zu den einschlägigen Stellen in der *Götzen-Dämmerung* öffnet, wobei man nicht versucht sein sollte, mit Hinweis auf das Zwielicht die von Nietzsche bevorzugten Beleuchtungsverhältnisse für seine Denkarbeit zu beschreiben. Im Gegenteil suchte er das reine Licht, das „Leuchten der Gedanken" in „immer bunteren Farben", wie es in der *Morgenröthe* heißt. (KSA 3, 51)

Dieser Aphorismus nun beklagt die zunehmende Abstraktion in den intellektuellen Diskursen der Zeit, die Nietzsche jedoch nicht genauer qualifiziert; zu vermuten steht, er habe die rein rationalistisch operierende Aufklärung und ihre Tradition treffen wollen. Entsprechend lautet sein Befund: „Das Schwelgen in den blassesten Wort- und Dingbildern, das Spiel mit solchen unschaubaren, unhörbaren, unfühlbaren Wesen wurde wie ein Leben in einer anderen höheren Welt empfunden, aus der tiefen Verachtung der sinnlich tastbaren verführerischen und bösen Welt heraus." (KSA 3, 50) Solche Abstracta seien nicht mehr zur Verführung fähig, wohl aber zum Führen in eine kalte, lebensferne Geistigkeit.

Nietzsche sagte den Abstrakta, dem „Jargon der Eigentlichkeit" *avant la lettre*, den Kampf an und damit einer platonisch-christlichen Ideologie, von der er sich selbst doch nur mit Mühe lösen konnte. Was er einst Lou gegenüber auch als Wunsch für sie geäußert hatte, sich nach der Emanzipation von den „Ketten" der Konvention auch von der „Emancipation zu emancipieren", um wirklich frei werden zu können, traf in vollem Umfang auf ihn selbst zu. Darüber war er sich durchaus im klaren, wie sein Schlußsatz zu jenem Brief belegt: „Es hat Jeder von uns, wenn auch in sehr verschiedener Weise an der Ketten-Krankheit zu laboriren, auch nachdem er die Ketten zerbrochen hat." (KSB 6, 248)

Diese lebensfälschenden Abstrakta galten ihm als sprachliche Irrläufer, die sich anmaßten, Wegweiser zu sein. Erst in der *Götzen-Dämmerung*, im Abschnitt „Streifzüge eines Unzeitgemässen", wird das existentielle Anliegen, das sich mit Nietzsches Interesse an einer Überwindung des Abstrakten zugunsten einer denksinnlich operierenden Kulturpsychologie verbindet, in vollem Umfang erkennbar. Unter dem Stichwort „Zur Psychologie des Künstlers" entwickelt Nietzsche ein – in den Kategorien der *Geburt der Tragödie* gesprochen – dionysisches Verständnis von Kunst: „Damit es Kunst giebt, damit es irgend ein ästhetisches Thun und Schauen giebt, dazu ist eine physiologische Vorbedingung unumgänglich: der Rausch. Der Rausch muss erst die Erregbarkeit der ganzen Maschine gesteigert haben: eher kommt es zu keiner Kunst." (KSA 6, 116) Wesentlich daran ist zunächst der Umstand, dass Nietzsche überhaupt von „physiologischen Vorbedingungen" für den Kunstakt ausgeht. Der Zustand der Inspiriertheit sieht sich um seine Geistigkeit gebracht; denn es geht Nietzsche um anderes, nämlich um die schöpferisch werdende Ekstase, den Zusammenhang von Geschlechts- und Schaffensakt.

„Alle noch so verschieden bedingten Arten des Rausches" haben, wie Nietzsche behauptete, die Kraft dazu, Kunst hervorzubringen. Daraufhin spielte er die diversen Formen des Rauschzustandes durch und beginnt folgerichtigerweise mit dem

> Rausch der Geschlechtserregung, diese älteste und ursprünglichste Form des Rausches. Insgleichen der Rausch, der im Gefolge aller grossen Begierden, aller starken Affekte kommt;

der Rausch des Festes, des Wettkampfs, des Bravourstücks, des Siegs, aller extremen Bewegung; der Rausch der Grausamkeit; der Rausch in der Zerstörung; der Rausch unter gewissen meteorologischen Einflüssen, zum Beispiel der Frühlingsrausch; oder unter dem Einfluss der Narcotica; endlich der Rausch des Willens, der Rausch eines überhäuften und geschwellten Willens. (KSA 6, 116)

Der Bruch mit klassischen Kunstkonzeptionen, die vom Vorrang der Form ausgingen, scheint evident. Nietzsche setzte auf die unbedingte Steigerung, aber auch Steigerungsfähigkeit der sinnlichen Erfahrung, die auf ihrem Siedepunkt in Kunst umschlägt. Aber was für eine Kunst das? Diese Frage entspricht auch jener nach dem Wert sinnlicher Erkenntnis und der Herausbildung eines regelrechten Denksinns. Offenbar meint es ein künstlerisches Werk, das diese Sinnlichkeiten in sich birgt, an sie erinnert, ihren denksinnlichen Nachvollzug im Rezipienten ermöglichend. Indem er die Zustände des Rausches benennt, nein, aufruft, gerät Nietzsches Aphorismus selbst zu einem ekstatischen Moment der Analyse, einer Form intellektueller Erregung, die Gleiches im Leser hervorrufen will. Auch die Rezeption solcher Stellen soll zum rauschhaften Erlebnis werden. Nietzsche weiter, zu neuerlicher Selbstüberbietung ansetzend: „Das Wesentliche am Rausch ist das Gefühl der Kraftsteigerung und Fülle. Aus diesem Gefühle giebt man an die Dinge ab, man zwingt sie von uns zu nehmen, man vergewaltigt sie, – man heisst diesen Vorgang Idealisiren." (KSA 6, 116) In der Tradition des Idealismus bedeutet das freilich geradezu die Umkehrung des Idealisierens. Und wenig später bringt Nietzsche den Sinn dieses Rauschkunstaktes auf den Begriff: „Der Mensch dieses Zustandes verwandelt die Dinge, bis sie seine Macht wiederspiegeln, – bis sie Reflexe seiner Vollkommenheit sind. Dies Verwandelnmüssen in's Vollkommne ist – Kunst. [… ; denn] in der Kunst geniesst sich der Mensch als Vollkommenheit." (KSA 6, 117)

Einwände liegen auf der Hand: Kann man unter diesen rauschhaften Umständen wirklich noch von „Verwandlung" ausgehen?

Nietzsche hatte sich zuvor selbst verraten; sprach er doch von „Vergewaltigung" der Objekte auf ihrem Weg zu ihrer Kunstwerdung. Konkret gesprochen: Der Bildhauer tut dem Stein Gewalt an, indem er ihn mit seinen Werkzeugen und seiner schieren Kraft und Geschicklichkeit bearbeitet. Der Tonkünstler zwingt sein Klangmaterial, der Dramatiker seine Charaktere zu Äußerstem. Was dabei entsteht, sind Spiegel des Eigenen im Zustand seiner höchsten Erregung, die dann Genuss bewirken sollen.

Nietzsche spielte einige Fälle von Erregungskünstlern durch: „Der Schauspieler, der Mime, der Tänzer, der Musiker, der Lyriker sind in ihren Instinkten grundverwandt und an sich Eins, aber allmählich spezialisirt und von einander abgetrennt – bis selbst zum Widerspruch." (KSA 6, 118) Dagegen kenne der Architekt, der Baukünstler also, weder einen apollinischen noch dionysischen Zustand. Er stehe unter der „Suggestion der Macht". Nietzsches Beschreibung des Architekten, den Macht inspiriert hat, liest sich wie die Anleitung zu einer Biografie Albert Speers: „Im Bauwerk soll sich der Stolz, der Sieg über die Schwere, der Wille zur Macht versichtbaren; Architektur ist eine Art Macht-Beredsamkeit in Formen." (KSA 6, 118) Nietzsche bringt dieses Phänomen auf den Begriff des „grossen Stils". Er instrumentalisiert die Kunst, um alle Formen von Abstraktion in einer Kultur zu überwinden. Und warum? Um den Zustand des Unbeteiligtseins zu beseitigen. Der Appell an die Aktivierung der Sinne gleicht einem Aufruf zur „grossen" allumfassenden Teilhabe am Schaffensakt. Unter diesem Vorzeichen kommt Nietzsche dann noch einmal auf seinen „von mir in die Aesthetik eingeführten Gegensatz-Begriff apollinisch und dionysisch" zu sprechen, wobei aufschlussreich ist, dass er jetzt in der *Götzen-Dämmerung* beide als *einen* Begriff versteht, als *eine* Erfahrung mit zwei Seiten:

> Der apollinische Rausch hält vor Allem das Auge erregt, so dass es die Kraft der Vision bekommt. Der Maler, der Plastiker, der Epiker sind Visionäre per excellence. Im dionysischen Zustande ist dagegen das gesammte Affekt-System erregt und gesteigert:

so dass es alle seine Mittel des Ausdrucks mit einem Male entladet und die Kraft des Darstellens, Nachbildens, Transfigurierens, Verwandelns, alle Art Mimik und Schauspielerei zugleich heraustreibt. (KSA 6, 117)

Dem entspricht das Gebot des „Sehen-Lernens", das Nietzsche gleichfalls in der *Götzen-Dämmerung* ausspricht (KSA 6, 108) und das für die visuelle Moderne konstitutiv werden sollte; es wird bis hin zu einer gewandelten Sicht auf die Dinge und – etwa in Rilkes *Malte Laurids Brigge* – urbanen Phänomene reichen. Nietzsche hält dabei aber am Begriff der Verwandlung fest, wobei unklar bleibt, ob sie das Ergebnis des Sehen-Lernen ist oder diesem bereits zugrunde liegt:

Das Wesentliche bleibt die Leichtigkeit der Metamorphose, die Unfähigkeit, nicht zu reagieren (– ähnlich wie bei gewissen Hysterischen, die auch auf jeden Wink hin in jede Rolle eintreten). Es ist dem dionysischen Menschen unmöglich, irgend eine Suggestion nicht zu verstehn, er übersieht kein Zeichen des Affekts, er hat den höchsten Grad des verstehenden und errathenden Instinkts, wie er den höchsten Grad von Mittheilungs-Kunst besitzt. Er geht in jede Haut, in jeden Affekt ein: er verwandelt sich beständig. (KSA 6, 118)

Solche Menschen jedoch können nicht wirklich „lernen", gemessen an dem, was Nietzsche selbst die „Vorschulung zur Geistigkeit" genannt hat, nämlich nicht sofort auf einen Reiz zu reagieren, sondern „die Instinkte in die Hand zu bekommen", mit ihnen umgehen zu lernen, sich langsam den Dingen zu nähern. (KSA 6, 108 f.) Darin liegt der Grundwiderspruch in Nietzsches später Ästhetik, den er nicht mehr aufzulösen vermochte. Der Priester der sinnlichen Wahrnehmung und dionysischer Zustände rivalisierte mit dem Analytiker, der das Sehen-Lernen längst in ein rücksichtsloses Durchschauen der allzumenschlichen Dinge übergeführt hatte. Zuletzt wollte er Musiker bleiben, für sich die Musik als Refugium erhalten; doch findet er auch sie in der Moderne in einem angegriffenen Zustand vor:

> Musik, wie wir sie heute verstehn, ist gleichfalls eine Gesammt-Erregung und – Entladung der Affekte, aber dennoch nur das Überbleibsel von einer viel volleren Ausdrucks-Welt des Affekts, ein blosses *residuum* des dionysischen Histrionismus. Man hat, zur Ermöglichung der Musik als Sonderkunst, eine Anzahl Sinne, vor Allem den Muskelsinn still gestellt (relativ wenigstens: denn in einem gewissen Grade redet noch aller Rhythmus zu unsern Muskeln): so dass der Mensch nicht mehr Alles, was er fühlt, sofort leibhaft nachahmt und darstellt. Trotzdem ist Das der eigentlich dionysische Normalzustand, jedenfalls der Urzustand […] (KSA 6, 118)

Das ist Kulturkritik *in nuce*; behauptet Nietzsche doch, dass die Kultur als intellektualisierte Form des Zivilisatorischen alles Physiologisch-Sinnliche in der Kunsterfahrung zerstört habe. Der „dionysische Histrionismus" sei bis zur Unkenntlichkeit sublimiert, sprich: entstellt worden. Die „Musik als Sonderkunst" kann nur noch Konzertereignis sein und nicht mehr allgegenwärtige Erfahrung, die entfesselt. Die spekulative Frage sei erlaubt, wie Nietzsche wohl auf Strawinskis *L'oiseau de feu* (1910) oder dessen polyrhythmische Ballettmusik *Le sacre du printemps* (1913) reagiert hätte. Wäre ihm ihre Umsetzung durch Diaghilews Ballets Russes nicht als Wiedergeburt des Dionysischen vorgekommen? Denn eben darauf hatte es Nietzsche angelegt: seine Zeit, die anbrechende Moderne, der sein eigener, in sich angesichts der Problemlagen unvermeidlich widersprüchlicher Intellektualismus vorgearbeitet hatte, an den vermeintlichen „Urzustand" zu erinnern, eben an die in rauschhafter Inspiriertheit erfahrbare Einheit in der animierenden Vielheit sinnlicher Welterschließung.

Éva Grépály und Rüdiger Schmidt-Grépály
Weimar

Nietzsches Labyrinthe
Leitmotive seines Denkens[1]

Unser Bild von Nietzsche kann immer nur eines seines Denkens sein. Nietzsches Leben ist Denken, ist Schreiben, ist ein unaufhörlicher Prozess des Fragens. Nur zu leicht verdeckt seine Persönlichkeit sein radikales Denken. Nietzsche gerecht zu werden, seinen Texten gerecht zu werden, kann nur Nach-Denken heißen. Nietzsches Leben war nicht ungewöhnlich, ungewöhnlich war und ist sein Denken. Seine Fragen hören nie auf und richten sich gegen Probleme, die zu seiner Zeit als unzeitgemäß galten – der heutige Leser hinge-

---

1 Ausgehend von einigen *Schlüsseltexten* von Friedrich Nietzsche initiierte ich in Bad Ragaz ein Gespräch mit den Gästen des Symposions und unter diesen. Da dieses Gespräch nicht aufgezeichnet werden konnte, gebe ich hier einen zusammen mit Éva Grépály ursprünglich für das Radio entworfenen Text (Hessischer Rundfunk am 3. September 2000), der die in Bad Ragaz diskutierten Texte enthält.
Er erschien zuerst in *Nietzsches Labyrinthe. Perspektiven zur Ästhetik, Ethik und Kulturphilosophie*. Philosophischer Diskurs 4, hrsg. von Gerhard Schweppenhäuser und Jörg H. Gleiter. Weimar 2001, S. 12-32 (Rüdiger Schmidt-Grépály)

gen kann Nietzsche als zeitgenössischen Philosophen lesen, der sich mit aktuellen Fragestellungen befasst.

„Das anhaltende Interesse an Nietzsche, das durch solche Überlegungen natürlich überhaupt nicht zu irritieren ist, zeigt, wie vordergründig und dürftig die Kategorien der heutigen Erlebniskultur sind. Was ist es, was viele Menschen heute nach wie vor an Nietzsche so fasziniert?" fragt der Weimarer Philosoph Gerhard Schweppenhäuser, um die Frage gleich anschließend selbst zu beantworten. Er formuliert den Verdacht, „dass das anhaltende Interesse, das Faszinosum von Nietzsches Biographie mit einem Motiv zusammenhängt, das Nietzsche selber immer wieder versucht hat zu bekämpfen: Das Motiv des Mitleids". Wenn wir Nietzsches Biographie kennenlernen, fährt Schweppenhäuser fort, „haben wir Mitleid mit ihm. Wir können uns der eigentümlichen Faszination nicht entziehen, die vom Dasein eines Menschen ausgeht, der auf der einen Seite auf den höchsten geistigen Höhen wandelt, der die brillantesten Formulierungen findet, das heißt der also, wie wahrscheinlich kein anderer deutscher Philosoph über die Sprache, das Handwerkszeug der Philosophen verfügt und der andererseits sein Leben nicht organisieren kann – um das mal im heutigen Jargon zu sagen – der andererseits mit sich selber nicht ins Reine kommt, der eine Philosophie am Leitfaden des Leibes entwickelt, weil er am Leitfaden des Leidens seines eigenen Leibes wie an einer Fessel zeitlebens gegängelt wird."

Nur zu leicht weicht man Nietzsches Radikalität aus, wenn man sich damit beruhigt, dass er aus einem protestantischen Pfarrhaushalt kommt, in seinem fünften Lebensjahr den Vater verlor und unter Frauen aufwuchs. Wenn man nach seiner Biographie fragt, versteht man vielleicht einen Menschen aus dem 19. Jahrhundert und lernt, wie Nietzsche als Schüler gemessenen Schrittes nach Hause geht, obwohl es in Strömen regnet und alle anderen Schüler rennen. So jedenfalls berichtete später die Schwester aus der Erinnerung. Damit ist das Problem schon bezeichnet. Wollte *sie* ihn so sehen, sollen *wir* ihn so sehen? Aber so ist es mit jeder Biographie.

Man kann auch nach einem Schüler in Schulpforta des 19. Jahrhunderts fragen und sich die Geschichte einer Eliteschule erzählen, wie die Geschichte irgend eines Internates erzählt werden kann: die Geschichte von Fleiß, Ordnung, Regeln, Lob und Strafe. In Nietzsche entdeckt man einen guten Schüler, der einmal auf dem Bahnhof von Bad Kösen zuviel Bier trinkt und dafür verwarnt wird. Immerhin entdeckt man einen Schüler, der Hölderlin entdeckt, der dafür von seinem Lehrer mit den Worten getadelt wird: „Ich muss dem Verfasser doch den freundlichen Rath ertheilen, sich an einen gesundern, klareren, deutscheren Dichter zu halten."[2]

Nun hat schon der junge Nietzsche ununterbrochen geschrieben und seine Schwester ununterbrochen sein Schreiben, seine Hefte und seine Zettel gesammelt. Man hat also die Gelegenheit, ein Leben aus dem 19. Jahrhundert nachzuzeichnen – das wird auch ein Jahrhundert lang ununterbrochen betrieben. Die Geschichte seiner Geschichte geht ununterbrochen weiter, ebenso wie die Verdrängung seiner Gedanken.

Ein Junge also schreibt Gedichte, entwirft Dramen und beginnt zu komponieren, liebt die Natur, erinnert sich an seinen Vater und daran, 1848 revolutionäre Fahnen gesehen zu haben. Er erinnert sich an seinen Geburtsort Röcken und an Naumburg, in das die Mutter 1850 zog, und bleibt von Unruhen jeder Art verschont. Alles geht seinen Gang und Nietzsche findet sein Abschlussthema für Schulpforta und einen Studienplatz in Bonn.

Auch wenn er Theologie belegt, studiert hat er sie nicht. Einmal dem Einfluss des Pfarrhauses entronnen, beginnt Nietzsche mit dem Studium der Altphilologie. Hier hilft ihm die Ausbildung in Schulpforta und sein Professor Friedrich Ritschl. Wann immer auch Nietzsche an seinem Studienfach zweifelt, und er zweifelt oft, kommt die nächste Anregung Ritschls, die nächste Förderung. Nietzsche folgt seinem Lehrer nach Leipzig und bekommt nach einem Schreiben von ihm eine Professur in Basel.

2 Friedrich Nietzsche, *Werke und Briefe*. Historisch-kritische Gesamtausgabe. Werke; München 1933–40, Band 2, S. 430

Nietzsches Geschichte in Basel ist die Geschichte eines beliebten Lehrers und Kollegen und ist zugleich die Geschichte eines Scheiterns. Überhaupt kann die ganze Geschichte Nietzsches als eine des ununterbrochenen Scheiterns erzählt werden. Das mag beruhigen oder unser Mitgefühl erregen. Ob es uns hilft? Man kann die Geschichte des Basler Professors auch als die Geschichte eines Professors erzählen, dem die Studenten wegbleiben, weil er es wagt, in einem Buch ohne Fußnoten die orgiastische Seite Griechenlands aufzuzeigen.

Die Aussage dieses Buches mit dem Titel *Die Geburt der Tragödie aus dem Geiste der Musik* ist bis heute nicht angekommen. Es zerstört das reine Griechenland, nicht nur das von Winckelmann und Goethe, sondern es zerstört zusätzlich die Einheit der Vernunft. Ist die Grundlage des Abendlandes selber nur ein Mythos, wie das Bayreuth Richard Wagners? Nach dem desillusionierenden „Tragödien-Buch" desillusioniert das reale Bayreuth 1876 den Philosophen der Bayreuther Idee.

Erzählen kann man aber auch die Geschichte eines Dialoges, die Geschichte von Lou Salomé und Friedrich Nietzsche. Beide entdeckten bei ihrer Begegnung die Freiheit des Gedankens, über die Lou Salomé in ihrer Autobiographie schreibt: „Seltsam, dass wir unwillkürlich mit unsern Gesprächen in die Abgründe geraten, an jene schwindligen Stellen, wohin man wohl einsam geklettert ist um in die Tiefe zu schauen. Wir haben stets die Gemsenstiege gewählt und wenn uns jemand zugehört hätte, er würde geglaubt haben, zwei Teufel unterhielten sich."[3] Die Frage, wer ihn zerstört hat, wie groß der Einfluss der Schwester war, welche Rolle Nietzsches Unbeholfenheit spielte, wäre lange vergessen, hätte es nicht den Lou Salomé und Friedrich Nietzsche verbindenden Gedanken, hätte es nicht die Philosophie gegeben.

---

3 Lou Andreas-Salomé, *Lebensrückblick* (1951). Frankfurt/M. 1974, S. 84

Und die Peitsche im Zarathustra? Das Zitat für alle und keinen? Eine Erinnerung vielleicht an einen gemeinsamen Ausflug, an ein Foto, das Nietzsche und seinen Freund Paul Rée vor einem Leiterwagen gespannt zeigt, auf dem man Lou mit einer Peitsche sieht. Vielmehr aber die Erinnerung an ein physiologisch-philosophisches Gespräch in Tautenburg. Doch die berühmte Stelle im *Zarathustra*: „Du gehst zu Frauen? Vergiss die Peitsche nicht", ließ Nietzsche als Frauenfeind auf der Linie Schopenhauers erscheinen, denn die bildhafte Formulierung eignet sich zu gut zu einer wörtlichen Übernahme des Gedankens, indem man sich die perspektivische Vielfältigkeit dieser, wie manch anderer, Aussagen des Philosophen auch, außer Acht lässt, oder wie Schweppenhäuser feststellt: „Nietzsche wird oft gerade da, wo er besonders bildlich formuliert, besonders wörtlich gelesen. Das kann fatale Folgen haben: „Du gehst zu Frauen? Vergiss die Peitsche nicht!"[4], heißt es im *Zarathustra*, man sollte tunlichst das nicht als eines der Leitmotive von Nietzsches Philosophie im Hinblick auf das Verhältnis des Philosophen zum weiblichen Geschlecht interpretieren, denn das Diktum der Peitsche sagt nicht Zarathustra, sondern er bekommt es gesagt und das Weiblein, das ihm empfiehlt, die Peitsche mitzunehmen, sagt nichts darüber, wer eigentlich später die Peitsche in der Hand hält. Es könnte ja auch die Frau sein, die die Peitsche braucht; wir müssen hier nicht ausführlicher über die Sado-Maso-Kultur der Gegenwart sprechen, aber es ist durchaus im Bereich des Interpretierbaren, dass nicht der Mann die Peitsche in der Hand hält, die er mitnimmt, wenn er zum Weibe geht. Das heißt, die vielfältige perspektivische Gebrochenheit der Sätze gerade aus dem *Zarathustra*, zeigt sich auch hier wieder als unerschöpfliche Quelle von Interpretationsmöglichkeiten, aber auch als Quelle von Missverständnissen." Dann fragt sich, für wen nun die Peitsche bestimmt ist? Für den Sünder als Bestrafung oder Selbstbestrafung, als Instru-

---

4 Friedrich Nietzsche, *Kritische Studienausgabe*, hrsg. von Giorgio Colli und Mazzino Montinari. München 1980, Bd. 4, S. 86 (im Folgenden im Text zitiert mit Band und Seitenzahl).

ment der Macht, oder für die Satten, die sich Reize zufügen, damit sie spüren, dass sie leben? Was spüren wir, wenn wir nichts spüren?

Der Berliner Medienphilosoph Joseph Vogl deutet das Motiv der Peitsche aus historischer Perspektive: „Mit der Frage ‚Nietzsche und die Peitsche' ist das Thema Nietzsche und die Frauen angesprochen, und ich glaube, dass dieses Thema von vornherein dazu angetan war, bestimmte Legendenbildungen zu erzeugen. Ich denke, dass die Wendung dieses berühmten Zitats mit Frauen und Peitsche eine doppelte Pointe hat. Auf der einen Seite die Pointe, dass die Peitsche natürlich nicht für die Frauen, sondern für einen selbst gedacht ist. Das ist die Pointe, die Nietzsche selbst soufliert, sozusagen. Auf der anderen Seite – und das ist, glaube ich, eine triftigere Interpretation von Passagen dieser Art – besteht die Pointe darin, dass Nietzsche, wie kaum ein anderer, vielleicht noch wie Schopenhauer, festgestellt hat, dass das Verhältnis von Männern und Frauen – und zwar auch auf Grund einer langen, langen Geschichte – grundlegend zerrüttet ist. Und wenn man Nietzsche von der Gegenrichtung her liest, dann könnte man sagen, es gibt bei Nietzsche tatsächlich so etwas wie Geschlechterutopien, die zu seiner Zeit nicht realisiert waren, und die bis heute auf eine Realisierung warten. Ich glaube, in dieser Hinsicht ist Nietzsche, wie kaum ein anderer, auch eine Art Verkleidungstheoretiker. Nietzsche würde – etwas weitergedichtet – mit Sicherheit sagen, dass die Rollen von Frauen und Männern historisch sedimentierte Rollen sind, und dass es darum ginge, diese Rollen aus ihren Verankerungen zu reißen und beispielsweise kühne Travestien zu erlauben. Travestien, die etwa darin bestehen – und das ist ein Beispiel, das Nietzsche durchaus bringt – Ariadne, ein junges Mädchen, durch eine Maske sprechen zu lassen, die von einem Greis zur Verfügung gestellt wird, hinter dem wiederum beispielsweise ein weiterer Schauspieler steht. Und dieses travestitische Verhältnis zwischen den Geschlechtern, dieses Verhältnis, das nicht Mann und Frau und biologische Funktionen in den Mittelpunkt stellt, sondern eine Vervielfältigung von Rollen wäre, ist eine weitere Pointe dieses Zitats; eine Pointe, die eben auch dazu angetan ist, die Legendenbildung aufzulösen."

Was die Biographen interessiert, berührt nichts von dem, was Friedrich Nietzsche und Lou Salomé berührte und was uns berührt. Das ändert auch nichts dadurch, dass der 1882 erschienene Zarathustra nicht die Härten hätte, die er hat, ohne den Bruch der Freundschaft. Ohne Lou Salomé und ohne Paul Rée bleibt Nietzsche allein. Er sucht sich seine Orte nach dem Luftdruck aus. So gut wie blind, sieht er die Schönheit der traumhaften Landschaften von Italien, Frankreich oder der Schweiz kaum. Nietzsche liest die Bücher knapp vor den Augen, vor allem französische Bücher, naturwissenschaftliche Bücher, deutsche Philosophen, die heute vergessen sind und kämpft um sein Hauptwerk. Er schreibt Briefe und erhält Briefe, bricht mit der Schwester und bekommt weiter Pakete von seiner Mutter. Nietzsche ist einsam und teilt die Geschichte der Menschheit in zwei Hälften: die Geschichte vor dem Zarathustra und die danach. Nietzsche bewegt sich Jenseits von Gut und Böse, führt die Moral auf ihre Wurzel als notwendige Illusion, führt die Moral auf die Lüge zurück, schreibt Thesen gegen das Christentum und fordert, die Antisemiten aus Deutschland auszuweisen. Nietzsche schreibt wie in einem Rausch, er begeht immer neue Labyrinthe der modernen Seele und er scheint sich darin verloren zu haben. Doch die Welt wird für ihn heller, er spürt den kommenden Ruhm. Nietzsche wird höflich behandelt, er wird immer euphorischer und bricht Anfang Januar 1889 auf einer Turiner Straße zusammen.

Wenn das Interesse am Leben Friedrich Nietzsches nur noch in soweit besteht, wie er es selber erzählt und seine Erzählung damit zum Bestandteil seines Werkes wird, kann man damit beginnen, nach seinem Werk, nach ihm selber zu fragen.

Zwischen uns und Nietzsche liegt das 20. Jahrhundert, liegen Texte über Nietzsche, die alle möglichen und unmöglichen Strömungen von mehr als einem Jahrhundert wiederspiegeln. Nietzsche selbst verschwindet hinter den Blättern, die auf seinen Schriften liegen. Er schreibt für alle und keinen, er erzählt sich sein Leben und lässt uns zuhören, er bittet uns darum, ihn kennen zu lernen und schreibt den *Ecce homo*, um zu verhindern, dass man Unfug mit ihm treibe. Er sei kein Mensch, sondern Dynamit! Eine Krisis werde von ihm ausgehen, „wie es keine auf Erden gab." (KSA 6, 365) „Ich kenne mein Loos", prophezeit er. „Es wird sich einmal an meinen Namen die Erinnerung an etwas Ungeheures anknüpfen, – an eine Krisis, wie es keine auf Erden gab, an die tiefste Gewissens-Collision, an eine Entscheidung heraufbeschworen *gegen* Alles, was bis dahin geglaubt, gefordert, geheiligt worden war. Ich bin kein Mensch, ich bin Dynamit. – Und mit Alledem ist Nichts in mir von einem Religionsstifter – Religionen sind Pöbel-Affairen, ich habe nöthig, mir die Hände nach der Berührung mit religiösen Menschen zu waschen … Ich *will* keine ‚Gläubigen', ich denke, ich bin zu boshaft dazu, um an mich selbst zu glauben, ich rede niemals zu Massen … Ich habe eine erschreckliche Angst davor, dass man mich eines Tags *heilig* spricht: man wird errathen, weshalb ich dies Buch *vorher* herausgebe, es soll verhüten, dass man Unfug mit mir treibt … Ich will kein Heiliger sein, lieber noch ein Hanswurst…" (KSA 6, 365)

Gehört hat man Nietzsche nicht. Während er still wurde, wurde es um ihn herum immer lauter, sein Name wurde zur Parole. Es ist heute klar, dass die Warnung zu spät kam; sie konnte keine Wirkung erzielen; Nietzsches Werk selbst wehrt sich nicht.

Zwischen uns und Nietzsche liegt das Archiv in Weimar, liegt die Bearbeitung der Texte, liegt die Arbeit am Mythos Nietzsche, liegt die Politisierung Nietzsches, liegen die Fälschungen.

1884 erscheint in einem Hallenser Verlag die Schrift *Ueber die scheinbaren und die wirklichen Ursachen des Geschehens in der Welt.* Autor ist der Donauwörther Fabrikbesitzer Maximilian Drossbach. An den Rand der Seite 45 notiert Nietzsche: „Wille zur Macht sage ich." Kurz nach der Drossbach-Lektüre[5] beginnt Nietzsche ein neues Notizbuch mit dem Titel: „Der Wille zur Macht. Versuch einer neu-

---

5 Vgl. Rüdiger Schmidt, *Nietzsches Drossbach-Lektüre*. Bemerkungen zum Ursprung des literarischen Projekts „Der Wille zur Macht". In: Ders., „Ein Text ohne Ende für den Denkenden", Studien zu Nietzsche, Frankfurt/Main 1989.

en Auslegung alles Geschehens. Von Friedrich Nietzsche." (NF Aug. – Sept. 1885, 39 [1], KSA 11, 619)

Die Drossbach-Lektüre führt ins Zentrum der philosophischen Auseinandersetzung Friedrich Nietzsches mit seiner Zeit und ins Zentrum seines Philosophierens. Der „Wille zur Macht" ist ein philosophischer Gedanke und eine Antwort. Die Lektüre selbst bleibt verborgen; an keiner Stelle seines Werkes und in keinem Brief fällt der Name Maximilian Drossbach.

„Der Wille zur Macht bei Nietzsche ist wohl einer der missverständlichsten Begriffe Nietzsches. Dementsprechend ist er auch ausgebeutet worden, wie Sie wissen, nicht zuletzt von seiner Schwester, Elisabeth Förster-Nietzsche", kommentiert Josef Vogl. „Ich glaube, dass gerade neuere Forschungen oder neuere Überlegungen, die etwa auch Gilles Deleuze und Foucault angestellt haben, den Willen zur Macht in einer ganz anderen Weise phrasieren, ihm eindeutig – wenn man so will – eine spinozistische Tradition verleihen. Der Wille zur Macht bedeutet in dieser Wendung vor allem die Fähigkeit zur Affirmation des Lebens und nicht zuletzt auch die Fähigkeit zur Affirmation dessen, was im Sinne Nietzsches die Körper vermögen. Es gibt einen berühmten Satz von Spinoza, der lautet: Man weiß nicht, was ein Körper vermag, und ich glaube, in dieser Tradition, also im Sinne einer Kräftelehre, wo die Kräfte des Geistes zusammen wirken sollen, ist der Wille zur Macht die elementare Affirmationskraft, die Nietzsche sozusagen für einen Menschen der Zukunft in Aussicht stellt."

Die Frage nach dem „Willen zur Macht" ist noch einmal und zuallererst die Frage nach dem Verhältnis von veröffentlichtem Text und Nachlass. Man kann Nietzsches Philosophie nicht rekonstruieren, da Nietzsche keine *Philosophie* hat, aber man kann sein Schreiben rekonstruieren. Der Blick in Nietzsches Notizbücher ist immer ein Blick in ein „intellektuelles Tagebuch", wie der italienische Gelehrte und Nietzsche-Herausgeber Mazzino Montinari es nannte.

Was hier steht, wollte Nietzsche nicht öffentlich sagen, oder wollte es nicht so sagen. Der „Wille zur Macht" als literarisches Projekt findet bis auf die Ankündigungen in Jenseits von Gut und Böse und in der Genealogie der Moral ausschließlich in den Notizbüchern statt. „Der Wille zur Macht als Princip" geht zurück auf Nietzsches Untersuchungen zum Gefühl der Macht in der Morgenröthe.

Im Herbst 1882 notiert Nietzsche sich: „Wille zum Leben? Ich fand an seiner Stelle immer nur Wille zur Macht." (NF Nov. 1882 – Feb. 1883, 5 [1], KSA 10, 187)

Der „Wille zur Macht" wird zu einem der Fluchtpunkte im Zarathustra, er liest sich heute wie die philosophische Begründung des „Neoliberalismus". Die englischen und deutschen Sozialdemokraten finden in Nietzsche ihren neuen Stichwortgeber: „Aber damit ihr mein Wort versteht vom Guten und Bösen: dazu will ich euch noch mein Wort vom Leben sagen und von der Art alles Lebendigen. Dem Lebendigen gieng ich nach, ich gieng die grössten und die kleinsten Wege, dass ich seine Art erkenne. Mit hundertfachem Spiegel fieng ich noch seinen Blick auf, wenn ihm der Mund geschlossen war: dass sein Auge mir rede. Und sein Auge redete mir. […] Wo ich Lebendiges fand, da fand ich Willen zur Macht; und noch im Willen des Dienenden fand ich den Willen, Herr zu sein." (Z 2, KSA 4, 147f)

Ohne Elisabeth Förster-Nietzsche, der Schwester des Philosophen, gäbe es kein Buch Nietzsches mit dem Titel Der Wille zur Macht, man hätte lediglich zwei Ankündigungen Nietzsches und die Schriften, die er aus dem Material zum „Willen zur Macht" herauslöste. Zwischen uns und Nietzsche steht die Tradition der Editoren. Nietzsche lässt uns teilhaben am Prozess seines Schreibens, er lässt uns vieles wissen und einiges ahnen. Über vieles aber schweigt er, einen Blick in seine „Werkstatt", in seine Notizbücher gewährt er uns nicht. Was er sagen will, veröffentlicht er.

Zu keiner Zeit gab es eine Edition „Schriften letzter Hand", eine Edition, die Nietzsches Texten Gerechtigkeit widerfahren lässt. Von Anfang an vermischen die Herausgeber Text und Nachlass. Dazu Peter Gast im Kommentarband zu den nachgelassenen Fragmenten: „Als wir 1904 an dem zweiten Band der Biographie [gemeint ist die Biographie von Elisabeth Förster über ihren Bruder] druckten, kam auch der Brief Nietzsches hinein, in welchem unser damals 29jähriger Kaiser für missfällige Äußerungen über Antisemiten und Kreuzzeitung belobt wird. Nun ist Ihnen bekannt, wie heftig Frau Förster danach brennt, den Kaiser für Nietzsche zu interessieren und ihn womöglich zu einer anerkennenden Äußerung über Nietzsches Tendenz zu bringen. Was thut sie zu diesem Zweck? […] Sie schiebt einen Satz hinein, der in dem betreffenden Brief Nietzsches […] gar nicht steht: – Sie schreibt den Satz hin, ‚Der Wille zur Macht als Princip wäre ihm (dem Kaiser) schon verständlich!' Sie erinnern sich, woher dieser Satz stammt: aus der Vorwort-Skizze zum Willen zur Macht. […] Die Niederschrift dieser Skizze […] gehört zu den schwierigsten Aufgaben der Nietzsche-Entzifferung. Vor mir hatten sich die Horneffers schon daran versucht; ihr Entzifferungstext wies aber mehr Lacunen als Worte auf. Nur gerade diesen Satz hatten sie vollständig hingeschrieben. Solche Vorarbeit wird dem, der sich als Zweiter darüberher macht, oft mehr zum Hemm-, als zum Förderniss. Genug: mir, als dem Zu-Ende-Entzifferer des Stücks, entging damals, dass die Horneffer'sche Entzifferung ‚Der Wille zur Macht als Princip wäre ihnen (den Deutschen) schon verständlich' im Zusammenhang der Vorwort-Skizze keinesfalls richtig sein kann. Und wie ich im April vorigen Jahres das Heft wieder in die Hand bekomme, bestätigt sich mein Verdacht, dass es ja fraglos, ‚schwer verständlich' statt ‚schon verständlich' heissen müsse! Ist der Witz nun nicht sehr gut, dass, wenn Frau Förster exact sein wollte, sie jetzt drucken lassen müsste, ‚der Wille zur Macht als Princip wäre ihm (dem Kaiser) schwer verständlich'?!" (Kommentarband, KSA 14, 743)

Jedoch – auch der Brief ist, wie heute schon bekannt ist, eine Erfindung der Schwester, kompiliert aus nachgelassenen Fragmenten aus den Schriften ihres Bruders. Im August 1888 notiert Nietzsche sich den Titel Der Wille zur Macht und verfasst verschiedene Untertitel zu jeweils vier Büchern. Nach dem letzten Plan von Der Wille zur Macht sollte das erste Buch nach der „Wahrheit" fragen. Wahrheit war für Nietzsche seit Ueber Wahrheit und Lüge im aussermoralischen Sinne, einer Schrift, die Nietzsche schließlich nie veröffentlichte, ein Irrtum, eine Illusion, eine Lüge. Allerdings brauchten die Menschen diesen Irrtum und diese Lüge, um überhaupt leben zu können. Das ist für Nietzsche keine pessimistische Aussage mehr. Für ihn ist diese bewusste Lüge der Wille zur Wahrheit, als Bestandteil des „Willens zur Macht".

Josef Vogl sagt dazu: „Nietzsches These wäre: jeder Wille zur Wahrheit kommt nicht ohne Maskierungen aus und es ginge darum, diese Masken eines Willens zur Wahrheit durch ein perfekteres Maskenspiel zu überbieten. Das wäre die eine Seite, es gibt aber einen anderen, man könnte sagen, epistemologischen Zugang zu einer Geschichte der Wahrheit, der nun auch wiederum mit Maskierungen zu tun hat. Das ist natürlich vor allem in dem berühmten Aufsatz Ueber Wahrheit und Lüge im aussermoralischen Sinne niedergelegt, wo Nietzsche in einer kühnen Wendung vorzuführen versucht – man könnte sagen, bereits in einem Vorgriff auf eine Art ‚linguistic turn' – wie keine Wahrheit ohne bestimmte Darstellungsbedingungen, und das heißt letztlich ohne eine gewisse Ästhetik ihrer eigenen Inszenierung auskommt. Und als Ästhetiker der Wahrheit, ein Ästhetiker schlechthin, als einer also, der das Leben selbst nur als ästhetisches Phänomen rechtfertigt – das heißt also wirklich anerkennt – wäre Nietzsche auch in epistemologischer Hinsicht unmittelbar mit Maskenspielen, mit Verkleidungen etc. verknüpft."

Jeder Skeptizismus liegt nun weit hinter Nietzsche. Selbst der Kantische Rückzug auf das reine Erkenntnisvermögen ist ihm nur ein Teil des Skeptizismus. Nietzsche ist stolz darauf, zu sagen, wir können die Welt nicht erkennen, also fälschen wir sie. Erst dann ist die Welt unsere Welt.

Nietzsche setzt sich mit den Metaphysikern, den religiösen Menschen, den Guten und den Verbesserern auseinander. Diese sind ihm alle gleich: Hinterweltler, die noch nicht mitbekommen haben, dass Gott tot ist, dass hinter der Welt sich keine Welt mehr verbirgt. In Ecce homo schreibt er: „‚Gott', ‚Unsterblichkeit der Seele', ‚Erlösung', ‚Jenseits' lauter Begriffe, denen ich keine Aufmerksamkeit, auch keine Zeit geschenkt habe, selbst als Kind nicht, – ich war vielleicht nie kindlich genug dazu? […] Ich bin zu neugierig, zu fragwürdig, zu übermüthig, um mir eine faustgrobe Antwort gefallen zu lassen. Gott ist eine faustgrobe Antwort, eine Undelicatesse gegen uns Denker – im Grunde sogar bloss ein faustgrobes Verbot an uns: ihr sollt nicht denken!…" (EH, KSA 6, 278f) „Eigentliche religiöse Schwierigkeiten zum Beispiel kenne ich nicht aus Erfahrung. Es ist mir gänzlich entgangen, in wiefern ich ‚sündhaft' sein sollte. Insgleichen fehlt mir ein zuverlässiges Kriterium dafür, was ein Gewissensbiss ist: nach dem, was man darüber hört, scheint mir ein Gewissensbiss nichts Achtbares…" (EH, KSA 6, 278) Es gibt nur eine Welt, es gibt nur ein Leben, es gibt nur ein Wort für das Leben und dieses Wort heißt „Wille zur Macht".

Mit dem 26. August 1888 versucht Nietzsche noch einmal sein Material, seine Notizen und Entwürfe, die bis in das Jahr 1883 zurückgehen, sein Denken unter dem Titel „Der Wille zur Macht" zu ordnen. Aber schon im September lautet die systematisierende Überschrift „Umwertung aller Werte". Nietzsche will nun nicht mehr nur schreiben, er will handeln und erklärt seiner Gegenwart den Krieg.

„Ich glaube, Nietzsche lässt sich als utopischer Philosoph lesen, wenn man konzidiert, dass er sich ganz deutlich von dem absetzt, was zu seiner Zeit Utopie und vor allem soziale Utopie gewesen ist," meint Vogl, „Nietzsche hat nun tatsächlich einen eminenten Kampf gegen etwa sozialistischen Utopien geführt, hat einen eminenten Kampf gegen alle humanistischen Utopien geführt, und ich glaube, wenn es einen utopischen Zug im Werk Nietzsches gibt, dann liegt er vielleicht darin, dass er sagt, oder sagen würde, oder gesagt hat, dass die Moral, in der gegenwärtige Gesellschaften leben könnten, noch nicht gefunden ist. Von da aus, glaube ich, ist das Werk Nietzsches tatsächlich in einer ganz grundlegenden Weise unvollendet, aber es hat den Horizont markiert, dass unter bestimmten technologischen, wirtschaftlichen, politischen Voraussetzungen eine Moral existiert, die seltsamerweise all diese Innovationen und diesen – wie soll man sagen – Sprung in der Evolution von Zivilisationen nicht mitgemacht hat und in den Grundfesten des Christentums steckengeblieben ist. Die Utopie Nietzsches, glaube ich, wäre in wesentlicher Hinsicht eine Utopie neuer Werte. In der Hinsicht, glaube ich, als Wertschöpfungsinstanz, ist das Werk Nietzsches tatsächlich utopischer Natur."

Diese Utopie neuer Werte, die Nietzsche der Gottlosigkeit, der Zentrumslosigkeit entgegensetzt, kündigt den Übermenschen an. Sein Buch „Für Alle und Keinen", in dem Zarathustra radikal den Tod Gottes verkündet, wurde als Versuch einer neuen Heiligen Schrift verstanden, mit der Botschaft: Übermensch.

Was war passiert? Vielleicht ist es nur hier legitim nach der Biographie zu fragen. Zurück liegt die Freundschaft zu Lou Salomé und Paul Rée. Die Härte dieses Bruches trieb Nietzsche bis in die Nähe des Selbstmordes, *dieser* Zarathustra, dessen Härte und der Übermensch waren Nietzsches „Rettung". Der Zarathustra vor Zarathustra, der Zarathustra der ersten Aufzeichnungen, war wesentlich weicher. Offen ist, an wen sich Also sprach Zarathustra wendet. Nietzsches Buch „Für Alle und Keinen" bleibt anstößig. Eine neue Bibel? Doch weder Zarathustra noch Nietzsche wünschen sich neue Gläubige: „Und mit Alledem ist Nichts in mir von einem Religionsstifter – Religionen sind Pöbel-Affairen, ich habe nöthig, mir die Hände nach der Berührung mit religiösen Menschen zu waschen… Ich will keine ‚Gläubigen', ich denke, ich bin zu boshaft dazu, um an mich selbst zu glauben, ich rede niemals zu Massen…" (EH, KSA 6, 365)

Vor Nietzsche waren Ludwig Feuerbach und Karl Marx schon über Gott hinaus, reduzierten ihn auf eine menschliche Erfindung, auf ein Opiat des Volkes. Gott war die Chiffre für Unterdrückung, Gott musste nicht getötet werden, Gott gab es nie. Eine Welt ohne Gott sollte eine Welt der Menschen werden. Doch dieser Wärmestrom erfror.

Nietzsches Verzweiflung ist eine gegenwärtige Erfahrung. Das Beispiel der Griechen war die Kraft zur Kunst, das Beispiel Wagner war die Kraft zum Werk, das Beispiel der französischen Aufklärung die Kraft zur Kritik, zum freien Geist. Hierzu merkt Gerhard Schweppenhäuser an: „Ich glaube, dass Nietzsche mit seinem Satz ‚Gott ist tot' darauf aufmerksam machen wollte, dass es eine falsche Gleichgültigkeit gegenüber den Einsichten der Religionskritik à la Feuerbach und Marx im 19. Jahrhundert gegeben hat. Marx selber war ja von dieser Einsicht, von der Formulierung, dass es notwendig ist, diese Einsicht in die Gemachtheit Gottes und auch in die Endlichkeit Gottes zu betonen, selber noch so umgetrieben, dass er den Impuls seiner frühen Philosophie auch einmal als kategorischen Imperativ formuliert hätte, kategorischer Imperativ der Religionskritik, der ein kategorischer Imperativ der Philosophie ist, um alle Verhältnisse umzustürzen, in denen der Mensch ein geknechtetes, ein verächtliches, ein beleidigtes Wesen ist, um sozusagen den Impuls, den christlichen Impuls oder den Impuls aus der Bergpredigt, sozusagen umzusetzen in eine diesseitige revolutionäre Bewegung. Diese hat aber nicht stattgefunden, diese hat auch im Denken gegen Ende des 19. Jahrhunderts immer weniger stattgefunden. Stattdessen hat sich gegenüber diesen aufklärerischen Einsichten Feuerbachs und Marxs eine falsche Gleichgültigkeit breitgemacht, die Nietzsche verunsichern wollte. Nietzsche wollte sozusagen mit seinem Diktum Gott ist todt, ihr habt ihn getödtet sagen, dass ihr gar nicht wisst, was aus dieser Tötung, was also aus der Einsicht in die Selbstproduziertheit, in die Endlichkeit sozusagen des Zurückholens Gottes in die Zeit, was daraus eigentlich philosophisch folgt. Das heißt, wenn man sich die Gleichgültigkeit, die Desinteressiertheit des Juste-Milieu-Atheismus, sozusagen abschminkt und sagt, jetzt versuchen wir mal uns klarzumachen, was eigentlich aus dieser Einsicht in die Selbstproduziertheit aller transzendenten Instanzen des menschlichen Denkens folgt, dann haben wir darin eigentlich eine philosophische Aufgabe. Daran wollte Nietzsche uns erinnern, das ist nach wie vor zeitgemäß, denke ich."

Vielleicht schreibt Nietzsche, im Augenblick seiner größten Verlassenheit, nachdem das Gespräch mit Lou Salomé und Paul Rée abgerissen ist, dieses Buch weder für keinen, noch für alle anderen, sondern für sich; vielleicht ist der Zarathustra in erster Linie keine neue Bibel, auch keine Dichtung und erst recht kein philosophischer

Traktat, sondern eine Bühne. Nietzsche inszeniert einen Auftritt für seine Gedanken. Die Menge auf dem Markt der Stadt „Bunte Kuh" konfrontiert er mit einer Botschaft, mit seiner Botschaft: „Und Zarathustra sprach also zum Volke: Ich lehre euch den Übermenschen. Der Mensch ist Etwas, das überwunden werden soll." (Z, KSA 4, 14)

Zarathustras Frage ist keine offene, öffnende mehr, sie setzt nun die Menschen unter Druck: „Was habt ihr gethan, ihn [den Menschen] zu überwinden?" (Z, KSA 4, 14) Eigenartig, sich an diejenigen zu wenden, denen er predigt, dass sie überwunden werden müssten. „Ich liebe Den, welcher goldne Worte seinen Thaten voraus wirft und immer noch mehr hält, als er verspricht: denn er will seinen Untergang." (Z, KSA 4, 17f) Ein Satz aus Zarathustras Lehre. Ein Gegenstück zu den Seligpreisungen der christlichen Bergpredigt. Das Echo ist verhalten. Um die Zuhörer bei ihrer Ehre zu packen, werden ihnen der Übermensch und der „letzte Mensch" als Alternativen vor Augen gestellt. Indem Zarathustra ihnen die „letzten Menschen" vorstellt, glaubt er, an ihren Stolz appellieren zu können, diese „Verächtlichsten" nicht sein zu wollen.

Nach Zarathustras Diagnose besteht noch die Möglichkeit zur Entscheidung: der „letzte Mensch" heißt auch deshab der letzte, weil er keine Alternativen mehr haben wird. „Ich glaube," bekennt Vogl, „dass der Begriff des Übermenschen, den Nietzsche fast wie einen Pfeil abgeschossen hat, ohne dass dieser Pfeil bereits sein Ziel erreicht hätte, dass dieser Begriff des Übermenschen bei Nietzsche immer wieder als provokativer Begriff, als ein provokatives Schlagwort regelrecht auftaucht, dass dieser Begriff auf eine seltsame Weise auch ausgespart bleibt in Nietzsches Werk. Der letzte Teil des Zarathustras ist nicht geschrieben und sollte dem Übermenschen – und das heißt also letzlich der Überwindung des Menschen – gewidmet sein. Diese Aussparung macht in einer gewissen Weise Sinn, denn ich glaube, dass der Übermensch Nietzsches einer ist, der den Menschen in einer bestehenden, und das heißt also kulturell autographischen Kodierung, auflösen sollte. Ich denke, dass auch der Übermensch Nietzsches einer ist, der eine Stelle besetzt, von der aus tatsächlich die grundlegende Gestaltlosigkeit, die grundlegende Eigenschaftslosigkeit und damit die grundlegende Weltneutralität des Menschen gedacht werden könnte. In gewisser Weise ist also der Begriff des Übermenschen ein Sprungbrett, von dem aus Nietzsche auch methodisch sozusagen seine Wertekritik und damit die Forderung nach einer Auflösung und Reformulierung abendländischer Werte denken könnte. Er ist also in dieser Hinsicht ein sowohl methodisch notwendiger, aber begrifflich nicht gefüllter Begriff Nietzsches."

Die konkrete Beschreibung des Übermenschen fällt eher dürftig aus. Es ist seine Rolle, die im *Zarathustra* beschrieben wird. Es ist einerseits eine Perspektive, unter welcher der vorhandene Mensch sich selbst anders sehen lernt: als einen Übergang, der es rechtfertigt, sich nicht zu schwer zu nehmen – […] stecke Dir selber Ziele, *hohe* und *edle Ziele* und gehe an ihnen zu Grunde!" (NF, KSA 7, 651) notiert Nietzsche schon 1873. Der Übermensch stellt sich andererseits als Aufgabe dar, den Sinn des Daseins nicht ins Jenseits zu verlegen; er ist die Forderung nach Immanenz, danach *in* der Welt sein zu können.

„Der Übermensch, wenn wir jetzt einmal einen Moment lang annehmen, dass der Übermensch nicht nur etwas ist, was Zarathustra denkt, sondern etwas ist, was auch Nietzsche denkt – nur vielleicht in etwas anderer Form als Zarathustra das macht – dann halte ich es für berechtigt," um Gerhard Schweppenhäuser zu zitieren, „den Übermenschen als Utopie zu begreifen, als Utopie eines Menschseins, das im Stande wäre zu den eigenen Bedürfnissen sich affirmativ, nicht verneinend zu stellen, das heißt die eigenen Bedürfnisse nicht zu verleugnen und damit wäre eine Freiheitsstufe gewonnen, die von den christlichen, moralischen Beschränkungen unserer Kultur sich immerhin doch ein stückweit emanzipiert hätte."

Nietzsches Übermensch ist kein neues Ideal, nicht die Forderung nach einer Moral, die den Menschen verurteilt und schon gar keine Neuzüchtung mit höherer evolutionärer Fitness. Dennoch war es geradezu dieses Motiv, das sich dazu eignete, ausgebeutet und instrumentalisiert zu werden, was das Verständnis Nietzsches beträchtlich belastet. In der Nazizeit wurde er zu Unrecht – mit Hilfe der Verdrehungen seines Gedankengutes durch die Schwester Elisabeth Förster-Nietzsche – zum Stichwortgeber des Nationalitätenwahnsinns, wovor er selber warnte. Doch war Nietzsche ganz unschuldig an seiner unheilvollen Aufnahme? Denn zu vieldeutig und verführerisch waren seine Parolen von Stärke und „großer Politik", zu schillernd sein Wort vom Übermenschen. All das hat gewirkt, wie Schweppenhäuser zeigt, und die Stärke von Nietzsches dichterisch inspirierter Schriftstellerei im *Zarathustra* ist die Bildhaftigkeit. „Das ist auf der einen Seite natürlich ein Problem, weil man in diese Bilder alles mögliche hineininterpretieren kann, was ja auch gemacht worden ist; es hat auch eine unglaubliche Fülle von produktiven Missverständnissen in der Nietzsche-Rezeption gegeben, die sich an den Zarathustra angeschlossen hat, dabei will ich jetzt gar nicht von politischen Instrumentalisierungen oder politischen Verteufelungen reden – ich würde auf dem Niveau des gegenwärtigen Diskurses der Nietzsche-Rezeption offene Türen einrennen. Aber wenn man sich einmal ansieht, wie zum Beispiel die künstlerischen Avantgarde-Bewegungen Nietzsches Zarathustramotive produktiv missverstanden haben, nämlich als Anleitung zur Formierung von Eliten, dann sieht man natürlich sehr schnell, worin die Probleme dieser bildlichen Darstellung von Philosophemen bestehen und wieviel Vorsicht bei der Lektüre eigentlich anzuraten ist. Auf der anderen Seite sind diese Missverständnisse auch oft produktiv gewesen. Vor allen Dingen aber hat es nicht nur produktive Missverständnisse, sondern auch produktive Interpretationen gegeben, die Nietzsche gerecht geworden sind, und die Nietzsche vielleicht noch einmal eine Reflexionsschraube weitergedreht haben, als die er selber erreicht hat. Also insofern würde ich sagen, dass die Vieldeutigkeit vieler gedanklicher Bilder, die Vieldeutigkeit vieler Denkbilder von Nietzsche etwas ist, was man vielleicht nicht nachahmen sollte als Philosoph, aber was man auf jeden Fall produktiv wenden sollte."

Zarathustras Übermensch ist Nietzsches Hoffnung auf einen Typus Mensch, der es erträgt, dass das Fragment zur Vollendung und das Vernichten zum Schaffen gehört. Und der diese Daseinsbedingung bejaht. Der Übermensch ist vor allem aber dasjenige Lebewesen, dessen Dasein die Möglichkeit der ewigen Wiederkunft des Gleichen erträglich macht. In Nietzsches Notizen zum Plan des Buches heißt es: „Erst die Gesetzgebung. *Nach der Aussicht auf den Übermenschen* auf schauerliche Weise die Lehre der Wiederkunft: jetzt erträglich!" (NF Sommer–Herbst 1883, 15 [10], KSA 10, 482) Der Gedankengang überschlägt sich zu einer Schicksalsfrage und kehrt dann doch wieder zu einer sehr persönlichen Frage zu sich selbst zurück. Der Versuch, den Gedankengang einer ewigen Wiederkunft ernstzunehmen, nimmt „gegen das Leben überhaupt" (NF Frühjahr–Herbst 1881, 11 [141], KSA 9, 495) ein. Das Leiden vom Dasein vertieft sich. *Ob* und *wie* sich angesichts dieser Perspektive noch leben lässt, ist die Frage. Gleichgültigkeit und ästhetischer Genuss werden sich hier als nicht ausreichend erweisen.

Nietzsches erste Äußerung des Gedankens in der *Fröhlichen Wissenschaft* greift die Formulierung vom *größten Schwergewicht* wieder auf. Trotz allem macht sich der Gedanke dort leicht: die ewige Wiederkehr wird nicht dogmatisch als neue Weisheit verkündet, sondern als Frage und Hypothese. „Das grösste Schwergewicht. – Wie, wenn dir eines Tages oder Nachts, ein Dämon in deine einsamste Einsamkeit nachschliche und dir sagte: ‚Dieses Leben, wie du es jetzt lebst und gelebt hast, wirst du noch einmal und noch unzählige Male leben müssen; und es wird nichts Neues daran sein, sondern jeder Schmerz und jede Lust und jeder Gedanke und Seufzer und alles unsäglich Kleine und Grosse deines Lebens muss dir wiederkommen, und Alles in der selben Reihe und Folge – und ebenso diese Spinne und dieses Mondlicht zwischen den Bäumen, und ebenso dieser Augenblick und ich selber. Die ewige Sanduhr des Daseins wird immer wieder umgedreht – und du mit ihr, Stäubchen vom Staube!' – Würdest du dich nicht niederwerfen und mit den Zähnen knirschen und den Dämon verfluchen, der so redete? Oder hast du einmal einen ungeheuren Augenblick erlebt, wo du ihm antworten würdest: ‚du bist ein Gott und nie hörte ich Göttlicheres!'

Wenn jener Gedanke über dich Gewalt bekäme, er würde dich, wie du bist, verwandeln und vielleicht zermalmen; die Frage bei Allem und Jedem ‚willst du diess noch einmal und noch unzählige Male?' würde als das grösste Schwergewicht auf deinem Handeln liegen! Oder wie müsstest du dir selber und dem Leben gut werden, um nach Nichts *mehr zu verlangen*, als nach dieser letzten ewigen Bestätigung und Besiegelung?" (FW, Nr. 341, KSA 3, 570)

Keine Seelenwanderungslehre wird hier aufgestellt, keine mögliche Erinnerung an ein früheres Leben heraufbeschworen, die Betonung liegt nicht auf geschichtsphilosophischer Spekulation. Es geht um ein radikal diesseitiges Leben, sogar um diesen *Augenblick*. Dass dieser Moment für immer so ist, immer wieder so werden wird und immer schon einmal so war, wird zum größten Schwergewicht. Nietzsches Beispiel ist die Kraft *Ja* zu sagen, ist die Freiheit von jeglichem Resentiment, die Freiheit vom Gedanken der Rache und ist vor allem die „Ewige Wiederkehr des Gleichen". *Der tolle Mensch*, Nietzsches Narr, zeichnet das Bild der Schwerelosigkeit für das Fehlen jeder Daseins- und Handlungsorientierung nach dem *Tode Gottes*.

„Was thaten wir, als wir diese Erde von ihrer Sonne losketteten? Wohin bewegt sie sich nun? Wohin bewegen wir uns? Fort von allen Sonnen? Stürzen wir nicht fortwährend? Und rückwärts, seitwärts, vorwärts, nach allen Seiten? Giebt es noch ein Oben und ein Unten? Irren wir nicht wie durch ein unendliches Nichts?" (FW, Nr. 125, KSA 3, 481) fragt Nietzsche. *Das größte Schwergewicht* ersetzt das fehlende Gravitationszentrum nicht durch ein neues, das jenseits des Daseins liegt. Die Möglichkeit einer transzendenten Perspektive besteht nach wie vor nicht. Dasein und Augenblick werden nicht überschritten, sondern im Gegenteil vertieft, verewigt. Dennoch kann die neue Perspektive Schwerkraft und Orientierung entfalten, kann als Schwergewicht auf dem Handeln liegen. Die Orientierung erfolgt nicht an einer äußeren Weisung, also nicht heteronom.

Stattdessen wird die Perspektive wirksam, indem sie ein Problem verschärft: die Erträglichkeit des eigenen Anblicks. Angesichts eines Ekels und Überdrusses am eigenen Leben und dem Dasein allgemein würde der Gedanke „*Diess Leben – dein ewiges Leben!*" (NF, Frühjahr–Herbst 1881, 11 [183], KSA 9, 513) unerträglich. Das Experiment seiner „Einverleibung" ist die Suche nach einer Lebensform, welche diese Perspektive aushält.

Nietzsche selber fühlte sich seinem Gedanken nicht gewachsen. Zwischen November 1882 und Februar 1883 schreibt er in sein Notizbuch: „Ich will das Leben nicht *wieder*." (NF, Nov. 1882–Feb. 1883, 4 [81], KSA 10, 137) Nietzsche vermerkt die Gefährdung, die von dieser Sichtweise ausgeht. Deutlich wird, dass allein die Möglichkeit einer entsprechenden Perspektive schon ihre Wirksamkeit entfalten kann: „Prüfen wir, wie der *Gedanke*, dass sich *etwas wiederholt*, bis jetzt gewirkt hat (das Jahr z.B. oder periodische Krankheiten, Wachen und Schlafen usw.). Wenn die Kreis-Wiederholung auch nur eine Wahrscheinlichkeit oder Möglichkeit ist, auch der *Gedanke einer Möglichkeit* kann uns erschüttern und umgestalten, nicht nur Empfindungen oder bestimmte Erwartungen! Wie hat die *Möglichkeit* der ewigen Verdammniß gewirkt!" (NF, Frühjahr–Herbst 1881, 11 [203], KSA 9, 523f)

„Es gibt aber einen – dritten glaube ich – entscheidenden Aspekt der ewigen Wiederkehr, der ewigen Wiederkunft bei Nietzsche", sagt Vogl, „und das ist ein roter Faden, der sich von der frühen Tragödienschrift bis hin zu den Nachlassfragmenten wie ein roter Faden durchzieht. Das ist die ewige Wiederkunft als Fähigkeit zur unmittelbaren Bejahung eines Ereignisses am eigenen Körper in der augenscheinlichen Gegenwart, die Fähigkeit der Bejahung selbst eines moralischen Sachverhalts. Die Fähigkeit *ja* zu sagen heißt für Nietzsche, dieses Ereignis bis in alle Ewigkeit sozusagen in seiner Potenz wiederholen zu können und ich glaube, das ist der moralisch-kritische Aspekt dieser ewigen Wiederkehr bei Nietzsche." Schreiben, das heißt für Nietzsche Leben und Leben heißt für Nietzsche Denken und Denken bedeutet für Nietzsche Geist: „Geist ist das Leben, das selber in's Leben schneidet: an der eignen Qual mehrt es sich das eigne Wissen, […]." (Z 2, KSA 4, 134)

Man kann das auch Vivisektion nennen: das Experiment am eigenen Leibe, lebend; und Nietzsche experimentiert, mit allen Gedanken seiner Zeit, mit sich selbst. Er kritisiert die verfallene Moderne, ihre Decadence, er kann dies tun, denn er selbst ist ein Teil von ihr – und er weiß es. „Nietzsche ist vielleicht einer der ersten Philosophen, der die Körperlichkeit, und damit auch die Frage nach der Geschichtlichkeit oder der Geschichte des Körpers in den Mittelpunkt gestellt hat." Vogl fährt weiter fort: „Es ist wohl eine der schwierigsten Aufgaben, überhaupt eine historiographische, d.h. so etwas wie die Geschichte des Körpers darzustellen, weil sozusagen als eine anthropologische Gegebenheit immer dasselbe zu existieren erscheint. Nietzsches Fragestellung in dieser Hinsicht ist ganz radikal; was haben die Kulturen, was haben verschiedene Moralvorstellungen, was hat nicht zuletzt die christliche, die westliche Zivilisation mit dem Körper und seinen eigenen Kräften angestellt. Und eine der zentralen Thesen Nietzsches ist: der Körper ist von Anfang an Gegenstand einer kulturellen Einschreibung gewesen, und es ist genau diese Einschreibung, die Einschreibung des Gesetzes, der Moral, die Einschreibung auch – wenn man so will – des Resentiments, die aus dem abendländischen Körper eine seltsam relative Angelegenheit gemacht hat, die den Körper sozusagen in elementaren Zusammenhängen geschwächt hat. Deswegen hat sich Nietzsche ja immer auch – und nicht zuletzt – als Physiologe, als Mediziner verstanden. Der zentrale Gegenstand seiner Philosophie ist immer ein medizinischer, physiologischer Blick auf seine zeitgenössische Kultur gewesen."

„Den Autor dieses Werkes kenne ich nicht"[6] – so die Reaktion Cosima Wagners auf *Menschliches, Allzumenschliches*, und sie hat recht. Seit Erscheinen des ersten Buches für freie Geister, gibt es den „Autor" Nietzsche nicht mehr; fraglich, ob es überhaupt noch einen „Autor" gibt seitdem. Die Frage nach der Identität des Subjekts, des

---

6 Vgl. Karl Schlechta, *Nietzsche Chronik. Daten zu Leben und Werk*, München und Wien 1975, S. 64.

Einzelnen, die Frage nach der Möglichkeit, „Einheit" zu denken, ist seit dem offen. Wir haben auf diese Frage keine Antwort, das mag eine Bedrohung sein, die Angst macht. *Sich* nicht denken können? Was heißt dann noch *denken können*? Wenn das Eis bricht, erscheint eine neue Zeit *zwischen* Kontinuität und Bruch. Der Moment des Schreckens, selbst der Gefahr, auf brüchigem Eis zwischen den sicheren Ufern, ist ein Moment des Schwebens, ist eine Chance.

Nietzsche wird zum Kritiker der Moderne, jeglicher Modernität. Diese ist krank, macht krank. Nietzsche analysiert mit Hilfe der Theorien französischer Irrenärzte Richard Wagner; denn Wagner ist der Führer durch „das Labyrinth der modernen Seele." (Der Fall Wagner, KSA 6, 12) Nietzsche analysiert Wagner und sich selbst. Wagner ist ihm nun der Decadent par excellence, sehr zeitgemäß, eine moderne Seele. Alles an ihm will erlöst werden, wie Wagner alle erlösen will. Aus Schwäche. „Was mich am tiefsten beschäftigt hat, das ist in der That das Problem der décadence." (KSA 6, 11)

Nietzsche weiß, wovon er spricht, er war doch selber „Wagnerianer", krank wie dieser, krank wie Wagner. Der Unterschied allein ist der, dass Nietzsche von dieser Krankheit weiß, ihr dankbar ist, sie aber überwunden hat: „Mein grösstes Erlebnis war eine Genesung. Wagner gehört bloß zu meinen Krankheiten. Nicht dass ich gegen diese Krankheit undankbar sein möchte. Wenn ich mit dieser Schrift den Satz aufrecht halte, dass Wagner schädlich ist, so will ich nicht weniger aufrecht halten, wem er trotzdem unentbehrlich ist – dem Philosophen. Sonst kann man vielleicht ohne Wagner auskommen: dem Philosophen aber steht es nicht frei, Wagner's zu enthrathen." (KSA 6, 12)

„Er hat das schlechte Gewissen seiner Zeit zu sein, – dazu muss er deren bestes Wissen haben. Aber wo fände er für das Labyrinth der modernen Seele einen eingeweihteren Führer, einen beredteren Seelenkündiger als Wagner? Durch Wagner redet die Modernität ihre *intimste* Sprache: sie verbirgt weder ihr Gutes, noch ihr Böses, sie hat alle Scham vor sich verloren. Und umgekehrt: man hat beinahe eine Abrechnung über den *Werth* des Modernen gemacht, wenn man über Gut und Böse bei Wagner sich im Klaren ist. – Ich verstehe es vollkommen, wenn heut ein Musiker sagt ‚Ich hasse Wagner, aber ich halte keine andre Musik mehr aus.' Ich würde aber auch einen Philosophen verstehn, der erklärte: ‚Wagner *resümirt* die Modernität. Es hilft nichts, man muss erst Wagnerianer sein…'" (KSA 6, 12)

Die Geschichte von Nietzsches Genesung ist die Geschichte seiner Kritik an *allen* zeitgemäßen Werten, seiner Kritik an allen Werten und darüber hinaus überhaupt am Wert der Werte. Nietzsche wird radikaler. In der *Götzendämmerung* erklärt Nietzsche allen Götzen, allen „Wahrheiten" den Krieg: „Diese kleine Schrift ist eine grosse *Kriegserklärung*; und was das Aushorchen von Götzen anbetrifft, so sind es dies Mal keine Zeitgötzen, sondern *ewige* Götzen, an die hier mit dem Hammer wie mit einer Stimmgabel gerührt wird, – es giebt überhaupt keine ältern, keine überzeugteren, keine aufgeblaseneren Götzen … Auch keine hohleren … Das hindert nicht, dass sie die *geglaubtesten* sind; auch sagt man, zumal im vornehmsten Falle, durchaus nicht Götze…" (KSA 6, 58)

Der größte Götze für Nietzsche ist der Nationalitätenwahnsinn. Gegen den Glauben an die Nation, an irgend eine Nation, stellt Nietzsche die Vision eines freien Europas. Als, wie er sich sah, freien Europäer, verlässt er Deutschland, nicht nur physisch.

„Ich glaube, es gibt kaum ein zwiespältigeres Deutschtum als das Nietzsches und darum auch kaum einen schärferen Kritiker der deutschen machtpolitischen Gegenwart seiner Zeit," führt Vogl diesen Gedanken aus. „Nietzsche hat unmittelbar zum Sieg von 1871 Stellung genommen und auch am Beispiel dieses beginnenden Nationalstaates Deutschland durchaus vom Auslöschen des deutschen Geistes gesprochen. Und ich glaube, auch in philosophischer Hinsicht hat Nietzsche den Deutschen definitiv für unfähig erklärt zu denken. Einer seiner Schrecken war, nach Griechenland zu kommen und in Gestalt eines Griechen einem Deutschen zu begegnen, der sich im nächsten Augenblick als Deutscher entpuppt. In dieser doppelten Kritik des Deutschtums, also sowohl des deutschen Nationalstaates und des Siegestaumels von 1871 auf der einen Seite, und von der Usurpierung einer philosophischen Tradition durch deutsche Philosophie, nicht zuletzt der des Idealismus, hat Nietzsche keinen anderen Ausweg gesehen, denn als Europäer zu denken und das Deutschtum durch europäische, nicht zuletzt durch französische Traditionen zu verdünnen. Auch die Wendung übrigens, die Nietzsche von Wagner hin zu Bizet und zu Carmen machte, ist ein deutliches Indiz dafür."

Nietzsche kritisiert; er überschreitet die Moderne. Sein Denken aber, seine Lektüre hält sein „Werk", seine Erfahrung, seine Welt zusammen. Es ist nicht mehr die Welt der Moderne, es ist keine Welt nach der Moderne.

Man kann nicht einmal genau die Form des Schreibens Nietzsches bezeichnen. 1878 erscheint Menschliches, Allzumenschliches. Dieses Buch ist kein geschlossener Text mehr, kein Essay, es besteht aus neun – von Nietzsche numerierten – Stücken. Sie sind nicht wirklich Aphorismen, auch wenn sie Aphorismen enthalten; sie sind auch keine Abhandlungen, sondern selbst kleine Essays, aber auch Gedankensplitter, vielleicht Fragmente. Sie sind Versuche.

Und als Versucher bezeichnet Nietzsche später die „neuen Philosophen:" „Eine neue Gattung von Philosophen kommt herauf: ich wage es, sie auf einen nicht ungefährlichen Namen zu taufen. So wie ich sie errathe, so wie sie sich errathen lassen – denn es gehört zu ihrer Art, irgend worin Räthsel bleiben zu wollen –, möchten diese Philosophen der Zukunft ein Recht, vielleicht auch ein Unrecht darauf haben, als Versucher bezeichnet zu werden. Dieser Name selbst ist zuletzt nur ein Versuch, und, wenn man will, eine Versuchung." (KSA 6, 59)

Etwas fällt auseinander und lässt sich nicht mehr durch den Begriff festhalten, kaum noch durch das Wort aussagen. Etwas ist brüchig geworden, die Welt, die eine Welt gibt es nicht mehr. Die „Wahl" Nietzsches der neu gefundenen „Form" gegenüber ist keine Wahl, sondern eine Antwort auf eine philosophische Situation, eine Antwort allerdings, die sich zersplittert, die sich zeigt, wie die vorbeihuschenden, flüchtigen Bilder seiner vielen Eisenbahnfahrten.

Nietzsches Schreiben, sein „Werk", sein Scheitern, seine Kraft zur Versöhnung, sein Frei-sein-von-Rache, sein Ja-Sagen bezeichnet den Augenblick, an dem die Moderne zur Besinnung kommt, einen Augenblick zwischen Ende und Anfang, einen Augenblick der Differenz, der Nuance, des Glücks. Alles andere liegt an uns. Wie betritt man nun Nietzsches philosophische Labyrinthe heute? Braucht man das 19. Jahrhundert oder wagt man den Eintritt auf eigene Faust und hofft auf eine Möglichkeit des Hinausfindens, wenn auch nur wie Ikarus?

Hierzu noch einmal Gerhard Schweppenhäuser: „Nietzsche wird viel gelesen, Nietzsche wird immer noch vielfach vor die falschen Karren gespannt. Und was wahrscheinlich ein Problem in der philosophischen Tradition, in der akademischen Lehre ist, Nietzsche wird oft als Einstiegsdroge für die Philosophie benutzt und es wird dabei wahrscheinlich nicht genügend gesehen, wie voraussetzungsvoll Nieztsches Philosophieren ist. Ich spreche jetzt nicht von Nietzsches Schriftstellerei im Zarathustra, sondern von Nietzsches im eigentlichen Sinne philosophisch-terminologischen Werken, die eine Fülle von Wissen aus der Tradition voraussetzen, das Nietzsche hier mit einkocht, mit kondensiert, der Kritik unterzieht, produktiv hin- und herwendet und in einer Weise klar darstellt, wie das den Philosophen aus der Tradition oft selber nicht gelungen ist. Dann die Zopfigkeit mancher Kantischer Formulierungen, das Königsberger Chinesentum, von dem Nietzsche höchst ungerecht spricht, wird in Nietzsches Formulierungen in eine Klarheit gebracht, die oft in der Lektüre vergessen lassen, dass die dort verhandelten Theoreme selber Produkt einer kategorialen Entfaltung und schwierigen Herleitung sind, die in dieser brillianten Darstellung verschwindet. Nun käme es darauf an, in einer Nietzsche-geschulten Lektüre das, was bei Nietzsche nicht erwähnt, aber vorausgesetzt ist, einzuholen. Das macht die große Schwierigkeit der Nietzscheschen Texte aus, die auf den ersten Blick oft alles andere als schwierig wirken."

Nietzsches Philosophieren läßt sich nicht systematisieren, den Nietzsche gibt es nicht, es sei denn im Prozess des Schreibens. Es ist ein anderes, ein schwaches Denken, in ständigem Werden begriffen, und es ist auch ein zärtliches. Wenn man nachdenkend seine Widersprüche aushält, wird man Nietzsche gerecht. Im Laufe der möglichen und unmöglichen Interpretationsgeschichte Nietzsches, in der der Missbrauch seines Gedankengutes eine bedeutende Rolle spielt, sich mit Nietzsche neu auseinandersetzen, vielleicht aus einer ganz eigenen Perspektive. Wo man anfängt, entscheidet man selber.

Dazu noch ein letztes Mal Josef Vogl: „Nietzsche ist als Aphoristiker, Nietzsche ist als Erzähler, Nietzsche ist als Dichter lesbar und damit auf der einen Seite für alle möglichen Formen der pubertären Lektüre durchaus zugänglich. Auf der anderen Seite aber hat Nietzsche gerade mit dieser Form des Essayismus oder auch mit dieser Form des Aphorismus, eine Artistik des Denkens vorgeführt, die in einem weiteren Schritt – glaube ich – sehr viele Nietzsche-Leser scheitern lässt und zu mediokren Interpretationen seines Werks führt – mediokre Interpretationen wie beispielsweise die deutschtümlichen Interpretationen, die im Gefolge seiner Schwester Elisabeth Förster-Nietzsche angegangen wurden. Das heißt, die dichterische Qualität des Werks auf der einen Seite und die Verhinderung einer systematischen Philosophie auf der anderen Seite sind die beiden Extreme und damit auch die beiden extremen Aufforderungen, die Nietzsche stellt. Ich glaube, ich selbst bin von der einen Seite gelockt und von der anderen Seite abgewiesen worden. Und ich denke, die Lektüre Nietzsches ist eine, die – wenn überhaupt – mit Sicherheit nur über ein Leben lang und in einem lebenslangen Versuch sozusagen gelingen kann."

Paul Good
Bad Ragaz

"Der Leib ist eine große Vernunft" –
Der Schaffende als Modell für das Menschsein

1. Exposition des Leib-Themas im Zarathustra

„…hat man erst gelernt, das Leben groß zu nehmen, so fällt der Unterschied von Glück und Unglück hinweg, und gar über das ‚Wünschen' kommt man hinaus." Diesen Satz aus dem Brief an Cosima Wagner vom 19. Dezember 1876 aus Sorrent (KSB 5, 209) möchte ich als Motto diesem Vortrag über den Leib als eine große Vernunft voranstellen. Gleich drei problematische Begriffe „der Leib", „eine große Vernunft" und „der Schaffende" stehen im Titel. Die Exposition dieses Themas, wie der Leib eine große Vernunft sein kann und wie beim Schaffenden ein gesundes Menschsein am deutlichsten hervortritt, diese Exposition entwirft Friedrich Nietzsche in *Also sprach Zarathustra – Ein Buch für Alle und Keinen*.

Angelegt habe ich dieses Thema, wie beim Eröffnungsvortrag des Symposiums angekündigt, daraufhin, Ihnen von *aktiven* Kräften zu erzählen, die ausziehen, sich zu vermehren, und von *reaktiven* Kräften, die aus trübsinniger Leidenschaft heraus zur Rechtfertigung ihres negativen Bildes vom Leben das Ideal erfanden. Es ist die Geschichte von der Bejahung und von der Verneinung des Lebens, von starker, positiver und schwacher, negativer Einschätzung der eigenen Kräfte. Ich will den Leib als eine große Vernunft in vier Schritten vorstellen und Ihrer Kritik aussetzen.

Schon in der *Vorrede* ruft Zarathustra den Verächtern des Lebens zu: bleibt der Erde treu. An der Erde zu freveln, will sagen, aus metaphysischen Gründen das Leben abzulehnen – die Zerstörung der Umwelt und der eigenen Lebensgrundlagen war damals noch kein Thema – ist ihm das Furchtbarste. Das ist z. B. dort der Fall, wo eine Seele mit Verachtung auf den Leib blickt, wo sie ihn wegen seiner Affekte und Leidenschaften aus moralischen Gründen unterdrückt, ihn, was sein Begehren betrifft, „mager, grässlich und verhungert" haben will, denn „Grausamkeit war die Wollust dieser Seele." (Z, V 3) Nietzsche stellt die genealogische Frage: wie kommt diese Grausamkeit in eine Seele? Da haben Sie bereits Nietzsches Denkfigur: jeder lebt (oder hat) den Geist, dessen Wertschätzung des Körpers und der Erde er aufzubringen und zu leben vermag. Diese Bindung des Verständnisses von Seele und Geist an die Einschätzung von Körper und Leben bildet die Grundfigur dieser Philosophie. (Sie richtet sich gegen den metaphysischen Dualismus.) Symbolisch inszeniert wird die Körperverachtung durch den teuflischen Possenreißer, der den Seiltänzer auf dem Seil hetzt und überspringt, dass dieser abstürzt und Zarathustra zum Totengräber macht.

Der Schaffende wird ebenfalls in der *Vorrede* (Z, V 9) eingeführt: er ist der Brecher und Verbrecher, der Wertetafeln und Verbotstafeln zerbricht. Die Guten und Gerechten hassen ihn. Der Ausdruck „der Schaffende" gehört wie „große Vernunft" zum neuen Vokabular und ersetzt den früheren Ausdruck „Künstler". Der Künstler war in *Die Geburt der Tragödie* als fertiges Genie vom Himmel (Olymp) gefallen, jetzt muss er sich durch den speziellen Umgang mit den Kräften selbst erst noch *beweisen*.

In *Zarathustra* I/3 „Von den Hinterweltlern" schreibt Nietzsche, der Schaffende redet am redlichsten von seinem Sein, das „schaffende, wollende, werthende Ich, welches das Maass und der Werth der

Dinge ist". Vorsicht: Maß und Wert der Dinge werden hier nicht von einem Bewusstseins- oder Vernunft-Ich aus konstituiert, sondern von Kräften des Lebens her eingeführt. Der Leib *sagt nicht* Ich, der Leib *tut* Ich! Denn wovon „redet" dieses redlichste Ich, wenn es denn von seinem Sein spricht? „…das redet vom Leibe, und es will noch den Leib, selbst wenn es dichtet und schwärmt und mit zerbrochenen Flügeln flattert." Selbst bei zerbrochenen Flügeln! Wir können gar nicht anders, als von der Plattform der eigenen Leibeinschätzung aus, der Wertung von Leben entsprechend, dichten und denken. Insofern führte Nietzsche die *Frage nach Sinn und Wert* ganz neu in die Philosophie[1] ein. Dieses schaffende Ich aber findet immer mehr „Worte und Ehren für Leib und Erde". Dem nicht schaffenden Vernunft-Ich hingegen erscheint diese Welt mehr als verdächtig.

Die Verächter des Leibes opfern ihren Hinterwelten, Jenseitswelten, sie sind Kranke und Absterbende, „die verachteten Leib und Erde und erfanden das Himmlische und die erlösenden Blutstropfen." (Z I/3) Christen, alle Religiösen geraten unter dem Gesichtspunkt der Leibfeindlichkeit pauschal in die Kritik. Gegen alle Religionen gesagt, gegen diese nicht physisch Kranken, sondern in Bezug auf ihre Lebenseinschätzung Müden, die den *Gedanken der Genesung* erfindend „einen höheren Leib sich schaffen" – den auferstan-

---

1 In einer Nachlass-Aufzeichnung Nov. 1887 bis März 1888 schreibt er, was er unter „Wert" versteht: „Der Gesichtspunkt des ‚Werths' ist der Gesichtspunkt von *Erhaltungs-Steigerungs-Bedingungen* in Hinsicht auf complexe Gebilde von relativer Dauer des Lebens innerhalb des Werdens: – es giebt keine dauerhaften letzten Einheiten, keine Atome, keine Monaden: auch hier ist ‚das Seiende' erst von uns *hineingelegt*, (aus praktischen, nützlichen, perspektivischen Gründen)…" (KSA 13, Nr. 11 [73] (331) S. 36.) Eine klare Absage an metaphysische Letzt-Einheiten von Werten. – Gilles Deleuze eröffnete sein Buch *Nietzsche und die Philosophie* (Paris 1962) mit dem Satz: „Das allgemeinste Vorhaben von Nietzsche ist dies: in die Philosophie die Begriffe von Sinn und Wert einzubringen." Und diese Philosophie konnte nur eine Kritik sein.

denen: Ihr eigener Leib ist ihnen ein krankhaftes Ding an sich. Zarathustra aber erhebt „die Stimme des gesunden Leibes: eine redlichere und reinere Stimme ist dies." Er nennt diesen gesunden Leib einen *vollkommenen* und *rechtwinkligen*.[2] Der Leib selbst vollkommen! Da haben wir die höchste Form von Bejahung, die der Schaffende darstellt. Er muss mit seiner physischen und psychischen Natur zurechtkommen. Mit dieser körperlichen Kraft („Material") und psychischen Verfassung („Affektnatur") startet er. Wenn er tut, was aus der Notwendigkeit seiner Natur heraus folgt, wenn er nicht von außen zum Handeln bestimmt wird, handelt er nach Spinoza frei. Ich denke, dass diese naturhafte, körperliche und psychische Notwendigkeit des Schaffens gerade bei Ernst Ludwig Kirchner deutlich zutage tritt. Das Vergleichen und Schielen auf andere war ihm völlig fremd.

In *Zarathustra* I/4 „Von den Verächtern des Leibes" wird die kindliche Redensart von *Leib und Seele* vom „Erwachten" (Schaffenden) korrigiert: „Leib bin ich ganz und gar, und nichts außerdem." Und Seele ist ihm nur *ein Etwas am Leibe*. Er bezieht sich hier nicht auf eine göttlich eingehauchte unsterbliche Seele, diese mythologische Metapher verfängt bei Zarathustra nicht länger. Das *Etwas am Leibe*, das ihm als Seele gilt, meint *die Qualität der Kräfte, nämlich die Relation derselben untereinander, das schaffende Schätzen in ihnen selbst*. Das macht die qualitative Verfassung meines Leibes aus. An diesem Punkt verlängert die Neubeschreibung den Leib bis zu einer Vernunft. Zarathustra sagt: „Der Leib ist eine grosse Vernunft,

---

2 In Z I/20 „Von Kind und Ehe" wird nochmals von „rechtwinklig an Leib und Seele" gesprochen, so müsste der sein, der über sich hinausbauen möchte. Und ich deute die Rechtwinkligkeit so, dass die Horizontale die Leib- und Erdverbundenheit, die Vertikale das Über-sich-hinaus, das Hinauf, das Höhere seiner selbst anzeigt. „Einen höhern Leib sollst du schaffen, eine erste Bewegung, ein aus sich rollendes Rad – einen Schaffenden sollst du schaffen." Dieses Bild von der ersten Bewegung und dem aus sich rollenden Rad entnimmt Nietzsche dem Geist des Kindes.

eine Vielheit mit Einem Sinne, ein Krieg und ein Frieden, eine Heerde und ein Hirt." (KSA 4, 39)

Eine *Vielheit* mit *einem* Sinn. Die große Vernunft eine Vielheit, keine Einheit, eine Vielheit der Kräfte mit einem Sinn, mit einer Richtung. In diesem Satz steckt der ganze Nietzsche. Er benutzt den bestimmten Artikel, sagt „der" Leib, spricht also generell-abstrakt, wo er auch „ein" Leib, jeder einzelne, sagen könnte. Denn auf die differentielle Betrachtung der Kräfte kommt es bei seinem Bild vom schaffenden Menschen entscheidend an. Nietzsche gibt hier eine Strukturbeschreibung von der Rolle des Leibes, die er generell gegen die übliche Vorstellung von der Einheit der Vernunft hält.

Das gilt als revolutionär, Vernünftigkeit bereits an Leib und Natur zu knüpfen. Damit wertet er die gesamte Tradition des philosophischen Denkens um. Vernunft ist bei Descartes die *Einheit einer angeborenen Substanz* (der „res cogitans"), bei Kant die *Einheit eines angeborenen Vermögens*, des Vermögens der Ideen (von Welt, Seele, Gott.) Bei Nietzsche wird Vernünftigkeit eine Sache der Vielheit der Kräfte des Lebens, einer Vielheit von Kräften, die von *einem* Sinn, nämlich jeweils von *einem* „Willen zur Macht" zusammengehalten werden. Das ergibt ein ganz anderes Bild von Vernünftigkeiten im Plural. Es gibt bei dieser Neubeschreibung durch Nietzsche keine Über-Einheit von Vernunft mehr. Was vernünftig bedeutet, muss genealogisch, differentiell, empirisch, historisch im Einzelnen erst aus der Kräftekonstellation eruiert werden. In jedem von uns findet ein Kampf zwischen Leben bejahenden und Leben verneinenden, von aktiven und von reaktiven Kräften statt. Das Kriterium für die große Leibvernunft besteht darin, dem Recht der bejahenden und aktiven Kräften den Vorrang vor dem der verneinenden und reaktiven zu geben. So will es das Leben selbst. Alles andere macht Leben krank. Natürlich muss man Frieden schließen. Eine ganze Herde aus niederen bis höheren Schätzungen bedarf eines Hirten, *eines* Willens, um das Beste aus seinen Kräften zu machen.

Wenn also Vernunft an den Leib delegiert wird, wird der ganze Kampfplatz der Kräfte untereinander eröffnet. Ich sagte schon, es gibt keine Über-Instanz als Autorität, wir alle sind gefordert, in die Rolle des Schaffenden einzutreten. Nietzsche schreibt „*eine*" große Vernunft, nicht *die* große Vernunft, weil sie etwas nach vorn Offenes und Unbestimmtes bleibt. Und alle bisherige Bestimmung von Vernunft beschrieb nur eine kleine Vernunft. Alles, was vom cogito, vom Ich, vom Subjekt, vom Bewusstsein, von *der* Vernunft her den Menschen bislang definierte, wird durch die Um- und Aufwertung des Leibes genealogisch geortet und in die Schranken gewiesen. Ich erzähle hier von einem Denk-Modell, das dir verständlich machen kann, warum du gerade *dieses* Subjekt, *dieses* Ich, *dieses* Bewusstsein, *diese* Vernunft, *diese* Identität, *diesen* Gedanken, *diesen* Stolz, *diese* Verachtung usw. bist, ja lebst, weil nämlich alle diese Instanzen aus einer gewissen Schätzung von Leib und Leben, von deinem Willen zur Macht hervorgegangen sind.

Damit Sie die Sprengkraft dieser Umwertung schlagartig erkennen können, zitiere ich aus *Zarathustra* I/7 die Stelle, wo er den Wahnsinn auch noch als eine Stimme bezeichnet, welche „etwas Vernunft" zum Ausdruck bringt. „Es ist immer etwas Wahnsinn in der Liebe. Es ist aber immer auch etwas Vernunft im Wahnsinn." (KSA 4, 49) Französische Philosophen (Gilles Deleuze, Félix Guattari, Michel Foucault)[3] haben daran anknüpfend der Stimme des Wahnsinns ihr Recht, ihre Vernünftigkeit, welche von der bürgerlichen Identitäts- und Rechtsauffassung geleugnet wurden, zurückgegeben.

Zarathustra sprach bisher stets von Leib. Andernorts redete Nietzsche auch vom Körper. Schon in der Frühschrift *Über Wahrheit und Lüge im außermoralischen Sinn*, wo Wahrheit als ein bewegliches Heer von Metaphern und nicht als ewige Vorgabe einer Vernunft erscheint, sind ihm Worte zuerst nur ein Bild für einen Nervenreiz aufgrund einer Wahrnehmung. Später fasst er Kräfte unter Begriffen von Quantitäten und Qualitäten von Körpern. Aber hier expliziert er seine Körperphilosophie am lebendigen Leib und Wan-

---

3   Vgl. G. Deleuze / F. Guattari, *Kapitalismus und Schizophrenie* I und II, von M. Foucault, *Wahnsinn und Gesellschaft*.

derer Zarathustra und führt (lange vor Sigmund Freud) den Terminus „das Selbst" ein. Desgleichen den Terminus „das Unbewusste", denn: „Unbewusst ist die große Haupttätigkeit." Das Bewusstsein, nur Spiegel, erscheint ihm als *reaktive Kraft*, weil es sich stets, wie ein Sklave auf den Herrn, auf ein Selbst, das unbewusst bleibt, notwendig beziehen muss, also nur reagieren kann, nicht selbst agiert.

Ein *Selbst* nämlich umfängt die große Vernunft des Leibes, diese Vielheit mit einem Sinn. „Das Selbst sucht auch mit den Augen der Sinne, es horcht auch mit den Ohren des Geistes." Sinne und Geistigkeit erlangen Sinn und Wert durch ein Selbst, das unbewusst herrscht, sucht, bezwingt, erobert, zerstört. Es beherrscht eben auch die Ich-Instanz in mir. So wird der Leib der Repräsentant für die Tätigkeiten einer anonymen, unbewussten Kraft, die Nietzsche *Selbst* oder *Willen zur Macht* nennt. Vom Leib her mit dem ihm innewohnenden Selbst tut sich jedem Welt so oder so auf oder verschließt sich ihm. Hinter Gedanken und Gefühlen sieht Zarathustra diesen mächtigen Gebieter, einen unbekannten Weisen: das Selbst. „In deinem Leibe wohnt er, dein Leib ist er." So kann Nietzsche behaupten: im Leibe sei mehr Vernunft als in deiner besten Weisheit.

Schmerz fühlen, Lust empfinden, das kommt nicht vom Ich, es kommt vom Selbst. Es sagt dem Ich, fühle Schmerz, empfinde Lust. Auch noch den Verächtern des Leibes muss demnach ein verkümmertes Selbst das Verachten als ihr bestes Achten initiieren und antreiben, als pervertierte Lust und als reaktiven Willen auferlegen. Das schaffende Selbst ist die Instanz in mir, welche meine Vielheit der Kräfte in eine Richtung bündelt. Das schaffende Selbst schuf Achten und Verachten.[4] Es schuf aber auch noch den Geist als eine

---

4 Achten/Verachten: das Achten kommt aus der eigenen Einschätzung von Stärke, das Verachten hingegen erfolgt aufgrund eigener Schwäche-Einschätzung. Schweigen kann Ausdruck von Stärke wie von Schwäche sein, es kommt auf die Situation an. So auch bildet sich Mut aus eigenem Stärkegefühl heraus, während sich Angst aufgrund von Schwächegefühl einstellt.

Hand, als Instrument seines Willens. Bei den Verächtern des Leibes will ein Selbst untergehen. Es vermag nicht mehr über sich hinaus zu schaffen.

Wer das Ich in sich, wer die kleine Vernunft tötet, der darf nicht in Traurigkeit versinken, der muss das Leben neu durch das Leben rechtfertigen. Solange er nur das Glück des Messers (des Mörders) will und Rache nimmt am Ich, an der Vernunft, beweist er selbst lediglich seine arme Vernunft, weil sie noch raubt, wo sie das Ich mordet. Raubt statt schafft. Dann liegt das Blei seiner Schuld auf ihr, steif, gelähmt, schwer. So redet der Psychologe. Dieser Mensch besteht aus einem Haufen Krankheiten, die durch seinen Geist in die Welt hinausgelangen: er will wehtun mit dem, was ihm selbst wehtut. Vorsicht also ist geboten, wenn man als Schaffender antritt, sein bisheriges Ich, seine Identität, sein Bewusstsein zugunsten einer Unbekannten (dem Unbewussten, dem Selbst, dem Willen zur Macht) aufzugeben. Ich erinnere an Zarathustras Warnung: schon mancher warf seinen letzten Wert weg, als er seine Dienstbarkeit wegwarf.

Und so beende ich *diese Explikation des Leibthemas* mit dem Hinweis auf *Zarathustra* I/17 „Vom Wege des Schaffenden": wenn einer ein Schaffender, eine neue Kraft, ein neues Recht, eine erste Bewegung sein will, dann zeige er, dass er kein bloß Ehrgeiziger, kein bloß Lüsterner nach Höhe ist. *Nicht frei wovon*, frei von welchen Konventionen, sondern *frei wozu*, zu welchen neuen Gesetzen ist er fähig? Kann er sich sein Gutes und Böses als Gesetz über sich selbst aufhängen? Einen Gott will er sich aus seinen sieben Teufeln schaffen. Alleinsein und Einsamkeit werden ihn grausam auf die Probe stellen. Der Schaffende in seinem eigenen Recht, das allein in seiner Natur begründet liegt, ist stets auch ein Untergehender. Vielleicht ist gerade Ernst Ludwig Kirchner auch ein gutes Beispiel dafür, wie der Schaffende im eigenen Rausch der Farben auch ein Untergehender sein kann.

Aus welcher Bewegung von Leben erwächst einem dieser Geist des Schaffenden? Nietzsche gibt darauf in Zarathustra II/8 „Von den berühmten Weisen" die perfekte Antwort. Sein Vernunftbegriff beruht auf einem Lebensbegriff, der durch Schmerz klug wird. Da lesen wir: „Geist ist das Leben, das selber in's Leben schneidet: an der eignen Qual mehrt es sich das eigne Wissen, – wusstet ihr das schon?" (KSA 4, 134) Geist kann, Geist muss wehtun. Nur *das* Leben, das sich fordert, herausfordert, überwindet („Selbstüberwindung" heißt der Motor des Willens zur Macht, Spirale der Selbstüberwindung ergibt ein Bild für den Übermenschen), also Leben, das sich selbst ins Leben schneidet, vermehrt das eigene Wissen (vom Leben), setzt die „große Vernunft" frei. Geist ist nicht das Gegenteil von Leib und Leben, ist nicht der Geist, der stets verneint, vielmehr jene Bewegung im Leben, mit der es sich vermehrt und stärkt. Das eigene Wehtun (Masochismus?) ist nicht Nietzsches letztes Wort. Das Spielerische, Tänzerische und Leichte des schaffenden Lebens heißt sein Ziel. Es stimmt: Höhe in jeder Hinsicht, man denke nur ans Bergsteigen, ist nicht ohne Härte und Schnitte ins Leben zu haben. Das weiß jeder Bergsteiger. Dass *Geist dieses Sich Fordern des Lebens selbst* ist, bindet ihn vollends ans Lebendige und Erdhafte. Dieser Geist existiert nicht in Ewiger Geist-Transzendenz. Er reizt vielmehr die *Binnentranszendenz*[5] des Lebens aus, die Selbststeigerung des Lebendigen.

Der Schaffende beginnt also nicht erst dort, wo jemand Kunstwerke hervorbringt, sondern ein Schaffender ist jeder, der in seinem Leben höher schätzt, höher wertet. Aus *Zarathustra* I,15 „Von tausend und Einem Ziele" zitiere ich das Fazit meines ersten Punktes:

Schätzen ist Schaffen: hört es, ihr Schaffenden!
Schätzen selber ist aller geschätzten Dinge Schatz und Kleinod.
Durch das Schätzen erst giebt es Werth: und ohne das Schätzen
wäre die Nuss des Daseins hohl. Hört es, ihr Schaffenden!

---

5 Ich verdanke diesen Ausdruck meinem Philosophen-Freund Heinz Treziak in Mainz.

Wandel der Werthe, – das ist Wandel der Schaffenden.
Immer vernichtet, wer ein Schöpfer sein muss.
(Z I,15 KSA 4, 75)

2. Philosophie als Kunst der Transfiguration des Lebens

Im Herbst 1886 schreibt Nietzsche in Ruta bei Genua die *Vorrede zur 2. Auflage* von *Die Fröhliche Wissenschaft*, darin einige Überlegungen über Leib und Philosophie meine Frage nach der großen Vernunft des Leibes präzisieren. Es geht um das Verhältnis von Gesundheit bzw. Krankheit und Philosophie.

Die neue *Vorrede* beginnt mit einem meteorologischen Vergleich: dieses Buch sei in der Sprache des Tauwinds geschrieben, es steckt Übermut, Unruhe, Widerspruch, Aprilwetter drin. Ein Winter wurde besiegt! Fröhlich ist diese Wissenschaft, diese Philosophie, in dem Sinne, dass hier die Saturnalien eines Geistes gefeiert werden, „der einem furchtbaren langen Drucke geduldig widerstanden hat" und jetzt „von der Hoffnung auf Gesundheit, von der *Trunkenheit der Genesung*" (FW, Vor. 2.Aufl., KSA 3, 345) geradezu angefallen wurde. Ein Beleg dafür, wie Nietzsche aus der eigenen Körper-Biografie seine Philosophie gemacht hat. Das ganze Buch sei eine einzige „Lustbarkeit nach langer Entbehrung und Ohnmacht, das Frohlocken der wiederkehrenden Kraft..." (KSA 3,346) Damit befreite sich Nietzsche vom Ekel „einer unvorsichtigen geistigen Diät und Verwöhnung", welche Romantik hieß, welche der Erkenntnis aufgrund des Pessimismus der Lebenseinschätzung nur noch das Bittere, Herbe, Wehtuende verordnet hatte.

Dagegen hält unser Philosoph mit Bosheit Lieder des Prinzen Vogelfrei. Und der Psychologe stellt die Frage nach dem Verhältnis von Gesundheit und Philosophie. Es ist die alles entscheidende Frage zum Verständnis seines Werkes. Nämlich die Frage, *aus welcher Kraft heraus, Krafteinschätzung heraus philosophiert jemand*. Er machte folgende Beobachtung: *beim Einen sind es seine Mängel, die philosophieren, beim Anderen hingegen philosophiert die Fülle seiner*

Kräfte. Philosophie, ganz allgemein Denken, Gedanken, Empfindungen sind ein Produkt der Selbsteinschätzung der eigenen Lebenskräfte!

So sieht das Ergebnis entsprechend unterschiedlich aus: *Derjenige, der aus seinen Mängeln heraus philosophiert, hat Philosophie nötig als Halt, Beruhigung, Arznei, Erlösung, Erhebung, Selbstentfremdung*. Bei derart negativen Antrieben philosophieren seelische Notstände. Die Geschichte der Philosophie ist voll davon. Sie benötigen und bemühen Über- und Hinterwelten, um sich der Mängel zu entledigen, um sich vom Leiden am Leben zu erlösen.

Anders derjenige, der aus seinen Kräften heraus philosophiert, für ihn ist Philosophie „ein schöner Luxus, im besten Falle die Wollust einer triumphierenden Dankbarkeit." (FW, V 2. Aufl., KSA 3, 347) Da haben Sie ein (wenn nicht *das*) Herzstück dieses Philosophen, der wie kein anderer geschmäht, verdreht, verleumdet worden ist. So positiv also, ein Luxus, *Ausdruck von Wollust triumphierender Dankbarkeit der Kräfte selbst*, soll Dein Denken sein! Wir müssen bei Nietzsche vor allem folgendes verstanden haben: *warum der am meisten verneinende Geist,* der Nietzsche zweifellos gewesen ist, *dennoch und gerade der am meisten bejahende Geist ist*. Viel Schrott im Geiste musste er wegräumen, um das Denken der bejahenden Kräfte formulieren zu können. *Denken als Wollust triumphierender Dankbarkeit dem Leben gegenüber.* „Über Sinne und Sinn in Nietzsches Philosophie" (zuerst Sinne und dann Sinn) lautet der Untertitel dieses Symposiums. Der sinnliche Sinn findet in der Wollust triumphierender Dankbarkeit dem Leben gegenüber seinen höchsten Ausdruck.

Die *Methode*, dahin zu gelangen, besteht im *Experiment der Selbstbefragung oder Selbst-Versuchung*. Die Gedanken, die Sie, verehrte Gäste, haben, sind die Produkte ihrer Einschätzung der eigenen Mängel oder Stärken. *Am eigenen Leben leidende Denker* werden zur Kompensation der eigenen Schwächen auf Abwege, Seitengassen, Ruhe- und Sonnenstellen des Gedankens geführt bzw. verführt, „man weiß nunmehr, wohin unbewusst der kranke *Leib* und sein

Bedürfnis den Geist drängt, stößt, lockt – nach Sonne, Stille, Milde, Geduld, Arznei, Labsal in irgend einem Sinne." (KSA 3, 348) Man erschleicht sich gern ein Paradies, wenn einem das Leben die Hölle ist. Nietzsche provoziert mit der Frage, ob bei jedem ethischen, metaphysischen, ästhetischen, religiösen Verlangen nach einem Jenseits, Außerhalb, Oberhalb des Lebens „nicht die Krankheit das gewesen ist, was den Philosophen inspirirt hat". Physiologische Bedürfnisse werden mit Mäntelchen des „Objektiven, Ideellen, Rein-Geistigen" belegt. Er fragt sich insgesamt, „ob nicht, im Grossen gerechnet, Philosophie bisher überhaupt nur eine Auslegung des Leibes und ein *Missverständniss des Leibes* gewesen ist." (FW, KSA 3, 348) Die Urteile der Philosophen über den Wert des Daseins müssen zunächst als „Symptome bestimmter Leiber" betrachtet werden, als Symptome des Geraten- oder Missratenseins des Leibes als Inbegriff von Lebenskräften und Lebensschwächen, von Fülle, Mächtigkeit, Selbstherrlichkeit oder von Hemmung, Ermüdung, Verarmung, schließlich von Vorgefühl fürs Ende bis zu Wille zum Ende. Ein großer philosophischer Arzt mit dem Blick auf die Gesamt-Gesundheit der Menschheit würde den Satz bestätigen können: „bei allem Philosophiren handelte es sich bisher gar nicht um ‚Wahrheit', sondern um etwas Anderes, sagen wir um Gesundheit, Zukunft, Wachsthum, Macht, Leben…" (FW, KSA 3, 349)

Also auch dort, meine Damen und Herren, wo das Philosophieren die reinen geistigen Gründe und Prinzipien von allem suchte und in einer transzendenten ewigen intelligiblen Welt vermutete, auch noch bei den ehrenvollsten Absichten, Wahrheit, Schönheit, Gerechtigkeit, Gutsein, Glück namhaft und vernunftgemäß verständlich zu machen, wurden diese edlen Bemühungen angetrieben von Kräften des Leibes und der entsprechenden Einschätzung des Wertes dieses irdischen Lebens. Nietzsche zwingt uns, diesen körperlichen Antrieb allen Denkens und Fühlens aufzudecken. Ob ihm Gesundheit oder Krankheit zugrunde liegt, entscheidet über die Wertigkeit dieser Philosophie. Und nachdem Nietzsche durch so viele physische Krankheit und psychische Gesundheit hindurchgegangen war wie durch ebenso viele Philosophien, formuliert er seinen Kerngedanken so: der Philosoph „*kann* eben nicht anders als seinen Zustand jedes Mal in die geistigste Form und Ferne umzusetzen, – diese Kunst der Transfiguration *ist* eben Philosophie." (FW, KSA 3, 349)

Transfiguration: eine schöpferische, schaffende Tätigkeit also, das Philosophieren, das nach den Antrieben in einem selbst forscht, um die diesen entsprechenden Figurationen im Denken hervorzubringen. Aus welcher Einschätzung meiner Antriebe, meiner Kräfte und Schwächen heraus habe ich welche Gedanken, Ideen, Werturteile nötig? Und jetzt nennt Nietzsche wieder den *Prüfstein* solchen Transfigurierens: es ist der Schmerz. Wir gebären unsere Gedanken aus unseren Schmerzen. Am Schmerz entscheiden und scheiden sich die Geister im Urteil über das Leben. Wie kommen wir mit dem Schmerz zurecht? „Erst der grosse Schmerz ist der letzte Befreier des Geistes, als der Lehrmeister des *grossen Verdachtes*, der aus jedem U ein X macht, ein ächtes rechtes X, das heisst den vorletzten Buchstaben vor dem letzten…" (FW, Vor. 2. Aufl., KSA 3, 350)

Schmerz, der große Verdacht gegen das Leben. Schmerz vertieft uns, vertieft unsere Selbstbefragung, Selbst-Versuchung, zwingt die Sinn-Frage noch strenger, härter, böser, stiller zu stellen: das Leben wird Problem. Es wird das Problematische schlechthin. Man liebt es noch, jedoch anders, wie man eine Frau liebt, die einem Zweifel aufgibt. Dennoch, der Reiz des Problematischen überwiegt und lässt vergeistigte Menschen die *Freude über die Not des Problematischen triumphieren*. So urteilt der Psychologe.

Aus solchem Abgrund (Siechtum) des Verdachts kehrt man „*neugeboren* zurück, gehäutet, kitzlicher, boshafter, mit einem feineren Geschmacke für die Freude, mit einer zarteren Zunge für alle guten Dinge, mit lustigeren Sinnen, mit einer zweiten gefährlichen Unschuld in der Freude, kindlicher zugleich und hundert Mal raffinirter als man jemals vorher gewesen war." (KSA 3, 351) Eine geradezu jubilierende Wiedergeburt des Positiven aus dem Negativen.

Also Schmerz schärft die Sinne für die *kleinen* Sinnenfreuden, die sich als naturhafte Bejahung einstellen. Und Abscheu über den gebildeten Jahrmarkts-Bumbum der Großstädter entsteht. Der romantische Aufruhr mit seinem Sinnen-Wirrwarr und seinen Sehnsüchten nach dem Erhabenen widert ihn an.

„Genesende" vom großen Schmerz benötigen eine andere Kunst, wenn überhaupt, *eine Kunst für Künstler,* bei welcher *Heiterkeit* das Wichtigste ist, „eine spöttische, leichte, flüchtige, göttlich unbehelligte, göttlich künstliche Kunst, welche wie eine helle Flamme in einen unbewölkten Himmel hineinlodert!" Ich zitiere diese Stelle, weil dies vermutlich auch Ernst Ludwig Kirchner geschrieben haben könnte. Nietzsches Enthusiasmus scheint mir gerade auf sein Schaffen zu passen. Gut vergessen, gut nicht-zu-wissen als Künstler tut not. Also Ästhetik als metaphysische Tiefe oder Überhöhung von Kunst muss er vergessen. Stattdessen im künstlerischen Schaffen ein einziges *Lob der Oberfläche* singen. Mit Blick auf die Griechen, die zu leben verstanden, die für Nietzsche *oberflächlich aus Tiefe* waren, sie hatten in den Tragödien den tiefsten Schmerz geschaut. Nietzsche schreibt der neuen Kunst ins Stammbuch: „dazu thut Noth, tapfer bei der Oberfläche, der Falte, der Haut stehen zu bleiben, den Schein anzubeten, an Formen, an Töne, an Worte, an den ganzen Olymp des Scheins zu glauben!" (KSA 3, 352) *Oberfläche, Falte, Haut: eine neue Sinngeographie* der Kunst wird damit eröffnet. Es ist diejenige der schaffenden Bejahung der Sinnen-Manifestationen ohne metaphysische Rechtfertigung der Kunst.

So haben wir schon im Durchgang durch den Schmerz die radikalste Form von Bejahung gewonnen, die Nietzsche seinem eigenen Leben mit Leiden, Schmerzanfällen, langsamem Erblinden abgerungen hat. Seine Philosophie ist der Beweis seiner Gesundheit. Er nahm sein Leben selbst zum Kriterium. Er erschrieb sich sein Denken als Beweis seines Sieges über den Schmerz, über das Negative.

3. Logik der großen Vernunft: Fatalismus ohne Revolte

Ich möchte in meinem dritten Punkt kurz auf den Fatalismus ohne Revolte eingehen. Es gilt zuzugeben, dass die Physiologie der Kräfte (auch) nach einer Logik verläuft.

Nietzsche hat aus seinem eigenen Willen zur Gesundheit seine Philosophie gemacht. Was nun diese Einschätzung der eigenen Kräfte betrifft, sah er sich selbst sowohl als Décadent wie als sein Gegenteil, als unterste Sprosse auf der „Leiter des Lebens" und als einen Anfang.

Sein Leib verkörperte beides: einmal den Décadent, ein schwer schmerzleidendes, krankes Leben, das eigentlich nach diesseitigen Hilfen und nach jenseitigen Tröstungen (Rechtfertigungen) verlangt hätte; sodann aber gerade das Gegenteil, nämlich Härte gegen sich selbst, jede Hilfe und Tröstung vollständig zu verweigern, was in ihm ganz und gar Forderung oder Anfang im Sinne von Gesundheit, Stärke, Mut, Autonomie, Freiheit wurde.

Und so schrieb Nietzsche in *Ecce Homo* (1), dass aus dieser Doppelrolle von Décadent und seinem Gegenteil, von Krankem und Gesundem, von Schwäche und Kraft seine „Neutralität" erwachsen sei, „jene Freiheit von Partei im Verhältnis zum Gesamtproblem des Lebens." (EH 1, KSA 6, 264) In Fragen der Décadence erfahren, er buchstabierte sie am eigenen kranken Körper vor- und rückwärts durch, übte er sich in der „Filigran-Kunst des Greifens und Begreifens überhaupt", in der Psychologie des „Um-die-Ecke-sehns". Er verfeinerte an sich selbst die psychologische Beobachtung, d. h. die Mittel und Organe der Beobachtung.

Nietzsche – das ist ein Heilmittel gegen (falsches) Selbst-Mitleid und gegen Verzärtelung. Die Höhe einer Aufgabe bemisst sich nach den *aktiven* Antrieben. Mitleid und Nächstenliebe entstammen *reaktiven* Kräften, niedrigeren und kurzsichtigeren Antrieben. Dem Mitleidigen fehlt die Scham, die Ehrfurcht, das Zartgefühl für Distanz. Das Um-die-Ecke-sehen aufgrund der Höhe der aktiven Kräfte in mir wird auf Grobheiten, Verletzungen, Ungerechtigkeit nicht mit

Rache, sondern mit Verständnis antworten. Einer selbst widerfahrenen Dummheit muss man rasch eine Klugheit hinterher schicken, „so holt man sie vielleicht noch ein."[6] Im witzigen Gleichnis gesagt: willst du eine saure Geschichte loswerden, schicke einen Topf mit Konfitüre. (KSA 6, 271) Grobheiten sind ihm immer noch lieber als Schweigen. Während nämlich Schweiger dyspeptisch, schwer- bis unverdaulich wirken, gilt Grobheit noch als die „*humanste* Form des Widerspruchs", eine der ersten Tugenden „inmitten der modernen Verzärtelung." Wer in sich reich genug ist, für den kann es ein Glück bedeuten, Unrecht zu haben. Diese Favorisierung der Stärke kulminiert im Gedanken: *Ein Gott auf Erden könnte gar nichts anderes als Unrecht tun!* D. h. er hätte alle und alles gegen sich.

Ressentiment: dieser Affekt ist „das [neue] Verbotene an sich." Aus dem Kranksein zog Nietzsche seine Physiologie der Kräfte. Unter Kranksein verstand er, *schicksalhaft* körperliche Schwächen, Gebrechen, Schmerzen *mitbekommen* zu haben. Was ist zu tun? Kein Arzt kann helfen. Dann muss man sich eben selbst helfen. Indem man eines vor allem vermeidet: das Aufkommen von Ressentiment gegenüber seinem Quäntchen Leben. Ressentiment und Selbstmitleid sind das schlechthin Verbotene. Der leidende Philosoph bekennt: „Die *Krankheit* brachte mich erst zur Vernunft." Eben zur großen Vernunft.

Nietzsche hatte Ressentiment aus der Kraft heraus und aus der Schwäche heraus selbst erlebt und forderte im Sinne seiner Physiologie der Kräfte, man darf die Kräfte nicht an Falsches verschwenden, man darf also auf die eigenen Schwächen nicht mit negativem Affekt reagieren. Wenn man sich schon als Kranken erfährt, darf man gegen sich und die Welt sich nicht auch noch reaktiv verhalten. Man würde nämlich sich selbst zu schnell verbrauchen, wenn man bloß reagieren würde. Also reagiert man besser überhaupt nicht: dies nennt

---

6 Man lese in *Menschliches, Allzumenschliches* II Nr. 348: „*Woran die Weisheit zu messen ist.* – Der Zuwachs an Weisheit lässt sich genau nach der Abnahme an Galle bemessen." (MA II, KSA 2, 701)

Nietzsche Logik, die Logik der großen Vernunft. Logik setzt er mit Physiologie gleich. Sie besteht in Instinkt und Instinkt-Sicherheit.

Kranksein ist eine Art Ressentiment. Und der Kranke hat physiologisch nur *ein* großes Heilmittel, nämlich den „Fatalismus ohne Revolte". Darin besteht „die große Vernunft dieses Fatalismus?" (KSA 6, 272) Nietzsche nennt ihn auch den russischen Fatalismus jenes Soldaten, der sich, der Härte des Feldzugs müde, in den Schnee legte, nicht etwa bloß aus Todesdrang oder Todesmut, sondern aus lebenserhaltenden Instinkten heraus. Nietzsche vergleicht seinen vernünftigen Fatalismus auch mit der Logik des Fakirs, der sich wochenlang in ein Grab legte. Worin besteht Vernunft und Logik der Kräfte ohne Revolte? Heute denken wir vielleicht an das künstliche Koma, Funktionen des Lebens vorübergehend künstlich herabzusetzen, um wieder zu neuen Kräften zu kommen. *Genau das* beschreibt unser kranker Philosoph: Die große physiologische Vernunft seines Fatalismus besteht in der „Herabsetzung des Stoffwechsels, dessen Verlangsamung, eine Art Wille zum Winterschlaf." (KSA 6, 272)

Schlimm am Kranksein ist nicht die Krankheit, der Schmerz, schlimm daran ist, dass der „eigentliche Heilinstinkt, das ist der *Wehr- und Waffen-Instinkt* im Menschen mürbe wird". Ressentiment als Reaktion darauf führt zum definitiven Verschleiß der Kraft. Ein Wehr- und Waffen-Instinkt liegt allem Lebendigen zugrunde. Er muss unbedingt erhalten bleiben. (Dem heutigen Gesundheitssystem bekäme seine Förderung sicher gut!) Buddha lobt Nietzsche als Physiologen, seine Religion versteht er als Hygiene. Sieg der Seele über das Ressentiment ist der erste Schritt der Genesung. Bloße Ergebung ins Schicksal, indische oder christliche, könnte allerdings auch Ausdruck von Lebensschwäche, Lebensmüdigkeit sein. Diese ist nicht intendiert. Gemeint ist ein *aktiver Fatalismus*, der aus dem zufälligen Quantum Leben mit diesen oder jenen Qualitäten das Beste an Leben macht. Leben positiv empfinden und einschätzen, das Negativ-Werden des Affekts und des Denkens in jedem Fall vermeiden, das ist Nietzsches Kernbotschaft, die er anfänglich moderat, gegen Ende immer aggressiver vortrug.

Rache- und Nachgefühle des Ressentiments hat er auf der ganzen Linie bekämpft. Darin bewies er bei aller Krankheit Instinkt-Sicherheit: „Sich selbst wie ein Fatum nehmen, nicht sich ‚anders' wollen – das ist in solchen Zuständen die *grosse Vernunft* selbst." (EH I/6, KSA 6, 273) Mich annehmen, heißt *mit einer Bejahung starten* den zufälligen Kräften (Quantitäten) gegenüber, die mich jetzt gerade definieren. Da jedes Quantum zu jedem anderen in Relation steht, hat jedes seine Genealogie und seine Geschichte, erlebe ich Kraft-Quantum stets positiv oder negativ qualifiziert, in Form von Qualität (Affektqualität). Ich bin jeden Augenblick dazu verdammt, mit dieser zu arbeiten. *Sich nicht anders-wollen wollen*, das ist der erste bejahende, aktive Wille zur Macht in mir.

Zu Nietzsche gehört das aggressive Pathos, das er als Kritik instinktiv allen negativen Affekten und Ideen vom Leben gegenüber als sein Lebenselixier, als seine Lebenstrunkenheit, als seine Wollust triumphierender Dankbarkeit vorträgt. „Angreifen gehört zu meinen Instinkten, Feind sein *können*, Feind sein – das setzt vielleicht eine starke Natur voraus…" (KSA 6, 274) Philosoph sein bedeutet ihm kriegerisch sein, allerdings nicht unter einem letzten Ideal, Ziel, Zweck, sondern allein unter der Flagge der nomadisierenden positiven, aktiven, schaffenden Kräfte. Das aggressive kriegerische Pathos ist Ausdruck der Stärke, wie Rachegefühle am Leben und Ressentiment Ausdruck von Schwäche wären. Angreifen ist darum der Beweis von Wohlwollen, ja Dankbarkeit. Der Angegriffene hat sich erst einmal als Feind würdig erwiesen. Feind zu sein ehrt ihn. Philosophie als Kriegspraxis des Lebens: damit beweist Nietzsche seine aktiven Lebensgeister.

Jeden Gedanken, jede Idee, jeden Wert, allen Sinn daraufhin prüfen, ob sie aus lebensbejahendem oder lebensverneinendem Empfinden (Affekt) heraus entstanden sind, ob in ihnen Stärke oder Schwäche des Leibes, des Lebens philosophiert, bedeutet, Kräfte des Lebens zum Kriterium des Geistes zu nehmen. Leider erwiesen sich bei Nietzsches Prüfung der großen Philosophen die meisten Begriffe, Kategorien, Ideale, Werte, Wahrheiten, Formen als Negative des

Lebens, als Totgeburten verkümmerter Lebenseinschätzung. In der Vermehrung der aktiven Kräfte des Lebens das Kriterium des Wahren, Guten, Gerechten zu postulieren, holt definitiv den platonischen Himmel der Ideen auf den Lebenskampf der Erde herab.

Zur Logik der Kräfte, also zur großen Vernunft, gehört in Nietzsches persönlicher Lebensdarstellung auch „eine vollkommen unheimliche Reizbarkeit des Reinlichkeits-Instinkts." (KSA 6, 275) Freund Overbeck meinte, dieser spiegelt sich noch im explosiv ausbrechenden, wie ein Blitz niederfahrenden Wahnsinn. Nietzsche nahm „das Innerlichste, die ‚Eingeweide' jeder Seele physiologisch" wahr, er witterte, erfühlte, roch den Müll, den vielen verborgenen Schmutz, den Bodensatz jeder Natur, eben die jeweilige negative Gestalt der Lebenskräfte in den Äußerungen und Werken derselben. Gegen den daraus resultierenden Ekel, dem schlimmsten negativen reaktiven Affekt, erfand er dann den *befreienden, tröstlichen, abgründlichsten Gedanken der Ewigen Wiederkunft*: das unumschränkte Ja auch noch zur Tatsache, dass das Negative, Niedere, Niederträchtige, Gemeine, Bösartige ewig wiederkehrt. Das gehört definitiv zu diesem *Fatalismus ohne Revolte*, der noch die Untergangsgeschichte von Leben bejaht. Das ist das umfänglichste Ja, das jemals in der Philosophie gesprochen worden ist.

Zur großen Vernunft gehört „extreme Lauterkeit" gegen sich selbst, was die Entstehung gerade dieses Denkens aus meinen Kräften in mir betrifft. Genealogische und differentielle Selbstanalyse heißt diese Selbstkritik. Verkehr mit anderen wird zur Geduldsprobe. Nicht Mitfühlen mit den Schwachen ist Humanität, sondern auszuhalten, sie mitzufühlen, sie zu ertragen! Anders gesagt: „Meine Humanität ist eine beständige Selbstüberwindung." (KSA 6, 276) Und neben diese Reinheit und Lauterkeit stellt Nietzsche die *notwendige Einsamkeit* der großen Vernunft. „Mein ganzer Zarathustra ist ein Dithyrambus auf die Einsamkeit, oder, wenn man mich verstanden hat, auf die Reinheit…" (KSA 6, 276)

4. „Denn was der Körper alles vermag, hat bis jetzt noch niemand festgestellt."

Ich möchte nun in meinem vierten und letzten Punkt diese Physiologie und Logik der Kräfte philosophisch untermauern, indem ich sie mit Spinozas Affektenlehre in Verbindung bringe, an die Nietzsche in der Grundanschauung ausdrücklich anknüpft.[7] Es geht im 3. Teil der *Ethik* von Spinoza genau darum, wie der Mensch mit den Masken des Lebens wie Ressentiment, Rachegeist, Mitleid, mit den ganzen negativen Affekten und trübsinnigen Leidenschaften umgeht. Wie gelingt es uns, dass wir am Negativen des Lebens nicht zugrunde gehen, dass wir uns nicht in Lügen und Ausflüchten verfangen?

Ich möchte vehement dem Einwand begegnen, Nietzsche hätte mit dem Namen Spinoza[8] absichtlich eine falsche Fährte gelegt. Bei jeder Aufzählung seiner Ahnen im Geiste nennt Friedrich Nietzsche neben dem Vorsokratiker Heraklit[9] stets auch Baruch de Spinoza, den holländischen Freigeist des 17. Jahrhunderts (1632–1677), der mit der Gleichsetzung von Gott und Natur (Notwendigkeit) – deus

---

[7] Gilles Deleuze weist in seinen Spinoza- und Nietzsche-Interpretationen häufig auf diese wichtige Quelle von Nietzsches Philosophie hin, vgl. z. B. *Spinoza – Praktische Philosophie* (Paris 1981, Berlin 1988) und *Nietzsche und die Philosophie* (Paris 1962, Frankfurt a. M. 1985).

[8] Der Name taucht im selber veröffentlichten Werk rund drei Dutzend Male, im Nachlasswerk gar über 60 Mal auf. Aber es geht nicht so sehr um namentliche Nennung des Holländers, die oft mit Kritik verbunden ist, als vielmehr um den grundsätzlichen Stellenwert, den beide dem Körper und den Affekten einräumten.

[9] Die Reihe der Namen variiert, meistens gehört zu Spinoza auch Goethe, in KSA 9, 585 notiert er, dass ihr Blut in dem seinen rollt, er ist stolz, deren Wahrheit zu sagen, sie hatten es nicht nötig zu dichten. Zu Nietzsche-Heraklit vgl. meine Darstellung „Nietzsche – der Herakliteer" in P. Good, *Heraklit in Kunst und Philosophie – Drei Beispiele*, Aachen 1993, S. 62-93.

sive natura hieß seine Formel und Nietzsche wäre nicht Nietzsche, wenn er sie nicht in „chaos sive natura" umgedacht hätte im Sinne „der Entmenschlichung der Natur" (KSA 9, 519) – des Materialismus und des Pantheismus bezichtigt und deswegen sowohl von der jüdischen Kommunität mit dem Bannfluch belegt als auch von der sonst liberalen bürgerlichen Gesellschaft Amsterdams ausgeschlossen wurde. Als Ketzer und Freiwild wurde er von Künstlerfreunden aufgenommen. Seinen Lebensunterhalt bestritt er mit dem Schleifen von optischen Linsen.

Den „wissenden Genius" und „reinsten Weisen" nennt Nietzsche den Holländer zuerst, lobt an seiner Philosophie, dass sie zugleich „eine unwillkürliche Biographie einer Seele" (KSA 3, 285/6) sei. In der Wissenschaft fand Spinoza etwas Selbstloses und Unschuldiges, er fühlte sich als Erkennender göttlich. Da meldet Nietzsche Bedenken an: das Erkennen (intelligere) fasst er nicht als etwas Göttliches, In-sich-Ruhendes, als ein den Trieben Entgegengesetztes, sondern als ein „gewisses Verhalten der Triebe zu einander." (KSA 3, 559) „Intelligere", Erkennen als Form oder Relation (Qualität) der Triebe untereinander! Insofern kritisiert Nietzsche den Intellekt, der gar nicht zum Begreifen des Werdens eingerichtet ist, der aufgrund seiner Abkunft von Bildern die allgemeine Starrheit beweist, der im Beweis des ewigen Beharrens seine eigene Form und Wirkung fühlt. (vgl. KSA 9, 500) Ich sehe das Verhältnis beider Philosophen so, dass Nietzsche, zustimmend und ablehnend, entlang der spinozistischen Affektenlehre überhaupt erst zu seiner eigenen Philosophie der Kräfte gelangt ist.

Da ist einmal (1.) die Entwertung des Bewusstsein zugunsten des Unbewussten. Der Körper übersteigt die Erkenntnis, die man von ihm hat. Der Leib ist für Nietzsche „ein erstaunlicher Gedanke" als das Bewusstsein, der Ort der Illusionen, der Zweck-, Freiheits- und Gott-Illusion (dass alles nach einem Zweck verläuft, dass es freie Entscheidung gibt, dass ein denkender und wollender Gott über allem waltet). Nietzsche hält verblüffend einfach mit Beispielen gegen das Bewusstsein: was weiß es über das Ausstrecken meines

Arms? Was vom Kauen, wenn man das Kauen sich vorstellt? (KSA 9, 489) „Und die *Klugheit* der Zunge z. B. ist viel größer als die *Klugheit unseres Bewusstseins* überhaupt." (KSA 9, 445) Über Sinne und Sinn bei Nietzsche handelt dieses Symposium. Solche Beispiele verweisen auf den unbewussten Sinn in den Sinnen, im Körper.

Sodann knüpft (2.) die Entwertung der Werte zentral bei Spinoza's Immoralismus an, der die *moralische Unterscheidung* von Gut und Böse ersetzt durch die *empirische Unterscheidung* von Gut und Schlecht. Spinoza lehnt ein an sich Verwerfliches ab, „erst das Wollen der Menschen stempelt dies zum Guten, jenes zum Bösen". Und Nietzsche folgert, „also am Streben mißt sich der Werth der Dinge, für den gar nicht Strebenden giebt es keine Werthe, für den rein Erkennenden fehlt alles Gut und Böse, alles Zustimmen und Verwerfen." (KSA 8, 133) Alle Höhe des Urteils über den Wert des Lebens hängt demnach von der Höhe und Stärke des Strebens ab. *Objektiv gut* ist, wenn ein Körper sich mit meinem zusammensetzt. Er erweist sich als *ontologisch* nützlich, er stimmt mit meiner Natur überein, vermehrt mein Vermögen. *Objektiv schlecht* aber ist, wenn ein Körper das Verhältnis meines eigenen zersetzt, mit meiner Natur nicht übereinstimmt, das in meiner Natur liegende Verhältnis vermindert, ja zerstört, wie das etwa bei Gift der Fall ist.

Und schließlich (3.) folgt auch die Entwertung der trübsinnigen Leidenschaften wie Ressentiment oder Rachegefühl und die dezidierte Förderung der Lustmomente spinozistischer Affektlehre. Die Verfälschungen des Lebens durch die negativen Affekte hat der Holländer auf der gesamten Affekt-Palette reflektiert und bloßgestellt. Jedes Individuum ist ein Vermögensgrad, dem eine gewisse Macht entspricht, affiziert zu werden. Darum fasst Spinoza Ethik als Ethologie, als Affekt- und Kräftelehre statt als Prinzipienlehre. Es gibt zwei Arten von Affektionen, einmal die *Tätigkeiten*, die aus der Natur des affizierten Individuums erwachsen, sich von seiner Wesenheit ableiten; sie sind aktiv und bereiten Lust. Sodann die *Leidenschaften*, die aufgrund anderer Dinge entstehen und sich von einem Außerhalb ableiten; sie sind passiv und erzeugen Unlust.

In den Fußstapfen dieses Großen etablieren sich Nietzsches Kritik und Umwertung der Werte, das Übermenschliche als Aufgabe, die Bedrohung durch die ewige Wiederkehr des kleinen, niederen, niederträchtigen Schätzens, der beständige Wille zur Macht, die Selbstüberwindung. Es ist aber keineswegs so, dass er dem holländischen Meister in den Details gefolgt wäre. Der „Grundirrtum", den er ihm vorwirft, betrifft Spinozas Vernunftglauben, den „Glauben an Eintracht", das „Fehlen des Kampfes." (vgl. KSA 9, 490) Wo Leben ist, waltet Verschiedenheit, gibt es Differenz bis in die kleinsten Dinge hinein (Samen, Eier): „Die Gleichheit ist ein großer Wahn."[10]

Den „Hocuspocus von mathematischer Form" der Lehrsätze, mit denen Spinoza die Notwendigkeit des Denkens ausdrückte, auch dessen Analysis und Vivisektion der Affekte lehnte Nietzsche ab. Am „amor intellectualis dei" fehlte ihm sowohl beim „amor" als auch bei „deus" jeder Tropfen Blut. (KSA 3, 624) Sehr deutlich wird die produktive Art der Abhängigkeit von Spinoza bei der Deutung des „conatus" als Selbsterhaltung im „Kampf ums Dasein". Diesen darwinistischen Ausdruck weist Nietzsche zwar eigens zurück. Statt *dieses* Kampfes herrscht für Nietzsche in der Natur Überfluss und Verschwendung bis ins Unsinnige. Beim großen und kleinen Kampf geht es seiner Meinung nach „um's Übergewicht, um Wachsthum und Ausbreitung, um Macht, gemäss dem Willen zur Macht, der eben der Wille des Lebens ist." (KSA 3, 585/6)

Auch der verdienstvolle Nietzsche-Editor und -Kommentator Giorgio Colli erblickte (in seinem „Nachwort" zu KSA 11) die zentrale Berührung zwischen Spinoza und Nietzsche darin, wie letzterer den „conatus" fasste, indem er der Kraft eine innere Welt zusprach, etwas Nicht-Physikalisches, ein Verlangen. (vgl. KSA 11, 724/5) Für Nietzsche sind alle Bewegungen, Erscheinungen, Gesetze Symptome eines innerlichen Geschehens.

---

10 Er nennt den „*Werth* des Ewig-Gleichbleibenden" Spinozas Naivität, die von Descartes ebenfalls.

Der siegreiche Begriff „Kraft", mit dem unsere Physiker Gott und die Welt geschaffen haben, bedarf noch einer Ergänzung: es muss ihm eine innere Welt zugesprochen werden, welche ich bezeichne als „Willen zur Macht", d.h. als unersättliches Verlangen nach Bezeigung der Macht; oder Verwendung, Ausübung der Macht, als schöpferischen Trieb usw.
(KSA 11,563)

Da steht der für Nietzsche relevante Satz in der Affektlehre des 3. Buches der *Ethik*: „Denn was der Körper alles vermag, hat bis jetzt noch niemand festgestellt…" (Anm. zu Lehrsatz 2) Das heißt, niemand weiß bislang, was aus den Gesetzen seiner Natur heraus folgt. Hier wird erstmals ganz ausdrücklich in der Philosophie eine biologische Basis alles Erkennens reklamiert. Hirnforschung, Kognitionsbiologie, Neurowissenschaften knüpfen heute mit modernen Methoden genau an diesem Punkt an, den Spinoza eröffnet hat.[11] Die Spinoza-Folie, auf der sich Nietzsches Macht- und Kräftelehre entfaltet, ist also der „conatus". *Jedes Seiende hat als seine Bestimmung* oder Mitgift, *sich im Sein zu erhalten*. Dabei gilt weiter, dass alles, was mich im Dasein vermehrt, *Lust* bereitet, während alles, was mich im Dasein vermindert, *Unlust* hervorruft. Es kommt noch (sozusagen ein mathematischer) Wert hinzu: *Plus ist stärker als Minus, oder Lust siegt über Unlust*. Dass unser Hirn mit Belohnung und Wiederholung und Erinnerung auszeichnet, was Lust bereitet, Schmerz und Unlust jedoch verdrängt, belegt diesen Naturmechanismus als Überlebensstrategie.

So behauptet Spinoza: Jeder steuert alles nach seinem Affekt. Das heißt,: *der eine* Affekt steuert, genauer, besiegt *den andern* Af-

---

11 Der amerikanische Neurologe Antonio R. Damasio hat 2003 den Bestseller *Der Spinoza-Effekt. Wie Gefühle unser Leben bestimmen* (2009 in 5. Auflage erschienen) diesem Zusammenhang gewidmet. Ich möchte dieses allgemein verständliche Buch der Lektüre empfehlen. Es erzählt die Geschichte von den Kräften, die sich vermehren und jenen, die sich vermindern, mit modernen neurobiologischen Begriffen.

fekt. Traurigkeit wird nur durch Freude überwunden. Jetzt können Sie sich die Konsequenzen selbst ausdenken. Die positiven Affekte sind von der Natur her, d. h. im Blick auf mehr Leben, stärker und wichtiger als die negativen Affekte. Die Geistes-, Kunst- und Kultur-Analyse, alle das Denken bestimmenden Prinzipien in Moral, Religion, Metaphysik, Bildung belegen es ex negativo: sie sind aus negativen Affekten der Schwachen gegenüber den Starken, als deren Instrumente der Unterdrückung des Lebens eingerichtet worden. Das ist Nietzsches Diagnose seiner gewaltigen Kulturkritik und der Antrieb zur Umwertung aller Werte gewesen.

Darum macht Nietzsche den Schaffenden zum Modell des Menschseins. Er wird mehr zu Tätigkeiten als zu Leiden affiziert. Er handelt aufgrund seiner Natur mehr aktiv als dass er bloß reaktiv an ihr leidet. Nach Nietzsches Vokabular und Neubeschreibung ist jeder von uns aufgrund seiner Geburt ein Würfelwurf Kraft, ein Kraft-Quantum, mit dem er arbeiten muss. Er hat es nicht selbst gewählt. Von der Muttermilch an bis zum letzten Atemzug steht dieses Quantum mit andern Kraft-Quanten in Relation. Das ergibt seine jeweilige Qualität bzw. seinen wechselnden Willen zur Macht. *Ein jeweiliger „Wille zur Macht" ist also das genealogische und differentielle Element des Kraft-Quantums selbst*. Unter dem Aspekt, dass eine Kraft sich auf eine andere bezieht, heißt die Kraft eben ‚Wille'. Wille ist stets das, was befiehlt oder das was gehorcht. In den Kräften selbst entsteht die Verzweigung in aktive und reaktive. Wo es aber um Leben geht, um *mehr* Leben, da bekommen die aktiv schaffenden Bewegungen einen Vorrang, sie schaffen ein Höher, ein Mehr, insofern sie deutlich zur Vermehrung und Erhaltung meines Daseins beitragen.

Die von Spinoza gegebene Bestimmung jedes Seienden, sich im Dasein zu erhalten, heißt bei Nietzsche, ich sagte es oben, Heilinstinkt, Wehr- und Waffeninstinkt. Denn jeder entdeckt sich in der Spannung zwischen reaktiv krankmachenden und aktiv gesundenden Konstellationen. Jeder im Rahmen jenes Würfelwurfs, den er nicht selbst gewählt hat. Ich habe jetzt nur die Physiologie und Psychologie dieses Kräftehaushalts vorgestellt. Diese Geschichte könnte nochmals in Nietzsches Betrachtungen zu Physik, Biologie und Naturlehre seiner Zeit erzählt werden. Das sei einer weiterführenden Gelegenheit überlassen.

Ich schließe mit einer Notiz aus *Nachgelassene Fragmente* (Herbst 1885–Herbst 1886, Nr. 2 [130]), die den Blick ganz auf den Künstler (in Anführungsstrichen) und das Spielerische lenkt im Sinne von Heraklits spielendem Welten-Kind. Da lesen wir folgendes:

> Das Phänomen „Künstler" ist noch am leichtesten *durchsichtig*: – von da aus hinzublicken auf die Grundinstinkte der Macht, der Natur usw.! Auch der Religion und Moral!
> „das Spiel", das Unnützliche, als Ideal des mit Kraft Überhäuften, als „kindlich". Die „Kindlichkeit" Gottes, παῖς παίζων.
> (KSA 12, 129)

Am Phänomen „der Schaffende" ist am leichtesten zu durchschauen, wie die Grundinstinkte der Macht (der Natur) arbeiten. Das habe ich zu zeigen versucht. Am Unnützen und Kindlichen manifestieren sie sich am reinsten. Der Gott als spielendes Welten-Kind, das παῖς παίζων, eine direkte Reminiszenz an Heraklit, ist Nietzsches letztes Wort. Es war bereits bei den Verwandlungen des Geistes von der *Kamelhaltung*, sich alles aufbürden zu lassen, zur *Löwenhaltung*, brüllend alle Last abzuwerfen, bis eben zur *Kindhaltung*, spielerisch auf- und abzubauen, ein aus sich rollendes Rad zu sein, zu Beginn von *Also sprach Zarathustra* die höchste Gestalt des Geistigen.

Thomas Hürlimann
Berlin

Nietzsches Regenschirm[*]
Für Bruno Hitz

Sehr geehrte Damen und Herren,

bisher haben hier Kapazitäten aus ihrem Fach- und Forschungsgebiet berichtet – in meinem Fall ist dies anders. Ich bin kein Experte, und dass ich trotzdem vor Ihnen auftrete, muss ich mit einem Fragment Nietzsches über den „schauspielerischen Instinkt" rechtfertigen; es lautet: „denn der Litterat ist wesentlich Schauspieler – er spielt nämlich den ‚Sachkunden', den ‚Fachmann'." (FW Nr. 361, KSA 3, 609) Sachkundiger und Fachmann in Anführungszeichen.

Um wenigstens als Schauspieler zu bestehen, behelfe ich mir mit einem Requisit aus dem Fundus des Nationalmuseums, und ich werde Ihnen eine Figur vorstellen, die sich perfekt für eine Tragödie eignet. Oder für eine Komödie? Die Figur ist der Philosoph Friedrich Nietzsche. *Der Wanderer und sein Schatten* heißt eine seiner Schriften. Sie könnte auch heißen: Der Wanderer und sein Schirm. Aber

[*] Vortrag im Schweizerischen Nationalmuseum, 8. Mai 2011, auf dem Nietzsche-Symposium im Grand Resort Bad Ragaz, 26. Juni 2011.

nicht nur die Tatsache, daß dieser Wanderer mit seinem Schirm unterwegs war, gibt mir das Recht, das Thema Schirm mit Nietzsche zu verbinden – er selbst hat diese Verbindung hergestellt, und zwar in einem Satz, der durch ein Colloquium und einen Text von Jacques Derrida berühmt geworden ist:

„‚Ich habe meinen Regenschirm vergessen.‘"

Wohin der Satz gehört, weiß man nicht. Er fand sich in den ungedruckten Fragmenten und wurde in der großen Nietzsche-Studien-Ausgabe von Colli und Montinari herausgegeben. (*Nachgelassene Fragmente* Herbst 1881 Nr. 12 [62], KSA 9, 587) Der Satz steht völlig für sich allein, ohne Zusammenhang mit einem Entwurf oder Text, und er ist, was ihn von fast allen anderen Fragmenten/Schnipseln/Splittern unterscheidet, in Anführungszeichen gesetzt. „Vielleicht ein Zitat", sagt Derrida.

„‚Ich habe meinen Regenschirm vergessen.‘"

Ein vergessener Schirm in einem vergessenen Satz – wir werden darauf zurückkommen. Jetzt wird es allerdings Zeit, sich mit dem Wanderer und seinem Schirm auf den Weg zu machen. Er beginnt im Sommer 1881 in Sils Maria und endet an der Jahreswende 1888/89 in Turin, auf der Piazza Carlo Alberto. Auf dieser Strecke wird der Schirm der Zeiger sein, der mobile, manchmal schwebende Weiser, der uns führt, und sollte sich der Weiser unterwegs zur Entfaltung bringen, hätte ich meine Rolle als Fachmann in Anführungszeichen erfüllt.

Im Sommer 1881 ist Friedrich Nietzsche zum ersten Mal in Sils. Er wohnt im Haus am Waldrand, es geht ihm gut, das Oberengadiner Klima behagt ihm. „Das ist keine Schweiz", hat er seinem Freund Peter Gast geschrieben, sondern „etwas viel Südlicheres, ich müßte schon nach den Hochebenen von Mexiko am Stillen Oceane gehen, um etwas Ähnliches zu finden…" Hochebene. Hochgefühl. „Nie gab es einen Menschen, auf den das Wort ‚niedergedrückt‘ weniger gepasst hätte", schreibt er an die Mutter. „Mein Aussehen ist vortrefflich, meine Muskulatur infolge meines beständigen Marschierens fast die eines Soldaten, Magen und Unterleib in Ordnung … mein

Nervensystem … prachtvoll." Sollten im Haus am Waldrand, wo er ein karg eingerichtetes Zimmer bewohnt, mehrere Schirme im Ständer gesteckt haben, wird er seinen nicht suchen müssen: Es ist der rote.

Ja, an diesem Sommermorgen, da über den Bergen die reine Bläue prangt, hat Nietzsche sein Leben im Griff. Obwohl er sich in Basel, wo er eine Professur hat, nicht mehr sehen läßt, erhält er weiterhin sein Honorar; gesellschaftliche Verpflichtungen hat er gekappt; mit den wenigen Freunden verkehrt er per Post; selten erhalten auch Mutter und Schwester einen Brief, meistens ist es der förmliche Dank für ein Freßpaket, Würste aus der Heimat. Jetzt öffnet er die Tür, er tritt auf die Schwelle, und auf der Schwelle schwebt auch seine Existenz. Nietzsche ist bereit, seinen ersten Publikationen ein Werk folgen zu lassen, das, wie er ahnt, wie er hofft, wie er fürchtet, zu seinem Schicksal wird – und zum Schicksal der Menschheit. Ob er in diesem Moment zum Himmel aufblickt?

An dieser Stelle, vor dem Abmarsch, ist es nötig, kurz innezuhalten und zu erläutern, weshalb Wanderer in jener Zeit stets den Schirm mitnahmen und das Haus nicht verließen, ohne einen Blick nach oben zu werfen, zu den Wolken und zu den Göttern.

Für uns ist der Schirm, wenn wir ihn überhaupt noch benutzen, ein Sonnen- oder Regenschutz. Das war er ursprünglich auch, gewiß, seine wahre Bedeutung jedoch, seine eigentliche Funktion war eine andere. Der Schirm stammt aus der Tiefe der Jahrtausende und aus den Weiten Chinas, Indiens und Ägyptens. An seiner Form erkennen Sie, was er nachahmt: die Palme oder das Dach einer Pagode. Ursprünglich wurde dem Mächtigen, dem König, dem Priester oder Medizinmann, ein Fächerdach aus Palmzweigen oder Straußenfedern hinterhergetragen, das ihn als höheres Wesen auszeichnete und über die anderen Menschen erhob. Der Schirm war also in erster Linie ein Rangabzeichen, und wie eine Krone mit funkelnden Edelsteinen auf den Sternenkranz verwies, verbanden die frühen Schirme das Haupt der Beschirmten mit dem Wipfel- und Vogelreich, mit anderen Worten: Sie waren nicht nur ein Zeichen des höheren Ranges, sie waren ein Zeichen der Transzendenz, der Metaphysik. Im Reich der Seide, in China, fand dieses Zeichen seine endgültige Gestalt. Man übernahm von den Zweigen die Äste oder von den Federn die Kiele, formte aus ihnen ein Skelett und bespannte dieses mit Seide, die dann innen und außen bemalt wurde, oft mit Vogel- und Sternenmotiven, ähnlich dem Strahlenkranz einer Madonna. So wurde aus dem Schirmdach ein mobiles Himmelsgewölbe en miniature, das den, der unter ihm wandelte, zum einen mit einem Heiligenschein versah (Schirme sind Heiligenscheine, sagte Georges Bataille), zum andern vor den Strahlen und Ergüssen des Himmels in Schutz nahm.

So viel zum Dach, jetzt ein Wort zum Griff und zum Stab.

Sie kennen den Äskulap- oder Bischofsstab. Er symbolisiert den Sieg des Menschen über die Erde. Er ist die Schlange, die der Mensch ihrem Reich entrissen und gebändigt hat. Die Schlange, ehedem sein gefährlichster Feind, muß dem Wanderer nun als Wanderstab dienen, der mit seinem Pochen die noch lebenden Tiere verscheuchen soll. Daß die Schlange kein Gift mehr versprüht, zeigt ihr Haupt, das oben am Stab in eine Rundung gezwungen ist, in einen circulus vitiosus: Die Schlange ist nicht nur gebannt, sie muß in dieser Bannung, in der Senkrechten, andeuten, daß sie sich in den eigenen Schwanz beißt.

Daraus ersehen Sie: Der Schirm ist ein „Mittelwesen", wie der Philosoph Jacques Derrida sagt. Denn der Schirm schwebt oder spaziert zwischen Himmel und Erde, zwischen dem Firmament und dem Schlangengrund. Insofern hat er all jene Eigenschaften, die Thomas von Aquin den Engeln zuweist. Auch sie sind Mittelwesen. Sie vermitteln zwischen Gott und den Menschen. Sie können wandeln oder schweben. Sie begleiten uns, wie ein Schirm als Stock den Wanderer begleitet, und sie beschützen uns wie das Schirmdach seinen Träger vor Regen oder Sonne schützt. Manchmal greifen Engel auch tatkräftig in unser Leben ein, genau wie ein Schirm. Der bulgarische Geheimdienst benutzte ihn einmal als Waffe (in der Schirmspitze war eine Giftspritze versteckt); ein Junge im Struwwelpeter wird mit seinem Schirm zum fliegenden Robert, und der kleingewachsene Wanderer angelt mit dem Schirmgriff nach den Äpfeln, die zu hoch für ihn am Ast hängen.

Halten wir fest: Der Zauber- oder Machtstab, ursprünglich aus der Schlange entstanden, trägt ein Gewölbe, das aus dem Sternenzelt kommt. So ist der Schirm eine Vereinigung von Himmel und Erde, von oben und unten, also eine Art Engel: ein Mittelwesen.

Im alten Griechenland und in Rom wurde der Schirm fast nur von Frauen und bei religiösen Prozessionen getragen, was sich bis in unsere Tage, etwa in der Fronleichnamsprozession, erhalten hat – da ist der Baldachin ein mobiler Tempel für das Allerheiligste. Zum allgemeinen Gebrauchsgegenstand wurde der Schirm erst gegen Ende des 16. Jahrhunderts, und schon bald gab es den Schirmsklaven nur noch in den Kolonien und in der katholischen Kirche – der Bürger, auf seine Autonomie bedacht, trägt seinen Tempel selber. Aber an der vornehmen Form hat sich bis heute nichts geändert. Noch immer steckt im Schirm das Zepter des Regenten oder der Zauberstab des Medizinmannes, und noch immer wölbt sich im Schirmdach der Sternenhimmel.

Damit sind wir wieder bei Friedrich Nietzsche und bei der Frage, ob er vor dem Haus, bevor er losgeht, einen Blick nach oben schickt.

Ich sagte es bereits: Im Sommer 1881 bereitet sich in Nietzsche eine Wandlung vor. Er, der Pfarrerssohn, ist auf dem Sprung, seine Welt, seine Denkwelt zu verlassen. Wie sieht sie aus, diese Welt? Ihre Prägung hat sie von Aristoteles. Der fügte seinen Studien über die physische Welt Studien an, die über die physische Welt hinausgingen. Meta heißt griechisch „nach" oder „über". Die Meta-Physik ist also das, was Platon, der Großdenker vor Aristoteles, das Reich der Ideen genannt hat, das ewige und wahrhafte Sein, das unser irdisches Dasein wie ein Himmel überwölbt. Nietzsche interessiert an diesem Modell hauptsächlich die Teilung. Er kann und will es nicht akzeptieren, daß Denken Unterscheiden heißt, Trennen, Einteilen und Teilen. Mehr und mehr bezweifelt er, wie er sagt, „den Grundglauben der Metaphysiker … an die Gegensätze der Werthe", und je intensiver er diesen Grundglauben befragt, desto deutlicher zeigt sich ihm der Riß. Denn er ist nicht nur im Gegensatz von Götter- und Menschenwelt, von Transzendenz und Immanenz, nein, der Riß ist überall, vor allem auch in ihm selbst. Er, Friedrich Nietzsche, ist ein Wesen mit hehren Gedanken und animalischen Trieben, das heißt: Er ist ganz und gar die Teilung, nämlich, wie er sich selber charakterisiert, ein „philosophisches Thier", das „seine Nüstern nach innen hat".

Diese Entdeckung war zu jener Zeit eine Sensation, und um dies zu verstehen, müssen wir uns klar machen, daß vor Nietzsche noch kein Philosoph auf die Idee gekommen war, seine Nüstern zu erkennen und mit ihnen nach innen zu wittern. Nicht zufällig hat man das Denken stets mit einem Gebäude verglichen. Fundamental für das Gebäude war die Teilung. Es bestand seit eh und je aus einer irdischen und einer Über-Welt. So war die Teilung für die Philosophie sehr wohl ein Thema, sie war *das* Thema, aber Nietzsche ist der erste, der sie in seinen „Eingeweiden" aufspürt. Er ist der erste, der mit Nüstern philosophiert, und zwar mit Nüstern nach innen, und was für ein gewaltiges Unternehmen das war, zeigt allein die Tatsache, daß Nietzsche völlig neue Begriffe in die Philosophie einführte. Ihn interessierte die eigene Verdauung mehr als die Idee der Unsterblichkeit. Er weigerte sich, moralisch über Triebe zu reden. Er leitete die Erkenntnis aus Affekten her und mokierte sich über eine Ethik, die ihren Katechismus aus dem Reich der Ideen deduzierte. Erkennen hieß für Nietzsche: Mit Nüstern nach innen wittern und dort den Riß entdecken, den das Abendland ins Große Ganze verlegt hatte, in eine Teilung von irdischem und überirdischem Reich, in eine Trennung von Götterhimmel und Menschenwelt. Friedrich Nietzsche hat der Philosophie einen neuen Kontinent erobert, und dieser Kontinent war zuallererst er selbst, sein Fleisch und sein Blut, seine Herkunft aus dem Pfarrhaus und sein Versuch, im antiken Griechenland und in den Wagner-Opern neue Götter zu finden. Gottfried Benn wird später schreiben: „…sein Sichversagen… jeden allgemeinen Grundes, seine Aufstellung der Triebpsychologie, des Konstitutionellen als Motiv, der Physiologie als Dialektik – ‚Erkenntnis als Affekt', die ganze Psychoanalyse, der ganze Existentialismus, alles dies ist seine Tat." (Benn, SW V, 198)

Ja, alles dies ist seine Tat. Weil er dem „Grundglauben an die Gegensätze der Werthe" mißtraute, stellte er sich die Frage, wie dieser Grundglaube über die Menschen gekommen war, und die Antwort auf die Frage hieß: Er wurde uns nicht vom Himmel gesandt, er entstand aus uns selbst. Wir sind die Teilung. Ich bin die Teilung. Und so lange das Ich die Teilung im Großen Ganzen vermutet, nicht in sich selbst, hockt es in der Falle seiner Täuschung, seiner Illusion.

Meine Frage war: Blickt er vor der Schwelle zum Himmel auf?

Ja, doch ist es nicht der Blick des Frommen, der seinen Wandel Gott empfiehlt, es ist der Blick des „philosophischen Thiers", das auf dem Sprung ist, die Falle der Illusion zu verlassen. Insofern, denke ich, gefällt es dem Wanderer, seine Hand um den Schirmgriff zu schmiegen, um das gerundete Haupt der erstarrten Schlange. Das entspricht seinem Machtwillen, seinem Sendungsbewußtsein, seiner Leib- und Lebensphilosophie, seinem Gesundheitsfanatismus: „Aussehen vortrefflich", „Magen und Unterleib in Ordnung", „Nervenkostüm prachtvoll". Er ist gut unterwegs, noch hat der Wanderer sein Denken und sein Leben so sicher im Griff wie den roten Schirm. Aber vergessen wir nicht: Das „philosophische Thier" möchte der Illusionsfalle entschlüpfen, es tigert neuen Ufern entgegen, und diese Ufer erwarten das Thier, wie wir gleich sehen werden, beim Stein von Surlej am Bergsee von Silvaplana. Dort wird sich etwas Ungeheures ereignen. Nietzsche wird den roten Schirm aufspannen und aufbrechen ins Land Zarathustras.

Sehr geehrte Damen und Herren, ich habe Ihnen viel zugemutet, Sie haben eine kleine Erholung nötig, deshalb erlaube ich mir an dieser Stelle eine Abschweifung – eine Erinnerung an meinen Kater Mufti und dessen Schweif.

Mufti, der Kater, hatte in der Nähe von Zürich auf einer Baustelle gelebt, wo er von Bauarbeitern gefüttert wurde. Aber nun, im dunklen November, war das Haus fertig geworden, die Arbeiter hatten ihre Baracke auf einen Lastwagen verladen und waren verschwunden. Mufti blieb allein zurück. Hungrig. Frierend. Eines Nachts drang er in die Parterre-Wohnung eines Mehrfamilienhauses ein und verkroch sich unter dem Doppelbett eines jüngeren Paars. Manchmal tauchte er auf, um sich etwas zum Essen zu schnappen, und schließlich wurde uns klar, daß dieser Kater sanft entschlossen war, bei uns zu überwintern. Das verletzte den Mietvertrag. Keine Haustiere. Fristlose Kündigung. Wir zogen in die Gegend von Einsiedeln – dort kannte ich mich seit Klosterschulzeiten aus und fand ohne Problem ein Haus für Frau und Kater. Es lag am Waldrand, die Aussicht über den Sihlsee war großartig – der kluge Kater Mufti hatte uns zwar einigen Ärger, jedoch ein neues Leben beschert.

Ähnlich wie für uns, die noch nie auf dem Land gelebt hatten, war das Revier auch für Kater Mufti neu und fremd. Er fürchtete die Wildnis, all die Füchse und Dachse, und so nahm er die Gewohnheit an, mich auf meinen Spaziergängen zu begleiten. Kater Mufti folgte mir wie ein Hund. Eines Tages sah es nach Regen aus, ich nahm einen Schirm mit, und der schöne Zufall wollte es, daß ich das Winken eines Bauern mit dem Schwenken meines Schirms beantwortete. Im Augenblick stand Mufti starr, mit hochgerecktem Schweif, der wie ein Ausrufezeichen „Gefahr!" signalisierte. Fortan hatte ich den Schirm stets dabei, wie einen Spazierstock, denn damit war es möglich, sogar die weiter unten gelegene Sihlsee-Straße zu überqueren. Näherte sich ein Auto, zückte ich den Schirm, Mufti reckte den Schwanz, und beide blieben wir am Straßenrand stehen, bis das Auto vorbeigerast war. Auf sprachliche Kommandos reagierte Mufti kaum, aber mein Schirmsignal hat er kein einziges Mal übersehen. Ich konnte sogar länger warten, als es unbedingt nötig war, denn erst, wenn ich den Schirm senkte, ließ Mufti den Schweif sinken, und ungefährdet wechselten wir auf die andere Seite; Ende der Abschweifung.

Nietzsche ist kurz davor, das Ufer zu erreichen, die Grenze zum Land Zarathustras. Vom Maloja her jagen schwarze Wolken durchs

Tal, der kleine Bergsee schäumt, gleich fallen die ersten Tropfen. Da zückt der soldatische Wanderer, der nicht ans Umkehren denkt, den roten Schirm – und erschrickt: Kieselsteine regnen auf ihn herab. Die Geschichte ist verbürgt. Mein Freund, der Schriftsteller Jürg Acklin, hat sie als Kind von einem Silser Hotelportier erzählt bekommen, und 1967 erwähnt sie Theodor Adorno, ein häufiger Gast des Hotels „Waldhaus", in seinen „Parva Aesthetica". Spitzbuben sollen öfter Steinchen in den abgestellten roten Regenschirm des schnauzbärtigen Herrn Professors gefüllt haben, so daß der beim Aufklappen ein Gerieseleigener Art auslöste – sein mobiles Himmelsgewölbe schüttete Steinchen über ihm aus.

Vielleicht dürfen wir diesem lächerlichen Vorgang doch eine gewisse Bedeutung geben. Der Geschichte des Schirms haben wir entnommen, daß sein Dach ursprünglich ein kleiner Himmel war. Insofern könnte der Kieselregen aus dem aufgeklappten Schirm eine letzte Warnung gewesen sein: Paß auf, Nietzsche, wenn du das Gewölbe zum Einsturz bringst, wird es dich erschlagen.

Ob er den Wink beachtet hat?

Auch das wissen wir nicht. Aber wir wissen: Er kehrte nicht um, er ging weiter, trotz Regen, trotz Sturm, mit aufgespanntem Schirm, und dieser Schirm soll uns nun helfen, das Ungeheuerliche, das beim Stein von Surlej geschah, zu verstehen.

Erinnern wir uns: Seitdem der Mensch denkt, steht er in der Teilung. Für Parmenides war es eine Teilung in Sein und Nichts. Platon erkannte in der irdischen Realität einen Abglanz der Ideen, der wahren Wirklichkeit. Der heilige Augustinus und Thomas von Aquin stellten das Reich Gottes über jenes der Menschen. Kant stülpte das transzendentale Subjekt über das empirische. Und selbst Hegel, der Sein und Bewußtsein in einem dialektischen Prozeß einer absoluten Versöhnung entgegentrieb, ging vom uralten Grundglauben aus, vom Gegensatz der Werte. Teilung, dürfen wir sagen, war immer. An dieser Teilung nahm auch Nietzsche teil, der Wanderer im Sturm, doch war er der erste, der sie in seine Eingeweide verlegte, in seine Existenz. Mit seinen Nüstern nach innen witternd, entdeckte er, daß die fundamentale Teilung nicht aus reiner Erkenntnis kommen kann, sondern umgekehrt: Unsere unreinen Triebe und Affekte haben ein Welt- und Denkgebäude erschaffen, worin wir uns selber eingesperrt haben, wie in ein Gefängnis, wie in eine Falle. Der Grund-Riß sind wir selbst. Ich bin der Grund-Riß. Aus meiner Unreinheit kommt der vermeintlich reine Überbau, aber eben, er kommt aus mir, aus dem Unreinen, und so ist alles, was Überbau ist, sei's bei Augustinus, Thomas, Hegel oder den Marxisten, nichts als Täuschung, Illusion, Wahn.

Und jetzt, lieber Schirm, mußt du mir helfen. Laß mich bitte nicht im Regen stehen. Entfalte uns, was beim Stein von Surlej geschah. Eine erste Schirm-Entfaltung überlasse ich Jacques Derrida, dem Meisterdenker. Die zweite werde ich dann nietzscheanisch größenwahnsinnig selber unternehmen.

Zuerst Derrida. Er unternimmt den Versuch, das „Schirmsymbol ‚psychoanalytisch' zu enthüllen", eine Operation, die dem Psychoanalyse-Erfinder Nietzsche völlig adäquat ist und, drastisch verkürzt, etwa so verläuft:

Derrida nimmt den Begriff „Wahrheit", einen transzendentalen Begriff, und weist mit vielen Belegstellen nach, daß Wahrheit für Nietzsche ein Weib ist, ein weiblicher Schleier, ein weibliches Segel, das vom Triebreich, von den Affekten, getragen und aufgespannt wird. In diesem Zusammenhang zitiert Derrida Sigmund Freud: „Der Penis ist der normale Prototyp des Fetisch." Natürlich steckt dieser Prototyp auch im Schirm, im Schirmstab, weshalb Derrida vorschlägt, ihn als den „hermaphroditischen Sporn eines schamhaft in seine Schleier verhüllten Phallus" anzusehen. So wird das Schirmsymbol für Derrida zum Bild eines aufgespießten Wahrheitsbegriffs. Der phallische Stab, sprich der Trieb, der Affekt, entfaltet und durchstößt eine ursprünglich transzendentale Wahrheit, die in Wahrheit ein Schleier ist, schwebende Oberfläche, ein defloriertes Hymen.

Derridas Zentral- und Stichwort habe ich Ihnen bereits genannt. Für ihn ist der Schirm ein „Mittelwesen", schwebend zwischen Transzendenz und Immanenz, zwischen Himmel und Erde. So vereint er in „gespenstischer Schönheit", wie Derrida sagt, beide Hälften, beide Welten. Das aber bedeutet: Indem der hermaphroditische Sporn sich enthüllt und den Schleier entfaltet, überwindet Nietzsche den in sich entdeckten Grund-Riß. Seine Wahrheit bildet zwar noch immer das Himmelsgewölbe ab, doch ist sie nicht mehr rein, im Gegenteil, sie wird onanistisch aufgespannt von eigener Hand, aus eigenem Trieb und Affekt, und entbirgt sich in ihrer Entfaltung als Schleier, als Verhüllung, als Defloration einer Illusion.

Jetzt der eigene Versuch. Was Derrida psychoanalytisch enthüllte, möchte ich mythisch verschleiern, und wie Derrida mit der Schirm-Entfaltung in den Kern, in den Riß von Nietzsches Denken vorstößt, hoffe ich mit einer Verschleierung, die Derrida nachahmt und ergänzt, andeuten zu können, was das Ungeheuerliche war, das sich beim Stein von Surlej ereignet hat.

In seinen Schriften beschwört Nietzsche immer wieder die Schlange und den Adler. Sie sind gleichsam seine Wappentiere. Das eine dieser beiden Tiere, die gebannte Schlange, steckt im Stab und im Griff, und so liegt die Vermutung nahe, daß im Schirmdach der Adler seine Flügel ausspannt.

Seit den Anfängen war es der Ehrgeiz der Schirmmacher, das Dach möglichst leicht zu konstruieren, leicht und stabil zugleich, aber auch elastisch, wind- und wettertauglich, weshalb die Schirmdächer früherer Zeiten ein Flügelskelett enthielten, ein Palmengezweig aus Federkielen. Dieses Gezweig hat die moderne Schirmfabrikation, die dem Handwerklichen fast ganz entzogen ist, durch Drähte ersetzt, aber im Wort Kiel hat sich die schwebende Zugehörigkeit des Schirms zur Vogelwelt bis heute erhalten.

Meines Wissens war Jacques Derrida nie zu Gast im Hotel „Waldhaus". Er ist also nie, wie der fünfjährige Jürg Acklin oder der urlaubende Theodor Adorno, einem Hotelportier begegnet, der ihm sagen konnte, daß Nietzsches Regenschirm rot war. Schade, sehr schade, denn das blutrote Dach hätte sich gut in Derridas Schleier-Interpretation eingefügt. Aber auch unsere Interpretation wird durch die Blutfarbe bestätigt. Der Adlerflügel ist aufgespießt. Die Schwinge blutet. Ja, in diesem „Mittelwesen", das aus der erstarrten Schlange und dem ausgespannten Adlerflügel zusammengesetzt ist, vollzieht sich ein Sterben, das sich mit jedem Aufklappen des Schirmdachs wiederholt. Aischylos faßt das Sterben des Adlers an der Schlange in diese Worte: „So, sprach der Adler, als er an dem Pfeil, der seine Schwinge durchbohrte, das Blut erblickte, so sind wir keinem andern erlegen als der eigenen Schwinge."

Was für ein Adlerwort, und wahrhaftig, es ist das Nietzschewort, es ist das Wort für das ungeheuerliche Geschehen beim Stein von Surlej, es ist der Aufsturz in das Land Zarathustras.

Noch einmal ein kleiner Sprung zurück.

Nachdem Nietzsche den Überbau, die Oberwelt, das Transzendente als eine aus den eigenen Affekten entsprungene Illusion erkannt hatte, war er dabei, eine Umwertung der Werte vorzunehmen. Was bisher rein war, die Idee Gottes oder einer höheren Wahrheit, war nun unrein. Und was bisher unrein war, etwa der Egoismus oder die Lüge, kam ihm auf einmal rein vor, das war seinen Eingeweiden gemäß, das empfand er als natürlich. Damit, wie gesagt, hatte er der Philosophie einen neuen Kontinent erschlossen, den Menschen mit seinen Trieben, seinen Lüsten und Schmerzen, sich selbst, Friedrich Nietzsche. Aber bis zu diesem Moment war die fundamentale Teilung noch nicht aufgehoben. Im Gegenteil: Zwischen Rein und Unrein, zwischen Wahr und Falsch, zwischen Gut und Böse verlief noch immer die alte Grenze, nur verlief sie jetzt in ihm selbst, im philosophischen Tier. Das heißt: bis zu diesem Punkt hat er *nach*gedacht, er war hinter dem Denken her. Er wertete zwar um, aber die Umwertung ging vom alten Grundglauben aus, vom „Grundglauben an die Gegensätze der Werthe". Jetzt geschieht das Neue. Beim Stein von Surlej vollzieht sich die *totale* Umwertung. In diesem Moment, schreibt Nietzsche später, sei etwas geschehen, das ihn „im Tiefsten erschüttert und umgeworfen" habe. Er denkt nicht mehr nach, nein, der Gedanke stürzt aus eigener Kraft auf den Wanderer ein und spricht: In dir, Friedrich Nietzsche, ist die uralte Trennung aufgehoben. In dir gibt es keine Grenze mehr, keine Teilung in eine Götter-

und Menschenwelt. Du bist wahrhaft ein In-dividuum, ein ungeteiltes Wesen, aber das hat Konsequenzen, mein Lieber. Du bist ein Diesseits, das ein Jenseits ist, du bist ein Jenseits, das ein Diesseits ist. Gott ist tot, in dir gestorben. Die Seele ist tot, in dir verfault. Du bist erlegen. Du bist erlegen der eigenen Schwinge, aber du fliegst noch, dein Flügel rauscht, du bist ein lebender Toter. Ja, Friedrich Nietzsche, dein roter Schirm, an dem der Sturmwind vom Maloja reißt, enthüllt deine fatale Lage, dein ungeheuerliches Schicksal, deine Schicksalshaftigkeit für die gesamte Menschheit: Du sagst deinen Tod aus und mußt dieser Aussage die Tatsache entnehmen, daß dein Totsein Leben ist, ein Nachleben, eine irdische Ewigkeit, die Wiederkehr des ewig Gleichen.

Zweite Abschweifung, wieder mit Kater Mufti.
Nachdem Mufti das Revier zwischen Sihlseeufer und Waldrand kennengelernt hatte, kehrte er die Rollen um. Nun pflegte *er* vorauszutigern, und ich spazierte hinter ihm her. Die Wanderung begann ungefähr eine Stunde vor der Dämmerung. Mufti stieß mich mit seiner Schnauze an oder maunzte, bis ich den Schirm ergriff, dann zog er los, ab in den Wald, und wenn ich jemals im Leben einen konsequenten Lehrer hatte, dann war es dieser Kater. Er führte mich in das Geheimnis der Wiederholung ein. Er lehrte mich, wieder und immer wieder denselben Weg zu gehen. Er, der Schweifträger, erlaubte sich Abschweifungen nur dann, wenn Gefahr drohte, und wie ich bald merkte, wurde die täglich wiederholte Strecke durch die Wiederholung nicht langweiliger, vielmehr spannender von Gang zu Gang. Denn jeder Punkt, der angepeilt und kurz beschnuppert wurde, teilte nicht nur seinen gegenwärtigen Zustand mit, sondern auch das, was sich von gestern auf heute an ihm verändert hatte. Auf den bemoosten Baumstrunk war über Nacht ein welkes Blatt gefallen, und während wir es betrachteten, wohl wissend, daß es der Wind morgen weggeweht haben würde, fiel uns zudem noch ein, daß die Ameisen, die hier einen ganzen Sommer lang eine Heerstraße unterhalten hatten, seit drei Tagen verschwunden waren. Mit anderen

Worten: Da wir dem Baumstrunk Tag für Tag begegneten, entbarg er uns sein Leben, seine Geschichte, und so wurden wir beide, Mufti und ich, auf diesen Gängen so müde, wie ich sonst nur in Ausstellungen müde werde, auf Gängen durch Museen. Woher kommt sie, die Museumsmüdigkeit? Ein Bild oder eine Statue enthält konzentrierte Zeit. Picasso malt eine Frau von verschiedenen Seiten, mit mehreren Gesichtern, also müssten wir jahrelang mit dieser Frau leben, immer wieder um sie herum gehen, sie kniend anbeten oder von oben herab verachten, bis wir nur annähernd so viel von ihr wüßten, wie uns Picasso auf einer einzigen Leinwand zeigt. Picasso setzt uns ins Bild. Das Bild nimmt uns wahr. In wenigen Minuten sind wir einer Konzentration ausgesetzt, die wir im Alltag nie oder nur selten erleben, weshalb man beim Schauen und Staunen so müde wird, als hätte man eine gewaltige Leistung vollbracht. Kamen Mufti und ich nach Hause, stellte ich den Schirm in die Ecke, und Kater Mufti, indem er sich zu einem Schläfchen einrollte, legte den Schwanz um sein Schnäuzchen; Ende der Abschweifung.

Friedrich Nietzsche wanderte mit dem Regenschirm weiter, vom Engadin nach Italien, von Italien wieder ins Engadin, ein Buch folgte auf das andere, er schrieb „Jenseits von Gut und Böse" und „Also sprach Zarathustra", sein Augenlicht nahm ab, sein Gang wurde zum Lauf, zum Sturmlauf, einsamer verzweifelter heimatloser von Jahr zu Jahr ging Nietzsche dahin.

Bei Surlej ist ihm wie ein Blitz der Gedanke gekommen, daß es eine Grenze zwischen den beiden Welten nicht gibt, daß die vermeintliche Oberwelt und unsere Unterwelt dasselbe sind. Deshalb bezeichnet sich Nietzsche als ersten Nihilisten. Die Heimat der Seele ist verloren, das einstmals göttliche Sein ist nun eine trostlose Umgebung, die nur der auszuhalten vermag, der sich seinen Seelentod eingesteht und trotzdem weiterexistiert. Er existiert in der Leere. Eksistere, sagt Heidegger, ist das Hinausstehen in die Nacht des Nichts. Es ist ein einsames Stehen. Es ist eine Postexistenz, ein Nach-Leben im tragischen Bewußtsein, daß die Götter gefallen sind und daß der

Mensch seine Seele ausgehaucht hat. „So, sprach der Adler, als er an dem Pfeil, der seine Schwinge durchbohrte, das Blut erblickte, so sind wir keinem andern erlegen als der eigenen Schwinge." Aber eben, der Flügel rauscht noch, und die irdische Welt bleibt bestehen, wie ein Museum, worin wir Nach- oder Übermenschen, wir Pseudogötter das Götterspiel, das Schöpfungsgeschehen, wiederholen müssen: indem wir uns selber erschaffen. „Werde der, der du bist", sagt Zarathustra. Verwirkliche dich selbst, sagen Therapeuten. In den meisten Fällen haben sie keine Ahnung, was sie damit sagen. Nietzsche hat es gewußt. Du entdeckst dich selbst als himmellosen Engel, als eine einsame Gestalt, die friedlos und immer unbefriedigt, von animalischen Trieben dazu verführt wird, illusionäre Heimaten zu schaffen.

Es muß mit aller Deutlichkeit gesagt werden: Nietzsches Wille zur Macht oder sein Übermensch waren nie, nicht in einem einzigen Satz, ein politisches oder gar ein rassisches Programm. Der Übermensch als blonder, blauäugiger Germane – das hat mit Nietzsches Denken nicht das geringste zu tun. Nein, der Übermensch ist der Untote, der den Willen und die Macht hat, weiterzuexistieren in der entgötterten Welt. Es ist ein atemloses Existieren, nun wirft Nietzsche wie wild mit Büchern und Sätzen um sich. Er verhöhnt die Religion als „Karneval großen Stils", als „höchsten Blödsinn", und er klagt zugleich: „Weh dem, der keine Heimat hat." Er kann sich, wie Heidegger sagt, aus der Geschichte der Metaphysik nicht herauswinden. Er wird zum Borderliner der Transzendenz. Sein Hohn beschwört den toten Gott inbrünstiger als der frömmste Gläubige, das heißt: Er kommt vom Kreuz nicht los. Er trägt es vor sich her. Nietzsches roter Regenschirm, meine Damen und Herren, ist ein Kreuz, bestehend aus dem Schlangenstab und dem ewig verblutenden Adlerflügel, und es ist zugleich die Parodie des Kreuzes, seine aristophanische Verspottung, nämlich ein frivoles Theaterrequisit, das das einstmals Heilige Zeichen herunter holt zum Fetisch, zu einem enthüllten, in sein Hymen verspießten Schwanz.

Eine Anmerkung: Inzwischen hat sogar dieses Phalluszeichen

abgedankt. Wie die Kreuze fallen, fallen auch die Schirme. Der Sonnen- und Regenschutz ist auf der reinen Nützlichkeitsebene gelandet. Der Schirm hat nach einer mehrtausendjährigen Geschichte sein Ende erreicht. Er begann als Nachahmung des Pagodendachs in China, als Nachahmung der Palme in Ägypten. Er wurde zum mobilen Bürgertempel. Und heute? Heute ist der Schirm wie ein dementer Greis auf seine Lall- und Kriechstufe zurückgefallen. Er wurde zum Knirps. Kein gerundeter Griff mehr, die Stange teleskopierbar, wird hauptsächlich von Frauen benutzt und hat in einer Handtasche Platz. Ende der Anmerkung.

Meine Damen und Herren, wir nähern uns Turin, der letzten Station.

Erich Heller weist in einem grandiosen Essay nach, daß Rilke Nietzsches Übermenschen im Engel gestaltet hat. „Jeder Engel ist schrecklich", heißt es in den „Duineser Elegien", und er ist deshalb schrecklich, weil er schrecklich lächerlich ist, nämlich ein Engel ohne Himmel, ein Post- oder Nach-Engel. In der letzten Strophe seines letzten Gedichts dichtet Rilke: „Über dem Nirgendsein spannt sich das Überall". Ein Adlerwort, ein Nietzschewort. Wenn der „Grundglaube der Metaphysiker an die Gegensätze der Werthe" aufgehoben ist, wenn sich über der irdischen Welt keine überirdische mehr wölbt, spannt sich das Überall über das Nirgendssein. Gewiß, die Falle ist offen, die Teilung ist aufgehoben, aber das heißt in der brutalen Konsequenz, daß der Engel ohne Himmel und der Mensch ohne Seele ist, und es heißt auch, mit Heidegger gesagt: daß sich mit der Ent-Fernung der Grenze zwar die Ferne entfernt hat, aber nicht die Metaphysik – der Prozeß des Entfernens gehört noch immer zu ihrer Geschichte. Denn solange wir von der Teilung reden, solange bleibt sie da, solange sind die Teile noch wirksam, und es ist eine gefährliche Wirksamkeit, gefährlich insofern, als die Teile, die nach wie vor in die Mitteilung drängen, im Überall oder Nirgendssein verschwunden sind. In „Jenseits von Gut und Böse" definiert Nietzsche diese Gegend als „gefährliches Vielleicht", und natürlich war es dem Wanderer zwischen dem Stein von Surlej und der Turiner Piazza stets bewußt, daß es verdammt schwierig ist, ausgerechnet im Vielleicht sich selbst finden zu müssen, ausgerechnet im Ungespurten eine pseudogöttliche Selbstschöpfung hinzukriegen. Wieder mit Heidegger: Es ist das verzweifelte Hinausstehen in die Nacht des Nichts. Unbeschirmte Schirmexistenz.

Ich vermute, daß Nietzsche versucht hat, zur alten Teilung zurückzukehren. Um den Urgrund der Teilung in sich selbst *wieder*zufinden, war er bereit, zugrunde zu gehen. Aber wie soll einer zugrunde gehen, wenn er schon tot ist? Die absolute Gewißheit, die ihn beim Stein von Surlej überfallen und umgeworfen hatte, ließ sich nie mehr wegdenken. Es war the point of no return. Das Individuum kennt keine Kernspaltung. Also blieb ihm nur eines: Er mußte sein Programm mit letzter Konsequenz ausleben und jene Werte, die er als rein, als natürlich erkannt hatte, voll und ganz in die Tat umsetzen. Ohne Scham. Ohne Hemmung. Ohne das, was man bürgerlichen Anstand oder christliche Moral nannte. So schrieb er „Ecce homo. Wie man wird, was man ist" und gab darin seinen Trieben freien Lauf. Die Kapitel-Überschriften lauten: „Warum ich so weise bin." „Warum ich so klug bin." „Warum ich so gute Bücher schreibe." Und schliesslich: „Warum ich ein Schicksal bin." Die letzten beiden Kapitel blieben ungeschrieben, er konnte sie nur noch entwerfen, nur noch leben, ihre Titel sind Fanfarenstöße: „Kriegserklärung" und: „Der Hammer redet."

Im Herbst 1888 hat Nietzsche Turin erreicht. Täglich rennt er mit dem roten Schirm durch die Stadt und dem Po entlang, und liest man die Briefe aus jener Zeit, stellt man fest, daß er fast erblindet sein muß. Die Beschreibung von Stadt und Leuten bleibt abstrakt, die Farben verklären sich, und jede Musik, sogar das dumpfe Geschmetter einer Blaskapelle, wird ihm zu einem Ereignis, das ihn zu Tränen rührt. Wie seinerzeit, vor sieben Jahren, im ersten Silser Sommer, bahnt sich im Turiner Herbst etwas an, das ihn überfallen und umwerfen und vielleicht sogar erlösen wird. Auf einmal erfaßt ihn eine große Heiterkeit, eine Art Rausch – es muß ein ähnlicher Rausch gewesen sein, wie ihn Rilke erlebte, als er die „Duineser Elegien" schrieb. Beiden, dem Denker Nietzsche und dem Dichter Rilke, widerfährt in der Verzweiflung das Glück, daß der Verlust der Grenze auch ein Gewinn ist. Wenn es keine Teilung mehr gibt, wird man eins mit der Wirklichkeit, mit der der Welt. „Und dabei wird mir immer klarer", schreibt Rilke (ich zitiere nach Erich Heller), „daß ich gar nicht von den Dingen rede, sondern davon, was ich durch sie geworden bin." Denken Fühlen Schauen Staunen Dinge Welt alles eins. „Alle Dinge", heißt es im Zarathustra, „kommen liebkosend zu deiner Rede." Bei Rilke wird „Gesang" zum „Dasein", Dasein zum Gesang. Keine Teilung mehr, keine Grenze: „Der Abgrund", singt Rilke, ist verwoben in „das geflügelte Entzücken."

Gestatten Sie mir, da wir am Ende angelangt sind, eine kurze Rückschau.

Nietzsche witterte in sich, im „philosophischen Thier", die fundamentale Teilung des abendländischen Denkens – das war die erste Station. Am Stein von Surlej wurde ihm der Blitzgedanke zuteil, daß er wirklich und wahrhaftig ein In-dividuum ist, nämlich ein Wesen, das nicht in Leib und Seele geteilt, sondern eins ist. Damit war Gott tot, die alte Heimat verloren, er aber, der Über- und Nachmensch, mußte im Unbegrenzten, im „gefährlichen Vielleicht", weiterexistieren – das war die zweite Station. Und die dritte?

Im Mai 1998 hatte ich auf der Brücke über dem Sihl-See einen Autounfall. Ich kroch aus dem Wrack und schleppte mich ans Ufer. In meiner Schläfe steckte ein Zacken aus der Frontscheibe, ein gläsernes Horn – ich blutete wie ein Schwein. Von meinen acht Litern, stellte sich später heraus, habe ich fast die Hälfte verloren. Mein Hautsack floß aus. Am Dorfrand erreichte ich mit versiegender Kraft ein Mehrfamilienhaus, wo ich sämtliche Klingeln drückte – vergeblich, es war zwei Uhr nachts, die Welt schlief. Ich gab auf, wankte zum nahen Friedhof und setzte mich an dessen Mauer zum Sterben hin. Ich hatte stets befürchtet, in meinen letzten Minuten von religiösen Ängsten aus Kinderzeiten eingeholt zu werden. Aber was ich jetzt erlebte, war nicht Angst, es war die pure Freude, eine absolute Hochstimmung, denn die Dinge luden sich auf, sie begannen zu leuchten und gewannen eine Prägnanz, wie ich sie noch nie gesehen hatte. Ein weißer Straßenpfosten zeigte sich als ideale Form. Ich berührte das taunasse Gras und fragte mich, warum ich nicht mein ganzes Leben auf einer Wiese verbracht hatte. Der schwarz glänzende Sihlsee rührte mich zu Tränen. Das häßliche Mehrfamilienhaus, wo ich vorhin geklingelt hatte, verwandelte sich in ein Schloss. Und erst die Sterne! Die Nacht! Der Himmel! Die laue, süße Maienluft! Danke, Kater Mufti! Danke, Friedrich Nietzsche! So beschränkt er war, euer Schüler, zuletzt ist ihm alles klar. Er weiß, was geschieht, und er sieht, was geschieht, und er lebt, was geschieht. Die Dinge offenbaren sich. Der Kosmos ist ein Kosmos-Museum, und mein Staunen so groß, die Erschöpfung so total, daß es mich auf Flügeln hinüberzieht in den ewigen Schlaf. Die Ränder verfließen – mein brechendes Auge und die Sterne und die Dinge sind nun eins und alles. Die Schöpfung nimmt mich auf, nimmt mich wahr, holt mich heim. Keine Grenze mehr, keine Teilung, „der Abgrund verwoben in sein schwebendes Entzücken."

Manche sagen, es geschah am 28. Dezember 1888; andere sagen, es geschah am 3. Januar 89. Vielleicht geschah es am 1. Januar, da ein Erdbeben Turin erschüttert hat – wir wissen es nicht. Einige sagen, es geschah am Morgen, andere: am Abend. Verbürgt ist, daß es geschah und wo es geschah. Auf der Piazza Carlo Alberto. Mit dem roten Regenschirm kam Nietzsche von der einen Seite, von der andern wankte ein Pferd heran, es war vor einen schweren Karren gespannt, drohte zusammenzubrechen und wurde vom wütenden Kutscher mit der Peitsche geschlagen. Ich zitiere aus dem Bericht eines Zeugen: „Ein mit Gemüse voll geladener Wagen fuhr vorbei, gezogen vom Schatten eines wundenübersäten, ausgemergelten Kleppers. Nietzsche warf sich dem Klepper weinend an den Hals, küßte ihn und nannte ihn ‚Bruder'!"

Das philosophische Tier, dessen Nüstern nach innen witterten, preßte seine Lippen an die Nüstern eines Pferdes, das zusammenbrach. Außen war innen, innen außen, der tiefste Schmerz die höchste Lust, Gott Mensch, Tier Kuß – aus.

Aus. Ende. Das Nach- und Fortleben des Verblödeten erfolgte zuerst im klösterlich geordneten Tagesablauf von psychiatrischen Anstalten, dann zu Hause, bei Mutter und Schwester. Seine letzte Schrift hatte er auf eigene Kosten in vierzig Exemplaren drucken lassen. Über die Tatsache, daß er nun weltberühmt wurde, ein Bestsellerautor, war er göttlich entrückt. Gefressen habe er wie ein Tier, wird berichtet. Mit einem Kamm strich ihm die Mutter die Speisereste aus dem Schnurrbart. Keine Worte mehr. Lall- und Kriechstufe. Regression in den Knirps. Wiederkehr des ewig Gleichen. Manchmal haben ihn die Mutter und die Schwester ausgestellt – wie eine atmende Museumsfigur. Die Größen des Reiches kamen, um ihn zu beschauen. Sie wandten sich schaudernd ab, manche mit Tränen.

Wohin gehört sein Schirmsatz? Warum steht er in Anführungszeichen? Wir wissen es nicht. Ich vermute, es ist einer seiner letzten Sätze. Wer sich einem Pferd an den Hals wirft, läßt den Schirm fallen. So wird er auf der Piazza Carlo Alberto liegen geblieben sein – ein vergessenes Requisit, dessen blutrote Färbung offen läßt, ob es eine Tragödie war oder eine Komödie. Vielleicht hat sich Nietzsche an dieses Requisit irgendwann erinnert, vielleicht auf der Fahrt in den Norden, in die Anstalt, nach Hause. Er hat sich in Anführungszeichen daran erinnert. Einem Gott in Anführungszeichen ist in der Umnachtung ein Satz aus seiner Rolle eingefallen:

„Ich habe meinen Regenschirm vergessen."'

Eine abschließende Anmerkung. In jener Unfallnacht habe ich an der Friedhofsmauer im höchsten Glücksmoment das Bewußtsein verloren. So erfuhr ich erst hinterher, daß mein Klingeln ein Baby geweckt hatte. Es begann zu weinen, die Mutter nahm es aus der Wiege und trat ins offene Fenster, um ihm die Brust zu geben. Da erblickte sie unten auf der Straße eine im Laternenlicht funkelnde Blutspur. Die Frau war die Tochter eines Försters. Ihr Mann war Metzger. Die Frau weckte ihn und sagte: Da muß irgendwo ein verletztes Tier liegen. Der Metzger nahm ein Messer, verließ das Haus und folgte der Blutspur, um das Tier abzutun.

Als Knabe habe ich gesungen: „Maria, breit den Mantel aus, mach Schirm und Schild für uns daraus." Weder den Metzger, der mit gezücktem Messer auf mich zukam, noch die Madonna und ihr Kind im Fenster des Prachtschlosses habe ich gesehen. Vielleicht, ein schönes Vielleicht, sind wir beschirmter als wir ahnen.

Roman Signer, St. Gallen

Hören aus der Tiefe, Installation an der Tamina, 23. - 26. Juni 2011
Videoprints von Tomasz Rogowiec

Ulrich Mosch
Basel

"... unablässiges Spiel der Doppel-Belichtungen"
Wolfgang Rihms „Opernphantasie" Dionysos
nach Friedrich Nietzsches Dionysos-Dithyramben

Die Salzburger Festspiele 2010 wurden am 27. Juli mit der Uraufführung von Wolfgang Rihms neuer Oper *Dionysos* in der Regie von Pierre Audi und der Ausstattung von Jonathan Meese glanzvoll eröffnet.[1] Fernsehen und Radio zeichneten die Premiere auf, drei Tage später wurde das Werk im Programm des ORF 1 in Dolby Surround-Klang ausgestrahlt. Dem Ereignis und dem Uraufführungsort entsprechend stieß die Uraufführung auf ein großes mediales Echo und fand nicht minder große Aufmerksamkeit beim Publikum. Die Entscheidung, das Festival im neunzigsten Jahr seines Bestehens mit einem Werk des 1952 in Karlsruhe geborenen Zeitgenossen Wolfgang Rihm zu eröffnen, verdankte sich seinem Ruf als Musiktheaterkomponist ebenso wie seinem Ruf als einem der bedeutends-

---

[1] Die Uraufführung mit Mojca Erdmann als Ariadne, Johannes Martin Kränzle als N., Matthias Klink als „Ein Gast", der Konzertvereinigung Wiener Staatsopernchor und dem Deutschen Symphonie-Orchester Berlin stand unter der musikalischen Leitung von Ingo Metzmacher.

ten und bekanntesten Komponisten der nach dem Zweiten Weltkrieg geborenen Generation. Das große Interesse an dem in Koproduktion mit De Nederlandse Opera in Amsterdam und der Staatsoper Berlin[2] herausgebrachten Werk belegt auch die Tatsache, daß die Dokumentarfilmerin Bettina Ehrhardt die Entstehung des Werkes bis zur Uraufführung für das Fernsehen filmisch begleitete. Der dabei entstandene Film wurde am 26. Juni 2011 im Rahmen des Filmfests München zusammen mit einer kompletten Aufzeichnung des Werkes erstmals öffentlich vorgestellt.[3]

Dionysos, das jüngste von mittlerweile neun Werken für Musiktheater aus der Feder des Komponisten (vgl. Übersicht 1, S. 157), trägt als Titel den Namen jener Figur der griechischen Mythologie, die Friedrich Nietzsches Schaffen und Denken seit den Anfängen geprägt hatte, ein Name, mit dem er auch, kurz vor seinem geistigen Zusammenbruch, einige seiner letzten Briefe und der sogenannten „Wahnsinnszettel" aus den ersten Tagen des Jahres 1889 unterzeichnete. Der von Rihm selbst zusammengestellte Text des Werkes beruht auf der letzten, in eben jenen Tagen noch von Nietzsche selbst zusammengestellten Gedichtsammlung *Dionysos-Dithyramben*, die erst zwei Jahre nach dem Zusammenbruch, von dem Freund Peter Gast herausgegeben, im Druck erscheinen sollte. Daß Rihms Werk im Titel nicht den Namen Nietzsche führen sollte, stand offenbar von Anfang an fest. Die „Opernphantasie", so der Untertitel, verknüpft zwar Motive aus der Biographie des Philosophen und Dichters mit solchen aus der griechischen Mythologie und der Literatur, ohne jedoch im engeren Sinne eine Oper über sein Leben zu sein, wohl aber eine Oper über die Fährnisse des Daseins als Künstler.

---

2 Im Juni 2011 war *Dionysos* in Amsterdam zu sehen, und 2012 wird das Werk Anfang Juli an der Staatsoper in Berlin in ihrem Ausweichquartier im Schillertheater herauskommen, beidemale in der Inszenierung der Salzburger Produktion.

3 *Ich bin dein Labyrinth! – Wolfgang Rihm. Nietzsche. Dionysos*, Deutschland 2011, Koproduktion von bce film & more mit Arte und dem WDR.

Prinzipiell – darauf sei schon an dieser Stelle hingewiesen – wäre daher auch eine szenische Interpretation denkbar, die ganz von der Biographie Nietzsches absähe und allein die Künstlerproblematik in den Mittelpunkt stellte.

Im folgenden möchte ich Aufbau und Gliederung des Werkes kurz vorstellen, seine Stellung im Zusammenhang von Rihms zahlreichen Werken unter Verwendung von Nietzsche-Texten betrachten sowie Einblicke in die Genese von Text und Musik geben. Abschließen werde ich die Ausführungen mit einigen Überlegungen zur Realisierung des Werkes auf der Bühne.

Die „Opernphantasie" *Dionysos* mit dem Untertitel „Szenen und Dithyramben" kommt mit einer kleinen Zahl von Akteuren aus: vier Frauenstimmen – zwei hohe Soprane (erster Sopran: auch Ariadne), Mezzosopran und Alt – und zwei Männerstimmen – N. (Tenor) und „Ein Gast" (auch Apollon; Tenor). Dazu kommen als stumme Rolle „Die Haut" (ein Tänzer) sowie Chor und Orchester.

Außer dem Protagonisten N. – wohl nicht von ungefähr benannt mit einem auf das Kürzel N.N. (nomen nescio oder nomen nominandum) anspielenden Namen – sind allen Solisten mehrere Rollen zugedacht. In einer handschriftlichen Notiz mit Erläuterungen zur Besetzung kommentierte dies Rihm so: „Die Frauen sind jeweilige *Verkörperungen von Vorstellungen* (,Nymphen', ,Ariadne', ,Delphine' usw.)."[4] Wichtig für das Verständnis ist des weiteren sein Hinweis ebenda, daß „N." nicht unbedingt „Nietzsche" sein müsse, und „Ein Gast" sei in Anführungszeichen gesetzt, damit man nicht glaube, er *müsse* Peter Gast sein. Die biographische Lesart der Oper ist demnach nur eine Möglichkeit unter anderen.

Die „Opernphantasie" ist in vier Bildern angelegt, die paarweise gruppiert sind:

---

4 Handschriftliche Notiz, 1 S., Hervorhebungen von Wolfgang Rihm (Sammlung Wolfgang Rihm, Paul Sacher Stiftung, Basel).

I.   Ein See
II. Im Gebirge
     Verwandlung / Dithyrambe

     Pause

III. Innenräume 1–3
     1 Foyer
     2 Bordell
     3 Arbeitstisch des Künstlers = Verwandlung / Dithyrambe
IV. Ein Platz

Zunächst also zwei unterschiedliche Außenräume als Bild I und II (ein See und Gebirge); dann drei verschiedene Innenräume als Bild III und schließlich als Bild IV ein städtischer Platz als ein Ort im Freien, nach dem Innenraum also wiederum ein Außenraum, allerdings nun mit sozial definierten Funktionen als Brennpunkt des öffentlichen Lebens. Der Natur in den ersten beiden Bildern tritt die Stadt in den beiden anderen gegenüber. Wie eine frühe Skizze belegt, war der Gegensatz von Natur und Stadt und von Außen und Innen bereits Grundlage der Überlegungen zur Dramaturgie des Werkes, als die letztlich realisierte Disposition in vier Bildern noch nicht absehbar war (vgl. Abb. 1).[5]

Da das Werk nicht als bekannt vorausgesetzt werden kann, sei hier eine etwas ausführlichere Inhaltsangabe eingefügt:[6]

---

5 Wolfgang Rihm, *Dionysos. Szenen und Dithyramben*, eine Opernphantasie (2009–10): Skizze in Skizzenbuch (Sammlung Wolfgang Rihm, Paul Sacher Stiftung, Basel).
6 Die Inhaltsangabe folgt im wesentlichen der vom Dramaturgen der Salzburger Inszenierung Klaus Bertisch für das Programmheft der Uraufführung verfaßten Handlungssynopse, revidiert sie aber dort, wo sie interpretierte; vgl. Wolfgang Rihm, *Dionysos*, Programmheft zur Produktion der Uraufführung am 27. Juli 2010 bei den Salzburger Festspielen, Salzburg: Salzburger Festspiele 2010, S. 10-11.

Abb. 1: Wolfgang Rihm, *Dionysos*,
Skizze in „Skizzenbuch I/09 – XII/09", unpaginiert, Ausschnitt.
Sammlung Wolfgang Rihm, Paul Sacher Stiftung, Basel.

Bild I. Ein See

N. verfolgt am Ufer eines Sees zwei lachend sich ihm immer wieder entziehende Nymphen, ohne daß er sie erhaschen könnte. Die eine Nymphe steigt mit ihm schließlich in ein Boot, und er rudert hinaus. Sie verwandelt sich in Ariadne. Zunehmend verzweifelt versucht sie, N. zum Reden zu bringen, während dieser stoisch weiterrudert. Schließlich schaut er sie an, bedrängt sie plötzlich im schwankenden Boot, läßt sie wieder los, bedrängt sie wieder und ein drittes Mal, bringt aber keinen Laut hervor, bis sie zu einem Felsen kommen. Sie gehen an Land. Dort fesselt N. Ariadne und versucht wiederholt, den Satz „Ich bin dein Labyrinth" herauszubringen, schafft es nach und nach immer deutlicher, bis er ihn schließlich tatsächlich zu artikulieren vermag. Ariadne wendet sich ab. N. rudert weg und läßt die Gefesselte auf der Insel zurück. Am Ufer gegenüber winkt „Ein Gast" und macht auf sich aufmerksam. Er bezaubert Ariadne mit ihm mühelos von der Zunge gehenden Worten, denselben Worten, die N. nur mit größter Anstrengung hervorgebracht hatte. Es entspinnt sich in einem Wechselgesang – wie Rihm es in der Partitur umschreibt – „eine Art alpiner Echo-Liebesszene, quasi in Zeitlupe", eine Liebesszene mit Zuschauer. N. verharrt zunächst zusammengesunken in seinem Boot, bäumt sich schließlich aber auf und stößt einen „langgezogenen, kreatürlichen Schmerzenslaut" aus, den der Chor übernimmt.

Verwandlung / Dithyrambe: Zunächst der Chor, dann „Ein Gast", schließlich N. und nochmals der Chor kommentieren das Geschehene aus unterschiedlicher Perspektive.

Rascher Szenenwechsel; die Musik schließt ohne Unterbrechung attacca an die nächste Szene an.

Bild II.   Im Gebirge
N. und „Ein Gast" bei der Besteigung eines Berges. Immer wieder vor dem drohenden Absturz und im letzten Moment Halt findend, bedroht durch Raubvögel und durch Unwetter, in der Gefahr aufeinander angewiesen und trotzdem immer wieder miteinander rivalisierend, erreichen sie schließlich, als die Sonne schon sinkt und sich der Tag dem Abend zuneigt, den Gipfel. N. schaut mit dem Fernglas ins Weite, sieht seinen Kahn unten, sieht nach oben: „dort rollen Lichtmeere". Es wird rasch dunkel. Man sieht gerade noch, daß sich N. und „Ein Gast" sich ängstlich umsehen.

Pause

Bild III.   Neue Szenerie
Innenraum 1
Unsicher bewegen sich N. und „Ein Gast" in einer Art Foyer unter vielen Menschen, beide auf der Suche nach Liebe.
Innenraum 2
In einem Bordell – „Typus 1900", möbliert unter anderem mit Attrappen einer Harfe und eines Klaviers – versuchen vier Hetären, alle desselben Namens Esmeralda, die beiden Männer zu verführen. Hilflos muß N. erleben, daß „Ein Gast" auch hier wieder sein Konkurrent ist. Während die Frauen deutlich machen, was sie von den Männern wollen, verliert sich N. immer

mehr in seiner eigenen „Wahrheit". Von „Ein Gast" am Klavier begleitet, singt er das Lied vom Wanderer, der niemals zur Ruhe kommt, bis das Lied eines Vogels ihn zwingt, innezuhalten. Die vier Hetären spenden Beifall. N. wird Opfer ihrer Verführungskünste und flüchtet sich in Erinnerungen. Wie zuvor Ariadne wird nun er gefesselt, während „Ein Gast" von den Esmeraldas zerfetzt wird. Der Chor der Mänaden kommentiert abschließend das Geschehene.

Innenraum 3 = Verwandlung / Dithyrambe:
Der Künstler N. verschließt sich in seiner eigenen Welt. Drei mythische Frauen treten aus dem Chor der Mänaden hervor, Urmütter, die ihm versprechen, die Verheißung sei nicht mehr fern. N. sehnt sich zurück nach dem, der ihn immer begleitet hat: Dionysos. Aber es erscheint Apollon, um ihm – wie einst seinem Konkurrenten Marsyas – die Haut abzuziehen. Geschunden weiß N., daß er das Opfer eines Eifersüchtigen geworden ist. Noch immer verlangt es ihn nach Liebe. Während sich die gelöste Haut langsam zu bewegen beginnt, wenden sich alle entsetzt von N. ab. Alle miteinander werden plötzlich fortgerissen.

Bild IV. Ein Platz
N.s Haut wird Zeuge, wie ein Pferd von einem Mann ohne Gesicht („Ein Gast"? Apollon?) geschlagen wird und erzittert selbst unter den Schlägen. N. steht abseits. Ariadne hat sich langsam genähert. Als sie beim Pferd angekommen ist, umarmt N.'s Haut das Tier in einem langen verzehrenden Kuß, den Ariadne an sich selbst zu spüren scheint. Der das Pferd schlagende Mann wird – götterartig – in die Höhe gerissen. Ein letzter Wortwechsel zwischen Ariadne und N.: „Du – bist der Stein, du, du, die Wüste, bist der Tod …" und „ich bin deine Wahrheit … Wahrheit … Wahrheit …". „Die Haut" sinkt auf Ariadne zu, welche sie auffängt und hält. Das Bild einer Pietà entsteht. Es wird langsam dunkel, ein leichter Lichtschein bleibt auf der Pietà.

Während es wieder hell wird, versammeln sich alle Figuren und Gestalten der Opernphantasie und gruppieren sich um die Pietà. „Die Haut" fällt zu Boden. Die Beteiligten verneigen sich im rasch einbrechenden Dunkel.

Rihms Verhältnis zu Nietzsche und sein Wandel

Kompositionen unter Verwendung von Texten Friedrich Nietzsches ziehen sich wie ein roter Faden durch Rihms Schaffensbiographie und sein weitgefächertes Œuvre, das seit den *Gesängen* für Singstimme und Klavier op. 1 (1968–70) inzwischen mehr als dreihundert Kompositionen aller Gattungen umfaßt, von Kammer- und Ensemblemusik über Orchesterwerke, Konzerte und Bühnenkompositionen, und nicht zu vergessen zahlreiche Lieder, meist in Zyklen gruppiert. Zählt man *Dionysos* mit, handelt es sich um insgesamt elf meist umfangreiche Werke (vgl. Übersicht 2, S. 157). Mit Gedichten Nietzsches war Rihm schon als Schüler in Berührung gekommen, unter anderem durch die von Ernst Bender für den Schulgebrauch herausgegebene Anthologie *Deutsche Dichtung der Neuzeit*,[7] in der sich schon zwei später vertonte Gedichte finden: „Venedig" aus *Ecce homo* (1888), komponiert 2001, und „Die Sonne sinkt" aus den *Dionysos-Dithyramben*, teilweise eingegangen in *Dionysos*. In den ersten zehn Jahren nach der Dritten Symphonie (1976–77), dem ersten Werk mit einem Text des Philosophen und Dichters, bis zur *Klangbeschreibung II (innere Grenze)* (1986–87) ist eine außerordentliche Dichte von Werken mit Nietzsche-Bezug zu beobachten. Danach klafft eine große Lücke von fast anderthalb Jahrzehnten. Seit 2001 sind dann nochmals drei weitere Originalwerke und eine Eigenbearbeitung nach Texten Philosophen entstanden.

Was die Texte aus Nietzsches Feder betrifft, auf die sich Rihm bezieht, lassen sich unschwer Präferenzen ausmachen: Rihm zeigt eine ausgesprochene Vorliebe für die *Dionysos-Dithyramben* und für die nachgelassenen Fragmente aus der Entstehungszeit von *Also sprach Zarathustra*. Insgesamt sind es vergleichsweise wenige Gedichte und Fragmente, auf die er sich zum Teil mehrfach bezog (vgl. Übersicht 3, S. 158). In einem Programmhefttext zu *umsungen* für Bariton und acht Instrumente wies Rihm schon 1984 auf diesen Um-

---

[7] Vgl. Ernst Bender, *Deutsche Dichtung der Neuzeit*, Karlsruhe: C. Braun 1965.

stand hin: Es sind „immer wieder dieselben Texte aus den *Dionysos-Dithyramben* bzw. aus deren Umkreis, von denen ich ausgehe, zu denen ich zurückkehre, die ich umkreise."[8] Und das hat sich bis heute nicht geändert. Rihm ist jenen Texten, die ihn schon früh beschäftigt hatten, über die Jahre hinweg treu geblieben.

Im September 1986 notierte der Komponist zum Thema „Nietzsche vertonen": „Selbstverständlich kann man Nietzsche nicht ‚vertonen'. Man kann überhaupt nichts *ver*tonen, am allerwenigsten Nietzsche. Aber Anlaß zu Musik kann ein Text schon geben, vor allem ein frei rhythmischer, ge-dichteter; vor allem ein dichterischer Text von Nietzsche. Text nicht als Vorlage – Text als Grundlage."[9] Wenige Monate später, Anfang 1987, heißt es in einem weiteren Notat, und hier wird, verbunden mit einem Ideal der eigenen Poetik, das Motiv für Rihms damalige Haltung sichtbar, nämlich eine Diagnose der Textbeschaffenheit: „Nietzsche vertonen ist wie in einen Klangzusammenhang hineinsingen, in bereits bestehenden Gesang Stimme einlassen. Die Texte der Dichtungen sind nicht an ihrem Ende, auch sind sie aber nicht so offen, daß sie den Umgang unentschieden ließen. […] Der ‚andere Text', als welcher Musik (nicht: hinzutritt, sondern) heraustritt, ihr Zustand als neuer Textkörper […] Der ‚andere Text' stellt sich ein; plötzlich, inmitten des Umgangs ist er da. […] Kein anderer Zustand schiebt sich vor den Text, nichts verstellt die Sicht; Dichtung des ersten Augenblicks, notiertes *Seismogramm*. So will Musik sein, zumindest die, die ich meine."[10]

Rihm war damals vorrangig am auratischen Moment der einzelnen Aussage, oft des einzelnen Wortes interessiert, das (auch musikalisch) Assoziationsräume zu öffnen vermag. Die häufig schon fragmentarischen Texte fragmentierte er noch weiter, durchlöcherte

---

8 Wolfgang Rihm, „*umsungen* für Bariton und acht Instrumente (1984)", in: ders., *Ausgesprochen. Schriften und Gespräche*, hrsg. von Ulrich Mosch, Winterthur: Amadeus 1997 (Vertrieb: Schott Music, Mainz), Bd. 2, S. 335.
9 Wolfgang Rihm, „Nietzsche vertonen", in: ebd., S. 24.
10 Ebd. (Hervorhebung U. M.)

sie sozusagen. Die Legitimation dazu leitete er her aus ihrer Beschaffenheit als noch unfertige Notate – so jedenfalls, wie sie ihm sich darstellten als „nicht an ihrem Ende." Ob das in jedem Falle tatsächlich zutrifft oder nur seine Lesart damals war, tut hier nichts zur Sache. Zur weiteren Fragmentierung des schon Fragmentarischen gehört andererseits die assoziative Reihung einzelner, aus dem Zusammenhang gebrochener Worte.

Was bei solcher Vorgehensweise indes nicht selten auf der Strecke blieb und wohl auch bleiben mußte, war der „musikalische" Aspekt der Verse und Dichtungen, ihr Rhythmus und Klang. Da die Worte vielfach voneinander isoliert, vereinzelt wurden, tritt dieser Aspekt kaum mehr in Erscheinung. Der „Klangzusammenhang", von dem er in dem eben zitierten Notat von 1987 sprach, vermag sich so überhaupt nicht mehr zu entfalten.

Am Rande sei hier vermerkt: Rihms Äußerungen zum Nietzsche-Vertonen von 1986/87 spiegeln, wie könnte es anders sein, die Grundfragen seiner kompositorischen Poetik jener Jahre. Das „seismographische" Reagieren ist nicht nur für sein Verhältnis zum Text charakteristisch, sondern auch für jenes zum musikalischen Material. Inspiriert vom Schaffensprozeß der Malerei und Bildhauerei hatte Rihm damals eine „Poetik der Taktilität" entwickelt, ein Komponieren, das unmittelbar – auch in diesem Zusammenhang spricht Rihm von „seismographisch" – auf die Klangverbindungen und ihre Tendenzen reagierte, eine Art, wie er selbst es ausgedrückt hat, „vegetativen Komponierens."[11]

Wenigstens mit einem Beispiel möchte ich kurz illustrieren, was ich mit Fragmentierung des schon Fragmentarischen und mit der Fokussierung auf das auratische Moment der Texte meine, und zwar mit

---

11 Vgl. dazu etwa Wolfgang Rihm, „Anschauung. Zur Psychologie des kompositorischen Arbeitens" (1981), in: *Ausgesprochen. Schriften und Gespräche*, siehe Anm. 8, Bd. 1, S. 81–89; sowie Ulrich Mosch, „,Taktilität' des Klangs – Wolfgang Rihms Poetik, in: *Österreichische Musikzeitschrift*, 63 (2008), Heft 8/9, S. 26–32.

einem Ausschnitt aus *Klangbeschreibung II (innere Grenze)* für vier Frauenstimmen, fünf Blechbläser und sechs Schlagzeuger, entstanden 1986/87, also genau zur Zeit jener Notate zur Frage des „Vertonens" von Nietzsche.[12] Die in diesem Werk musikalisch umgesetzten Worte entstammen dem Gedicht „Der Wanderer und sein Schatten", das in den nachgelassenen Fragmenten erstmals im Juli/August 1882 unter dem Titel „Im Gebirge" erscheint (I [105]) und ein zweites Mal in jenen aus dem Herbst 1884 unter dem von Rihm gewählten Titel (28 [61]). Rihm raffte den Text einerseits und verdichtete damit die Aussage – wir werden später diesem Verfahren auch bei *Dionysos* wiederbegegnen –, andererseits intensivierte er sie in der zweiten und dritten Strophe durch auf das eben Gesagte direkt rückbezügliche Ergänzungen. In einer Anmerkung zur Quelle des Textes in der Partitur ist entsprechend nicht von Text die Rede, sondern von „Textworten". In der folgenden Wiedergabe des Gedichts sind jene Worte typographisch hervorgehoben, die Rihm schließlich verwendete, und seine Ergänzungen sind in eckigen Klammern eingefügt:

Der Wanderer und sein Schatten

Nicht mehr zurück ? Und *nicht hinan* ?
Auch für die Gemse *keine Bahn* ?

So wart' ich *hier* und *fasse fest*,
[warten]
Was Aug' und Hand mich *fassen läßt* !

Fünf Fuß breit Erde, Morgenroth,
und unter mir – *Welt, Mensch* und *Tod* !
[unten unten unten]

---

12   Die drei *Klangbeschreibungen* von Wolfgang Rihm liegen auf CD vor: Wolfgang Rihm, *Compositions commissioned by the SWR: Morphonie, Klangbeschreibung I–III*, SWR Sinfonieorchester Baden-Baden und Freiburg unter der Leitung von Ernest Bour und Michael Gielen, Hänssler Classic CD 93010, Holzgerlingen: Hänssler 2000.

Betrachtet man die extrem zerdehnte Textdisposition in *Klangbeschreibung II*, so scheint damals für Rihm nur in den Wortzwischenräumen Musik überhaupt möglich gewesen zu sein. Der in einzelne Worte zerlegte Text löst sich weitgehend in Klangvaleurs auf, geht auf in der Musik. Sein Sinn erschließt sich nur, wenn man die Worte über die langen Unterbrechungen hinweg aufeinander bezieht.

Ex negativo läßt dieses Problem ein schaffenspsychologisch hochinteressantes Dokument aus der Feder Rihms von 1984 erkennen: eine „Selbstrezension" zu dem bewußt als Fragment belassenen Streichquartett *Zwischenblick: „Selbsthenker!"* (1984), das konzipiert wurde als „Fremdkörper" zur Interpolation ad libitum in das 1984 entstandene *umsungen*, von dem schon die Rede war. Diese Selbstrezension offenbart den Zwiespalt, in dem er sich befand: einerseits die rhythmische und klangliche Kraft der Verse Nietzsches, die eine lineare musikalische Umsetzung nahelegten, andererseits ein kompositorischer Umgang mit den Texten, der ihrer Beschaffenheit als letztlich unfertig vielleicht unangemessen sein könnte. Der musikalische Zusammenhang drohte die innere Brüchigkeit der Texte, die Rihm empfand, zu verdecken. Das Dokument liest sich wie folgt:

„(Selbstrezension
– unklare Beweggründe, dieses Fragment als fremden Körper in ‚umsungen' erscheinen zu lassen –
– vielleicht die Sorge, zusehr abgeschlossen, gerundet die Texte gefaßt zu haben –
– schon als Anfang des dritten Gesangsstückes: der Anfang dieses Fragments –
– zuerst kein Bezug zu den Texten; selbständige Quartettkomposition, ohne Titel, eventuell ‚Ohne Titel 2'[13] –
– dann die blitzhafte Problemhelle:
    ‚Selbstkenner!

---

13   *Ohne Titel* lautet der Titel seines Fünften Streichquartetts (1981–83).

Selbsthenker!' (wie ein Vorwurf!) –
– Schlaglicht: Selbstausweidung.
Auflösung: Zusammenhangsphobie.
Auch daraus aber keine feste Sprache möglich, erleichtert –)"[14]

Während bis in die zweite Hälfte der achtziger Jahre Rihm darauf bedacht war, eine allzu gerundete „Vertonung" von Nietzsches Texten zu vermeiden, bietet sich in den Werken ab 2001, jenem Jahr, als er nach langer Pause erstmals wieder Nietzsche in Musik setzte, ein völlig anderes Bild, was den Umgang mit diesen Texten betrifft: Nun werden sie nicht mehr wie früher extrem zerstückend in Musik gesetzt, sondern vollständig und linear musikalisch, der Vers- und Strophenstruktur entsprechend untergliedert, ohne jeden Eingriff in den Text. Das gilt für den im Juli 2001 entstandenen Liederzyklus *Sechs Gedichte von Friedrich Nietzsche* ebenso wie für *Aria/Ariadne* (Schlußdatum: 31. Dezember 2001).

Am fünften Lied des Zyklus, „Der Wanderer und sein Schatten",[15] dessen Text in geraffter Form auch der *Klangbeschreibung II* zugrundelag, läßt sich das gut veranschaulichen (vgl. Abb. 2). Vers für Vers wird das Gedicht hier den Sinneinheiten entsprechend artikuliert. Die Strophen sind durch längere, die einzelnen Verse durch kürzere Pausen voneinander getrennt. Auch Rhythmus und Betonungen werden musikalisch abgebildet. Der „Klangzusammenhang" des Textes ist vergleichsweise genau in musikalische Klangfolgen transformiert. Die Frage jedoch, ob jene Stimme Nietzsches, von der

---

14 Notiert auf der letzten Seite der Partiturreinschrift von *Zwischenblick: „Selbsthenker!"* für Streichquartett (1984) (Sammlung Wolfgang Rihm, Paul Sacher Stiftung, Basel).

15 Die *Sechs Gedichte von Friedrich Nietzsche* (2001) liegen noch nicht in einer kommerziell erhältlichen Aufnahme vor; vorgeführt wurde „Der Wanderer und sein Schatten" in einem Live-Mitschnitt von der Uraufführung am 8. Januar 2002 in der Kölner Philharmonie mit Thomas Hampson, begleitet am Klavier von Wolfgang Rieger (Sammlung Wolfgang Rihm, Paul Sacher Stiftung, Basel).

Rihm im zweiten der Zitate oben sprach, jetzt eine Rolle spielt, ist nach wie vor kaum eindeutig zu beantworten.

Auf das szenisches Potential der späten Texte Nietzsches wurde schon verschiedentlich in anderem Zusammenhang hingewiesen.[16] In der kurz nach den *Sechs Gedichten* geschriebenen *Aria/Ariadne* – einer „Szenarie", wie Rihm sprechend untertitelt – auf die „Klage der Ariadne" aus den *Dionysos-Dithyramben* lotete der Komponist dieses Potential erstmals aus, indem er der inneren Dramaturgie des bestehenden Textes weitgehend folgte. Interessanterweise strich er aber ausgerechnet eines der zentralen szenischen Momente, die überraschende Epiphanie des angerufenen Gottes Dionysos am Ende – und dabei ist unerheblich, ob dieser nur imaginiert ist oder leibhaftig erscheint. Nur den letzten, ursprünglich Dionysos zugedachten Vers: „Ich bin dein Labyrinth" behielt er bei, allerdings verändert zu „Du bist mein Labyrinth". In der Bühnenversion des Stückes, die in den 2009 in Basel uraufgeführten *Drei Frauen* – einer Bündelung von drei großen Frauenmonologen[17] – an erster Stelle steht, schob er als Überleitung zum zweiten Monolog, jenem der Anita aus Botho Strauß' *Schlußchor*, genau diesen Textpassus wieder ein, indem er die Dionysos-Figur tatsächlich auftreten ließ, ohne übrigens den Notentext der *Aria* sonst irgendwo zu verändern.

Mit dem hier nur knapp umrissenen Wandel der Auffassung, was den Umgang mit Nietzsche-Texten betrifft, entdeckte Rihm für sich eine andere Seite von dessen Dichtung: die latent dramatische. Nun sind es der Inhalt und der Wortzusammenhang, auch die szeni-

---

16 Vgl. etwa Giorgio Colli in seinem Nachwort „Die Schriften von 1888" zum sechsten Band der Kritischen Studienausgabe, in: Friedrich Nietzsche, *Sämtliche Werke*, Kritische Studienausgabe in 15 Bänden, Berlin/New York: de Gruyter und München: dtv ²1988, Bd. 6, S. 457.

17 Eine Kompilation von drei unabhängig voneinander entstandenen großen Monologen für Frauenstimme und Orchester: *Aria/Ariadne* (Text von Friedrich Nietzsche; 2001), *Das Gehege* (Text von Botho Strauß, 2004–05) und *Penthesilea-Monolog* (Text von Heinrich von Kleist, 2005).

Abb. 2: Wolfgang Rihm, *Sechs Gedichte von Friedrich Nietzsche* (2001), Nr. 5: „Der Wanderer und sein Schatten", Anfang, Druckausgabe, S. 22.
© Universal Edition, Wien; reproduziert mit freundlicher Genehmigung.

sche Komponente, die ihn interessieren. Allein auf solcher Basis konnte Rihm sich überhaupt an ein Projekt wie *Dionysos* wagen und die „Respektlosigkeit" den Texten gegenüber begehen, sie unbefangen zu einer dramatischen Handlung zu montieren. Das „seismographische Verfahren" seiner früheren Werke nach Nietzsche wäre mit einer dramatischen Funktion der Musik nicht leicht, wenn nicht überhaupt unmöglich zu vereinbaren gewesen.

Die Genese des Textes von Dionysos

Wolfgang Rihm war, davon war schon die Rede, nicht nur der Komponist des *Dionysos*, er war auch sein eigener Librettist. Der Komponist bediente sich dabei allein Worten Nietzsches, um den eigenen Text daraus zu formen: „Worte von Friedrich Nietzsche – Text von Wolfgang Rihm" heißt es in der Partitur. Er war Kompilator und viel mehr noch Dramaturg – im Sinne eines Menschen, der das Drama „urgiert".[18] Und es war keineswegs so, daß er zunächst ein vollständiges Libretto ausgearbeitet hätte, welches anschließend dann vertont worden wäre. Der Text des Werkes entstand Schritt für Schritt, eng verzahnt mit dem Kompositionsprozeß. Das zeigt ein Entwurf zum Text des zweiten Bildes, auf dessen sechster Seite der Komponist den weiteren Fortgang der Handlung grob skizziert (vgl. Abb. 3).

Zusammengestellt ist das Libretto aus den späten *Dionysos-Dithyramben* sowie den beiden Gedichten „Der Wanderer und sein Schatten" und „Der Wanderer", beide aus dem Nachlaß des Jahres 1884. Im Gegensatz zu den Texten der *Dithyramben*, die durchweg stark fragmentiert und neu montiert werden, erscheinen die beiden anderen Gedichte jeweils vollständig in ihrer ursprünglichen Gestalt.

In einer Notiz für das Programmheft der Uraufführung umschrieb Rihm das Verfahren der Textverarbeitung so: „Die vier Spielebenen – See, Gebirge, Innenraum 1–3 und Platz – fungieren als Gefäße, in denen sich Textfragmente aus den verschiedenen Zonen der *Dionysos-Dithyramben* sammeln und zu stets erneuten Konfigurationen zusammenschließen."[19] Was er hier als „Spielebenen" bezeichnet,

---

18 Vgl. dazu auch Wolfgang Rihm, „Über Musiktheater" [1986], in: ders., *Ausgesprochen. Schriften und Gespräche*, siehe Anm. 8, Bd. 2, S. 30.
19 Wolfgang Rihm, „Dionysos-Notiz", in: Programmheft zur Produktion der Uraufführung am 27. Juli 2010, siehe Anm. 6, S. 39.

Abb. 3: Wolfgang Rihm, *Dionysos*,
Skizze zum weiteren Verlauf im Anschluß an den Text für das zweite Bild.
Sammlung Wolfgang Rihm, Paul Sacher Stiftung, Basel.

scheint demnach als Grundidee der eigentlichen Arbeit am Text vorausgegangen sein.

Die vier Bilder schöpfen jeweils aus unterschiedlichen Quellen, wobei die Zahl der verschiedenen Gedichte keine Rückschlüsse auf die tatsächliche Länge der einzelnen Passagen zuläßt, da mal nur wenige Verse herangezogen werden (etwa aus „Ruhm und Ewigkeit"), mal größere Ausschnitte (etwa aus „Unter Raubvögeln" oder „Von der Armut des Reichsten"). Die Nummern in der folgenden Auflistung verweisen auf die Stellung des jeweiligen Gedichts innerhalb des Zyklus:

I.	Ein See	7	Klage der Ariadne
		5	Das Feuerzeichen
II.	Im Gebirge	5	Das Feuerzeichen
			[Der Wanderer und sein Schatten]
		4	Zwischen Raubvögeln
		6	Die Sonne sinkt
		8	Ruhm und Ewigkeit
III.	Innenraum 1	9	Von der Armut der Reichsten
	Innenraum 2	1	Nur Narr! Nur Dichter!
		9	Von der Armut der Reichsten
		8	Ruhm und Ewigkeit
			[Der Wanderer]
		9	Von der Armut des Reichsten
		7	Klage der Ariadne
		2	Unter Töchtern der Wüste
	Innenraum 3	6	Die Sonne sinkt
		7	Klage der Ariadne
IV.	Ein Platz	1	Nur Narr! Nur Dichter!
		2	Die Wüste wächst
			[Unter Töchtern der Wüste]
		9	Von der Armut der Reichsten

[Die letzten Worte der *Dionysos-Dithyramben* sind auch die letzten Worte des N. in *Dionysos*]

Es fällt auf, daß Rihm sich mit Ausnahme der ursprünglich aus dem *Zarathustra* stammenden „Klage der Ariadne" weitgehend auf die fünf allerletzten Gedichte beschränkt; die beiden anderen aus dem *Zarathustra*-Umkreis stammenden Gedichte, „Nur Narr, nur Dichter!" und „Unter Töchtern der Wüste" werden nur mit jeweils wenigen Versen herangezogen.[20] Einzig aus der „Klage der Ariadne" werden einzelne Verse in mehreren Szenen verwendet, so „Haha! / M i c h – willst du? mich? / mich – ganz? …" insgesamt dreimal: im ersten Bild aus dem Munde der Nymphen gleich zu Beginn, dann in der Bordell-Szene aus dem Munde der vier Hetären, alles des gleichen Namens Esmeralda,[21] und schließlich in der Szene am Arbeitstisch aus dem Munde Apollons.

Die Gedicht-Sammlung wird demnach als „Steinbruch" für bestimmte thematische Aspekte benutzt. Rihm wendet dabei ein Verfahren der Textbearbeitung an, das er schon früher entwickelt hatte, um Theatertexte für die Musiktheaterbühne zu adaptieren, die aufgrund des weit langsameren Deklamationstempos wesentlich weniger Text zuläßt als das Sprechtheater. Bei der Oper *Oedipus* etwa hatte er Mitte der achtziger Jahre die Sophokleische Vorlage in der Übersetzung Friedrich Hölderlins auf diese Weise konzentriert und reduziert. Der Handlungsfaden blieb von diesem Reduktionsprozeß jedoch unangetastet.[22]

---

20   Nietzsches *Dionysos-Dithyramben* setzen sich zusammen aus fünf späten Gedichten vom Herbst 1888, drei Gedichten aus dem *Zarathustra* sowie einem weiteren Gedicht von 1883 („Letzter Wille"), das in *Dionysos* keine Verwendung fand.
21   Esmeralda ist der Name der Prostituierten in Thomas Manns Roman *Doktor Faustus*, dessen Vita bekanntlich nach dem Vorbild der Biographie Nietzsches gestaltet ist.
22   Vgl. dazu Ulrich Mosch, „Wolfgang Rihms Musiktheaterkonzepte und ihre Umsetzung", in: *Hören und Sehen – Musik audiovisuell* (*Veröffentlichungen des Instituts für Neue Musik und Musikerziehung Darmstadt*, Bd. 45), hrsg. vom Institut für Neue Musik und Musikerziehung, Mainz etc.: Schott 2005, S. 95–136, insbesondere S. 96–117.

Bei *Dionysos* ging Rihm indessen noch einen Schritt weiter: Hier wurde kein dramatischer Vorwurf auf komponierbare Dimensionen zurechtgestutzt, sondern überhaupt erst aus den verwendeten Texten das Drama entwickelt. Dabei hatte er offenbar nicht, oder wenigstens nicht primär, eine Nietzsche-Oper im Sinn. Es ging ihm um eine „phantasierende" Erkundung menschlicher Erfahrungsbereiche anhand der Texte Nietzsches, die auch die Biographie des Autors mit einbezog – letztlich ein Ausloten der Untrennbarkeit von Philosophie und Leben: Insbesondere das Ausgesetzt-Sein in Natur und Gesellschaft, das Verhältnis des Künstlers zur Gesellschaft und sein Scheitern als Künstler sind hier in den Mittelpunkt gerückt.

Rihms freier Umgang mit den Texten in *Dionysos* erklärt auch, warum die frühere musikalische Umsetzung der „Klage der Ariadne" in *Aria/Ariadne* von 2001 nicht in das neue Werk Eingang finden konnte. Die „Szenarie" war völlig anders konzipiert: Sie respektierte den Text in seiner inneren Verlaufsdramaturgie und straffte ihn, abgesehen von der Streichung der Erscheinung des Dionysos am Schluß, durch Beseitigung von Redundanzen.

Im vorliegenden Zusammenhang kann ich nur kurz an drei Beispielen demonstrieren, auf welche Weise Rihm die „szenischen Keime",[23] die er in den Texten erkannte, aus den *Dithyramben* herausarbeitete und welche Verfahren er dabei anwandte.

1. Ein Verfahren der Entpersönlichung und der Reduktion auf Schlüsselwörter, welches die Worte freisetzt zum Gebrauch mit neuer Funktion im vorgesehenen dramatischen Zusammenhang. Hierzu ein Beispiel vom Ende des ersten und Beginn des zweiten Bildes auf der Basis des im Zentrum der *Dionysos-Dithyramben* stehenden Gedichts „Das Feuerzeichen" (typographisch hervorgehoben sind die von Rihm verwendeten Worte):

---

23 Wolfgang Rihm, „Dionysos-Notiz", siehe Anm. 18, S. 39.

Das Feuerzeichen

Hier, *wo zwischen Meeren die Insel wuchs,*
ein Opferstein jäh hinaufgethürmt,
hier zündet sich *unter schwarzem Himmel*
Zarathustra seine *Höhenfeuer* an,
Feuerzeichen für verschlagne Schiffer,
Fragezeichen für Solche, die Antwort haben …

Diese *Flamme mit weissgrau*em Bauche
– in *kalte Fernen* züngelt ihre *Gier*,
nach immer reineren Höhn *biegt* sie *den Hals* –
eine *Schlange* gerad *aufgerichtet* vor *Ungeduld*:
dieses Zeichen stellte ich vor mich hin.

[Schlange, aufgerichtet … / Ungeduld, Ungeduld, Ungeduld / Feuerzeichen … / Fragezeichen / Feuer / Frage / Feuer / Frage / Zeichen, Zeichen, Zeichen / kalte Fernen / Feuerzeichen / Fragezeichen / kalte Fernen / aufgerichtet][24]

Meine Seele selber ist diese Flamme,
unersättlich nach neuen Fernen
lodert aufwärts, aufwärts ihre stille Gluth.
Was floh Zarathustra vor Thier und Menschen?
Was entlief er jäh allem festen Lande?
Sechs Einsamkeiten kennt er schon –,
aber *das Meer selbst war nicht genug* ihm einsam,
die Insel liess ihn steigen, auf dem Berg wurde er zur Flamme,
nach einer siebenten Einsamkeit
wirft er suchend jetzt *die Angel* über sein Haupt.

---

24 In eckigen Klammern Einfügungen von Wolfgang Rihm.

> *Verschlagne Schiffer! Trümmer alter Sterne!*
> *Ihr Meere der Zukunft! Unausgeforschte Himmel!*
> nach allem Einsamen werfe ich jetzt die Angel:
> gebt Antwort auf die Ungeduld der Flamme,
> fangt mir, dem Fischer auf hohen Bergen,
> meine siebente l e t z t e Einsamkeit! – –

Zu Beginn des zweiten Bildes setzt sich der Text fort, nun ganz reduziert auf Schlüsselwörter, zunächst vom Chor, dann von N. und „Ein Gast", teils zusammen, teils im Wechsel deklamiert, fast wie ein Stammeln:

> [Himmel! Zukunft! Sterne! Sterne! (usw.) / Gebt Antwort ... Antwort, Antwort, Antwort, Antwort (usw.) / Ungeduld der Flamme. / Flamme ... Flamme ... / Auf hohen Bergen. / Bergen ... / Siebente, letzte Einsamkeit ... / letzte Einsamkeit ...]

Das Verfahren ist jenem ganz ähnlich, das Rihm in *Klangbeschreibung II* angewandt hatte, allerdings mit anderer Zielrichtung. Einerseits filtert er hier alle auf die Figur Zarathustra verweisenden Aussagen heraus, so daß er den Text ohne weiteres dem Protagonisten N. in den Mund legen konnte. Andererseits ergänzt er ihn an zwei Stellen durch Wiederaufgreifen einzelner Schlüsselwörter.

2. Die Verwandlung eines einsamen Monologs in einen Monolog mit Gegenüber. Die „Klage der Ariadne" wurde für das erste Bild in eine Szene verwandelt, in der der Angesprochene – ursprünglich Dionysos – nicht mehr unsichtbar bleibt, sondern in Gestalt des N. ständig präsent ist. Zunächst eine stumme Figur findet N. erst nach langer Zeit zum Wort, erst stammelnd, dann mit größter Anstrengung nach und nach deutlicher, bis er den Satz heraushat: „Ich bin dein Labyrinth."

Der Text lautet:

Ariadne
Mich willst du?
(wütend)
Sprich endlich!
(flehend)
Sprich! Sprich! Sprich!
Sprich endlich!
Sprich!
Du Blitz-Verhüllter!
Unbekannter!
(N. reagiert nicht, rudert weiter.)

Ariadne
(singt N. verzweifelt an)
A……
(N. hält im Rudern inne und bleibt, abwesend' in sich zusammengesunken.)

Ariadne
A……
Wer wärmt mich,
Wer liebt mich noch?
Gebt heiße Hände!
Gebt Herzenskohlenbecken!
Herzenskohlenbecken!
Heiße Hände! Heiße Hände!
Heiße Hände!
(flehend)
Hände! Hände! Hände! Hände!
Hände!
(N. reagiert nicht.)

Unnennbarer! Unnennbarer!
Verhüllter! Entsetzlicher!
So liege ich,
biege mich, winde mich,
gequält von allen ewigen
Martern, getroffen von dir,
grausamster Jäger,
du unbekannter – Gott…
(N. zeigt keine Reaktion)
(N. beginnt stoisch weiterzurudern.)

Ariadne
Triff tiefer!
Triff tiefer!
Triff tiefer!
A……
(N. hält im Rudern inne.)

Ariadne
Triff tiefer!
Triff tiefer!
Tiefer! Tiefer! Tiefer! Tiefer!
Triff ein Mal…
Triff ein Mal…
Ein Mal noch!
(Hier schaut N. Ariadne erstmals an.)

Zerstich, zerbrich dieses Herz!
(N. wendet seinen Blick nicht mehr von Ariadne.)

Herz!
Was blickst du wieder
[und so weiter].

Dieser auf den ersten Blick in sich schlüssig wirkende textliche Verlauf ist das Ergebnis einer kleinteiligen Montage von Bruchstücken aus dem Gedicht „Klage der Ariadne" (vgl. Abb. 4).

3. Die Verwandlung eines Monologs in eine Dialogszene. Durch Entpersönlichung fungibel gemachte Worte aus der „Klage der Ariadne" wurden für Innenraum 3 des dritten Bildes in einen wirklichen Dialog verwandelt, diesmal aber zwischen N. und Apollon unter den Augen des Chores der Mänaden. Der im Bordell gefesselte N. wird hier zum gefesselten Dichter, dem es schließlich gelingt, die Fesseln abzustreifen und den Gott Apollon anzurufen, der in Gestalt des als Gott ausstaffierten Gastes tatsächlich erscheint – eine Anspielung auf den für Nietzsches Denken grundlegenden Widerstreit von dionysisch und apollinisch. N. zieht ein Blasinstrument aus der Tasche und entkleidet sich vor dem angewiderten Apollon. Dieser schreitet schließlich zur Schindung N.s und zieht ihm die Haut ab. Zu einem nicht geringen Teil greift Rihm dafür auf Verse zurück, die er im ersten Bild noch nicht verwendet hatte, die hier also erstmals in Erscheinung treten:

Bild III: Innenraum 3:

N. [aus: „Klage der Ariadne"]
Oh, komm zurück, mein unbekannter Gott!
Oh, komm zurück, mein unbekannter Gott!
Mein Schmerz! Mein Schmerz! Mein Schmerz!
Mein letztes Glück! Mein letztes Glück! Mein letztes Glück!
Oh, komm zurück, mein unbekannter Gott!
Oh, komm zurück, mein Schmerz!
(N. zieht eine Art Blasinstrument hervor und „spielt".)

(Apollon erscheint. Er tritt rasch aus der „Mänaden-Wand" heraus.)

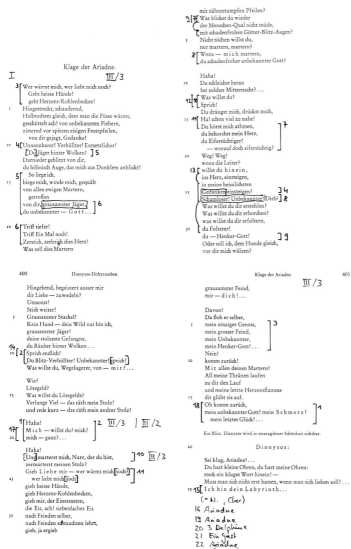

Abb. 4: Illustration zum collagierenden Verabeitungsverfahren am Beispiel des Textes der „Klage der Ariadne", hauptsächlich verwendet in Bild I.

Apollon
(*„Ein Gast", erkennbar als Apollon ausstaffiert*)
A – A – A!

(*N. steht sofort wie in Trance.*)

(hysterisch, nicht wie Gelächter)
Ha-ha-ha! Ha-ha-ha! Ha-ha-ha!
Mich willst du? Ganz?
Mich willst du? Ganz?
Mich willst du?
Gahahahahanz?

(*N. entkleidet sich, nach wie vor wie in Trance.
Er hat eine Tierhaut – ja sogar eine Art Schweif.*)
(*Apollon beobachtet die Entkleidung N.'s mit
wachsender Abscheu.*)

Apollon
Ä – Ä (*in Würgen übergehend*)
(*Apollon wankt von Ekel geschüttelt umher; fast weinend*)
Ä –
[und so weiter].

Über die mit diesen wenigen Beispielen illustrierten Möglichkeiten hinaus, die Texte zu dramatischen Zwecken zu verarbeiten, gibt es zahlreiche weitere: Das Spektrum reicht dabei von der fast unveränderten Übernahme des Ursprungstextes bis hin zu extrem und kleinteilig montierten Abschnitten.

Musikalische Genese
Auf musikalischer Ebene ist *Dionysos* nicht weniger komplex als auf der textlichen. Ein Blick in Rihms Werkstatt und in die Skizzen zu *Dionysos* verrät schon auf den ersten Blick, daß für ihn musikalisches Material etwas Konkretes ist, das sich direkt formen läßt. Er arbeitet am Klavier, nimmt dort sozusagen den Klang in die Hand. Häufig

sind nur die Gesangslinien ausnotiert, der orchestrale Part dagegen ist lediglich mit wenigen Strichen angedeutet: einem Akkord, einer Gegenstimme, Hinweisen zur Instrumentation usw. Der Text aber ist schon von Beginn an wesentlicher Bestandteil dieser ersten Notate.

In einem hochkomplexen Arbeitsprozeß entsteht eine kraftvolle und schillernde Musik, die sich in vielfältiger Weise auch auf die große Musik der Vergangenheit bezieht – naheliegend gerade bei dem Gegenstand dieser Oper. Ich möchte hier nicht den vielen Anspielungen oder Zitaten – gleich zu Beginn etwa ein Allusion auf die Rheintöchter in Richard Wagners *Rheingold* oder am Ende des ersten Bildes in der „alpinen Echo-Liebesszene", von der oben bereits die Rede war, ein Zitat aus Richard Strauss' *Alpensinfonie* (Nr. 10: „Auf der Alm") – im einzelnen nachspüren. Vielmehr möchte ich einen Blick auf eine andere Form von Intertextualität werfen, die auf der Verarbeitung eigener, früher entstandener Musiken beruht. Wenn man sieht, daß Rihm im Laufe seiner langjährigen Beschäftigung mit Nietzsche immer wieder dieselben Texte angezogen haben, stellt man sich unwillkürlich die Frage, ob er vielleicht nicht gelegentlich auch auf Musik zurückgegriffen hat, die bei früheren Umsetzungen derselben Texte entstanden war. Und in der Tat gibt es solche musikalischen Praetexte, sei es nun bei der bloßen Absicht einer Verwendung geblieben oder seien sie tatsächlich Bestandteil der Werkes geworden. In den Textentwürfen zu *Dionysos* ist eine verworfene Passage zum zweiten Bild erhalten (vgl. Abb. 5), die Hinweise gibt darauf, daß solche Selbstzitate von Anfang an geplant waren, hier aus *umsungen* für Bariton und acht Instrumente von 1984, eine Textstelle, die Rihm dann aber wieder strich, noch bevor sie musikalisch skizziert war, allerdings – wie aus einer Marginalie am linken Rand hervorgeht – noch überlegend, ob sie vielleicht nicht später im letzten Bild zu verwenden wäre.

Kam es in diesem Falle letztlich nicht zum Rückgriff in selbstzitierender Form, so werden andere Rückgriffe auf eigene Werke teilweise direkt in der Partitur sichtbar. In der Bordellszene (Innenraum 1) produziert sich N., begleitet von „Ein Gast" am Klavier, mit dem

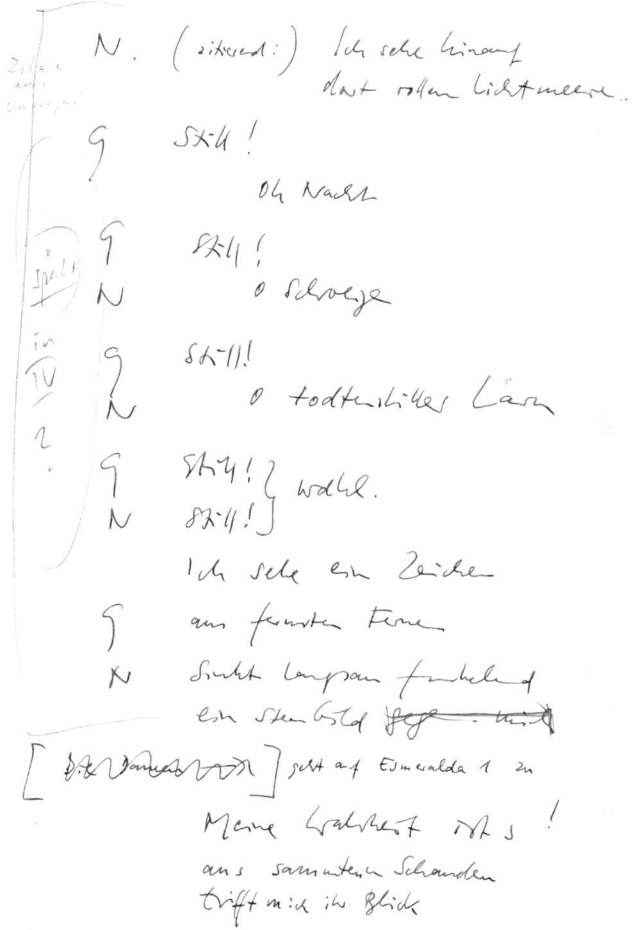

Abb. 5: Wolfgang Rihm, *Dionysos*,
Entwurf zum Libretto von Bild II (verworfen), unpaginiert.
Sammlung Wolfgang Rihm, Paul Sacher Stiftung, Basel.

Vortrag des Liedes „Der Wanderer" vor den die beiden bedrängenden vier Hetären, den Esmeraldas, um sie zu beeindrucken. Die entsprechenden Seiten der Druckpartitur des Liedes aus den *Sechs Gedichten von Friedrich Nietzsche* von 2001 klebte der Komponist direkt in die Orchesterpartitur des *Dionysos* ein, teilweise – wie man unschwer erkennen kann – von Orchesterfarben „übermalt".[25]

Das Lied, durch einen Lichtwechsel ausdrücklich hervorgehoben, tritt hier im Kontext des Bordells mit eindeutiger dramatischer Funktion in seiner ursprünglichen Gestalt in Erscheinung als Versatzstück bürgerlicher Kultur, das zudem den romantischen Topos des Wanderers in seiner Zwiegesichtigkeit aufruft: als Heimatloser und als Eroberer. Ein weiteres Lied aus den *Sechs Gedichten* von 2001, „Der Wanderer und sein Schatten", von dem oben bereits die Rede war, ist hingegen in Form einer Bearbeitung vollkommen in die Orchestertextur und den szenischen Verlauf des Bildes II „Im Gebirge" eingewoben, obwohl es auch hier szenisch durch Änderung des Lichts herausgehoben wird. Im Kontext des dramatischen Verlaufs fungiert dieses Lied als ein reflexiver, fast kontemplativer Moment.

Ein weiteres Beispiel möchte ich noch anführen, nämlich die beiden in der Partitur ausdrücklich so bezeichneten „Verwandlungen/Dithyramben:" jene am Ende von Bild I und die gesamte dritte und letzte Szene von Bild III (Arbeitstisch des Künstlers). Diesen beiden „Verwandlungen" – Dionysos ist bekanntlich der Gott des Weines, des Rausches aber auch der Vewandlung – liegen Orchesterstücke gleichen Titels zugrunde. Rihm hat sie für *Dionysos* mit weiteren Orchesterstimmen und -farben übermalt und die vokale Handlungsschicht darübergelegt. Nicht anders als bei dem oben beschriebenen Verfahren der Textbearbeitung wurden dadurch die musikalischen Vorlagen mit ihrer je eigenen Formdramaturgie für Zwecke der Theaterdramaturgie fungibel gemacht.

---

25 Zum Verfahren des Übermalens und zur Bedeutung der bildnerischen Vorstellungen in Rihms kompositorischem Denken allgemein, vgl. Ulrich Mosch, „‚… das Dröhnen der Bild- und Farbflächen …' Zum Verhältnis von Wolfgang Rihm und Kurt Kocherscheidt", in: *Brustrauschen. Zum Werkdialog von Kurt Kocherscheidt und Wolfgang Rihm*, hrsg. von Heinz Liesbrock, Ostfildern-Ruit: Hatje Cantz 2001, S. 70–87.

Abb. 6: Wolfgang Rihm, *Dionysos*, Orchesterpartitur, S. 234.
© Universal Edition, Wien; reproduziert mit freundlicher Genehmigung.

Im erstgenannten Fall – hier war die Vorlage das Orchesterstück *Verwandlung 4* aus dem Jahre 2008, hervorgegangen durch immer neues Überschreiben aus den gleichnamigen Stücken *1–3*, ein mehrfaches Palimpsest also – raffte Rihm gelegentlich durch Streichungen, erweiterte aber immer wieder auch durch neu geschriebene

Einschübe oder mittels Einfügen von Materialien anderer Provenienz wie das bereits erwähnte Lied „Der Wanderer und sein Schatten". Die schon existierende Musik erstreckt sich hier weit über die „Dithyrambe" am Ende von Bild I hinaus bis in das letzte Viertel von Bild II hinein. Was szenisch als Bildwechsel, verbunden mit einem abrupten Lichtwechsel, erscheint, beruht musikalisch mithin gerade hier auf ungebrochener Kontinuität: Der Beginn des Bildes „Im Gebirge" ist musikalisch auf orchestraler Ebene in keiner Weise eigens abgesetzt. Im zweiten Fall entspricht die gesamte dritte Szene des Bildes III (Innenraum) den 57 Seiten der Partiturvorlage *Verwandlung 3* (2007–08 in zweiter Fassung von 2010). Bei der Szene mit der Schindung N.s am Ende handelt es sich ja tatsächlich um eine „Verwandlung" des Protagonisten.

Schluß

Auch wenn Rihm seine „Opernphantasie" nach Motiven der Biographie Nietzsches konzipierte, handelt es sich nicht um eine eigentliche Nietzsche-Oper. Nicht ohne Grund lautet der Titel *Dionysos* und nicht „Nietzsche", also keine Betitelung nach dem Protagonisten wie sie sich bei Komponistenkollegen immer wieder findet: etwa *Majakowskis Tod – Totentanz* (1989–97) von Dieter Schnebel oder *Celan* (1998–99) und *Hölderlin. Eine Expedition* (2006–07), beide von Peter Ruzicka. Entsprechend setzte Rihm alle Regie-Anweisungen in der Partitur in Klammern. Eigentlich, folgt man seiner für das Programmheft der Uraufführung verfaßten „Dionysos-Notiz", wünscht er sich eine frei zu seiner Partitur hinzutretende szenische Phantasie: „Bilderfindung und Szenenphantasie sind nicht ausgeladen, vielmehr erwünscht, erhofft, ersehnt."[26] Wie immer ist Rihm ganz offen für die Ideen der Regisseure und Bühnenbildner, auf deren kongeniale Umsetzung seiner Werke er immer hofft und vertraut. Daß die Tragik von Nietzsches Schicksal für Rihm durchaus ihre besondere Bedeutung hat, läßt sich aus der im Titel dieses Textes zitierten

---

26 Wolfgang Rihm, „Dionysos-Notiz", siehe Anm. 18, S. 39.

Beschreibung seines Werkes als „unablässiges Spiel mit Doppelbelichtungen" schließen. Dennoch steht sie nicht im Vordergrund.

Grundsätzlich ist es demnach denkbar – davon war schon eingangs die Rede –, das Werk ohne jeden Bezug zu Nietzsche szenisch umzusetzen, allein fußend auf zentralen Themen, die sich den einzelnen Bildern zuordnen lassen: das Ausgesetzt-Sein (I: Ein See – ohne festen Boden unter den Füßen), das Streben nach Höherem und dessen Gefahren (II: Im Gebirge), der Künstler in der Gesellschaft (III: 1. der Mensch als soziales Wesen im öffentlichen Raum; 2. der Mensch als geschlechtliches Wesen im halbprivaten Raum) und das künstlerische Schaffen und sein Scheitern (III: 3. der Mensch als Künstler, einsam im privaten Raum; sowie IV: im öffentlichen Raum). Die Texte würden sich dann lösen können von der Tendenz, sie biographistisch zu lesen und zu dechiffrieren, und damit erst ihren ganzen Bedeutungshorizont entfalten. Nur so wäre zu vermeiden, was mir eine Schwäche der Produktion der Uraufführung zu sein scheint: der Verlust der Assoziationsräume und der Bedeutungstiefe des Textes durch die allzu konkrete, obwohl in sich zweifellos bildkräftige Bebilderung. Der Text verliert damit weithin massiv an Kraft, wirkt manchmal gar banal, ein Verlust, den die von der Musik geöffneten Assoziations- und Allusionsräume nicht auszugleichen vermögen. Zugute halten muß man Pierre Audi, der die Regie der Uraufführung besorgte, und seinem Ausstatter Jonathan Meese allerdings, daß sie aufgrund der Produktionsbedingungen wohl gar kein Chance hatten, in diese Dimensionen vorzustoßen. Der Text lag abgeschlossen erst zwei Monate vor der Uraufführung vor und erst rund sechs Wochen vorher die vollständige Partitur, für die Realisierung eines komplexen Musiktheaterwerkes eine extrem kurze Spanne. Das heißt: Ihre szenische Phantasie konnte sich nur teilweise entzünden an der Musik, war hauptsächlich auf den Text und auf die Grundideen des Werkes verwiesen. Inwieweit die Umsetzung bei der zweifellos bildkräftigen Salzburger Produktion dennoch gelungen ist, wäre im einzelnen anhand des Regiekonzeptes zu diskutieren. Das kann aber in diesem Rahmen nicht mehr geschehen.

Übersicht 1:
Wolfgang Rihm, Werke für Musiktheater.

Faust und Yorick, Kammeroper Nr. 1 (Text von Jean Tardieu, übersetzt von Manfred Fusten; 1976)
Jakob Lenz, Kammeroper Nr. 2 (Text von Michael Fröhling nach Georg Büchner; 1977–78)
Die Hamletmaschine (Text von Heiner Müller; 1983–86)
Oedipus (Text vom Komponisten nach Sophokles/Hölderlin mit einer Kommentarebene auf der Basis von Texten Heiner Müllers und Friedrich Nietzsches; 1987–88)
Die Eroberung von Mexico (Text vom Komponisten nach Antonin Artaud, Octavio Paz und Anonymus; 1990–92)
Séraphin (verschiedene „Zustände"; ohne Text, nach Antonin Artaud; 1992)
Das Gehege (Text von Botho Strauß, Schlußmonolog aus dem Theaterstück *Schlußchor*; 2004–05)
Proserpina (Text von Johann Wolfgang von Goethe; 2008–09)
Dionysos (Worte von Nietzsche, Text vom Komponisten; 2009–10)

Übersicht 2:
Wolfgang Rihms Werke unter Verwendung von Texten Friedrich Nietzsches.

Dritte Sinfonie für Sopran Bariton, Chor und Orchester (Nietzsche, Rimbaud; 1976–77)
Zweite Abgesangsszene für mittlere Singstimme und Orchester (Nietzsche; 1979)
Vierte Abgesangsszene für Mezzosopran und Orchester (Nietzsche; 1979–80)
umhergetrieben, aufgewirbelt für Mezzosopran, Bariton, Chor und Flöten (Nietzsche; 1981)
Fünfte Abgesangsszene, 2. Fassung für Mezzosopran, Bariton und Orchester (Nietzsche; 1981)
umsungen für Bariton und acht Instrumente (Nietzsche; 1984)
Oedipus für Solostimmen, Chor und Orchester (Sophokles/Hölderlin, Nietzsche, Heiner Müller; 1986–87)
Klangbeschreibung II (innere Grenze) für 4 Frauenstimmen, 5 Blechbläser und 6 Schlagzeuger (Nietzsche; 1986–87)
Sechs Gedichte von Friedrich Nietzsche für Bariton und Klavier (2001)
Aria/Ariadne, „Szenarie" für Sopran und kleines Orchester (Nietzsche; 2001)
[*Drei Frauen* für Soli und Orchester (2009) – drei große Frauenmonologe: Nietzsche (Bearbeitung von *Aria/Ariadne*), Botho Strauß, Heinrich von Kleist]
Dionysos für Solostimmen, Chor und Orchester (Nietzsche; 2009–10)

Übersicht 3:
Quellen der Texte von Wolfgang Rihms Werken mit Bezug auf Friedrich Nietzsche.

Text / Textquelle:	Werke von Wolfgang Rihm:
Dionysos-Dithyramben	*Zweite, Vierte* und *Fünfte Abgesangsszene, umsungen, Aria/Ariadne* (auch in: *Drei Frauen*), *Dionysos*
Der Wanderer und sein Schatten [Fragmente Juli/August 1882: „Im Gebirge"; Fragmente Herbst 1884: hier unter diesem Titel]	*Vierte Abgesangsszene, umsungen, Klangbeschreibung II, Sechs Gedichte, Dionysos*
Der Einsamste [Nachgelassene Fragmente, Herbst 1884]	Dritte Symphonie, *umhergetrieben/ aufgewirbelt, umsungen, Sechs Gedichte*
Der Wanderer [Nachgelassene Fragmente, Herbst 1884, (28[58])]	*Sechs Gedichte, Dionysos*
Das eherne Schweigen [Nachgelassene Fragmente, Sommer 1888]	Dritte Symphonie
An das Ideal [Nach gelassene Fragmente 1882, 1 (103)]	*umsungen*
Am Gletscher [Nachgelassene Fragmente 1884–1885, 28 (60)]	*umsungen*
Im deutschen November [Nachgelassene Fragmente 1884–1885, 28 (59)]	*umsungen*
Der Wandrer [aus: Die Fröhliche Wissenschaft, 1882(27.)]	*Sechs Gedichte*
Venedig [Ecce homo und Nietzsche contra Wagner, 1888: dort ohne Titel]	*Sechs Gedichte*
Reden des letzten Philosophen mit sich selbst. Ein Fragment aus der Geschichte der Nachwelt [nachgelassenes Fragment 19 (131), zwischen Sommer 1872 und Anfang 1973]	*Oedipus*

Wolfgang Henze
Wichtrach / Bern

Nietzsche und die bildenden Künste des Expressionismus, insbesondere bei „Brücke" und Ernst Ludwig Kirchner[1]

Einige Voraussetzungen[2]

Ich bin weder Philosoph noch Philologe. Ich bin Kunsthistoriker und als Kunstkenner und Experte z. B. für das Werk von Ernst Ludwig Kirchner sowie als Kunsthändler eher den Werken – den künstlerischen wie den einzelnen – zugewandt als der Kunsttheorie. Ich bin auch kein Nietzsche-Kenner, im Gegenteil: Ich gehöre der Generation an, welche zwischen 1950 und 1970 in deutschen bundesrepublikanischen Schulen – wenn auch die letzten vier entscheidenden Jahre in Rom – und Universitäten (Münster und München) Bildung und Ausbildung erhielten und in denen Nietzsche zwar nicht totgeschwiegen wurde, seine Philosophie und besonders sein Einfluss auf Denken und Gesellschaft aber doch in den Hintergrund ge- oder

---

[1] Nicht überarbeiteter Text des am 25. 6. 2011 in Bad Ragaz Vorgetragenen.
[2] Eigentlich eine Fussnote, die in einem Vortrag aber vorgetragen werden muss.

gänzlich verdrängt wurde. Das war die vorachtundsechziger Zeit, in welcher z. B. Otto Conzelmann für seine 1959 im Fackelträger Verlag in Hannover erschienene Monographie zu Otto Dix vom Verleger ein Verbot erhielt, Nietzsche in seinem Text zu erwähnen.[3]

In diesem verstaubten Klima waren es die religiös gebundeneren Bereiche, welche ihre Schwierigkeiten mit Nietzsche wohl gerne mit der Verbiegung und dem Missbrauch seines Gedankengutes besonders nach 1933 motivierten, wie das auch, wenn auch aus anderen Gründen in der DDR geschah. Laizistischere Bereiche, die sich in einem damals tatsächlich noch mit dem hohen christlichen C geführten Land aber nur langsam ausdehnen konnten, hatten da weniger Schwierigkeiten. So ist ansatzweise und auf der Literatur von vor 1933 basierend in der grundlegenden Publikation zur „Malerei im 20. Jahrhundert" von Werner Haftmann 1954 die vor allem für die Maler der Brücke so wesentliche Rezeption der Schriften Nietzsches durchaus erwähnt.[4] Und man kann Werner Haftmann nun wirklich nicht als einen ausgemachten „freien Geist" bezeichnen, schon gar nicht als linken. Er geht ebenso selbstverständlich auf den Einfluss Nietzsches auf die Futuristen in Italien ein, später auf De Chirico, den Dadaismus, Dalì und schliesslich auf den nationalsozialistischen Missbrauch eines Alfred Rosenberg. Solche Erwähnungen neben vielen anderen wie bei Werner Haftmann – spätestens um 1960 von mir gelesen – machten mir allerdings die ganze Tragweite der Bedeutung Nietzsches für die Kunst der Moderne ab 1900 nicht so deutlich, wie ich sie heute nach einer nur halbjährigen Beschäftigung mit der Frage sehe. Daher bin ich Paul Good ungeheuer dankbar, dass er mich im vergangenen Herbst aufgefordert hat, diese Frage einmal aus der Sicht des Expressionismus- und insbesondere „Brücke"- und Kirchner-Kenners anzugehen.

3 Conzelmann 1983, S. 212f.
4 Haftmann 1954

Möglichkeiten der auf Nietzsche bezogenen Kunstwerke

Bei den irgendwie auf Nietzsche bezogenen Werken der bildenden Kunst sollten möglichst präzise folgende Möglichkeiten unterschieden werden:

a. Dem Philosophen gewidmete Kunstwerke, als da sind Porträts, Denkmäler, Architekturen etc., die gänzlich in Stil und Haltung der ausführenden Künstler geschaffen wurden und sich allein auf die Person beziehen. Da sind zunächst einmal die Porträts, das Gemälde von Curt Stoeving von 1894 (Abb. 1), die Radierung nach der Photographie von Hans Olde (Abb. 2), die anonyme Postkarte mit Holzschnitt nach Hans Olde um 1900 (Abb. 3), das Gemälde von Rudolf Köselitz 1901 (Abb. 4), die Farblithographie von Karl Bauer 1902 (Abb. 5), die Lithographie „Der Unzeitgemässe" von Karl Bauer 1903 (Abb. 6), die Büste von Max Klinger 1902–03 (Abb. 7), der Holzschnitt von Erich Heckel 1905 (Abb. 8), Das Gemälde von Edvard Munch 1906 (Abb. 9), das Exlibris „Der nackte Nietzsche im Hochgebirge" von Alfred Soder 1907 (Abb. 10), die Büste von Otto Dix 1912 (Abb. 11) und die Büste von Josef Thorak 1944 (Abb. 12).

Auch hier wurde bereits durch die Schwester Elisabeth Förster-Nietzsche eingegriffen. Die ursprünglich von Curt Stoeving und Rudolph Saudeck abgenommene Totenmaske (Abb. 13 links) wurde von ihr nicht freigegeben, erst die 1910 von Rudolph Saudeck überarbeitete Fassung (Abb. 13 rechts). An diese hält sich bezeichnenderweise recht genau die Büste von Thorak 1944. Von Stoeving bis Thorak handelt es sich um Porträts in den jeweiligen Stillagen der ausführenden Künstler ohne feststellbare Einflüsse der Gedankenwelt des Philosophen bis auf ein – jedoch eklatantes – ikonographisches Detail, dessen selbstdarstellerische Funktion in allen unübersehbar aufscheint: Der Schnauz. Daher widmete Beat Wyss diesem unter „Nietzsches Schnauz" ein ganzes Kapitel in seiner Studie von 1996.[5]

5 Wyss 1996, S. 79-85

Grössere Denkmäler mit und ohne architektonischen Zusammenhang entwarfen Max Klinger als Porträt, Georg Kolbe und Aristide Maillol, beide allegorisch. In den Jahren 1910 bis 1914 plante der Kreis um Elisabeth Förster-Nietzsche und Harry Graf Kessler in Weimar einen gross angelegten Nietzsche-Tempel mit angegliederter Stadion-Anlage durch den Architekten Henry van de Velde (Abb. 14-16). Ein früher Entwurf für eine Nietzsche-Gedenkstätte entstand noch zu Lebzeiten des Philosophen, 1898 von Fritz Schumacher (Abb. 17). Hier taucht zum ersten Male exemplarisch die Figur des Jünglings auf, der sich mit erhobenen Armen zur Sonne reckt, Zarathustra:

„[…] und eines Morgens stand er mit der Morgenröthe auf, trat vor die Sonne hin und sprach zu ihr also: ‚Du grosses Gestirn! Was wäre dein Glück, wenn du nicht Die hättest, welchen du leuchtest!' […]"[6]

Dieser Satz einer gewagten Inversion ist Programm für den gesamten Zarathustra, wenn nicht sogar für das gesamte Denken Nietzsches. Die aufstrebende, erhobene, leichte Figur im Entwurf von Fritz Schumacher, so ganz im Gegensatz zur Schwere der Architektur darunter – diese eher an das dumpfe Theoderich-Grabmal in Ravenna erinnernd – ist vielfach aufgenommen worden, so im Signet der Künstlervereinigung „Brücke" (Abb. 18), einem Holzschnitt von Kirchner von 1905 bis hin zum Gemälde „Lichtgebet" von Fidus 1910 (Abb. 19). Fritz Schumacher lehrte von 1899 bis 1908 Architektur an der Technischen Hochschule in Dresden. Ernst Ludwig Kirchner, Erich Heckel und Karl Schmidt-Rottluff studierten bei ihm. Er war einer ihrer frühen Förderer.

b. Reine Illustrationen zu Texten von Nietzsche, ebenfalls ganz im bisher geübten Stile des jeweiligen Künstlers wie z. B. der „Verkündigungsengel" von Giovanni Segantini von 1894 und 1896, Auftragsarbeiten (Abb. 20). Im Gegensatz zum Bekanntheitsgrad seiner Werke und vor allem des Zarathustra seit den 80er Jahren gibt es hier er-

---

6 Nietzsche KSA 4, 11

staunlich wenig bis gar nichts. Auch Kirchner, der zu Allem, was er ausführlich las, zumindest als Zeichnung Illustrationen schuf, wie aus der Dissertation von Wolfram Gabler „Ernst Ludwig Kirchner als Illustrator"[7] ersichtlich, hat nach meiner bisherigen Kenntnis keine direkten Illustrationen nach Nietzsche geschaffen. Allein Melchior Lechter schuf „Illustrationen" zu Nietzsche in allen Techniken. Er stattete 1895 seine Atelierwohnung in Berlin mit zahlreichen Werken nach Nietzsche-Motiven aus, vor allem grossen Glasfenstern, und schuf 1900 den „Pallenberg-Saal", der zunächst auf der Pariser Weltausstellung gezeigt wurde und 1903 im Kunstgewerbemuseum der Stadt Köln eingerichtet wurde, ein nietzscheanisches Gesamtkunstwerk nach sehr wörtlich genommenen und auch jeweils mit Textstellen bezeichneten Motiven aus den Schriften Nietzsches (Abb. 21-25).[8] Rings um die Engel-umstandene Sonne in der Kuppel finden sich in grosser Schrift Texte aus dem Kapitel „Das andere Tanzlied" des Zarathustra z. B.: „Doch alle Lust will Ewigkeit –, – will tiefe, tiefe Ewigkeit" sowie ein weiterer auf den „Ring der Wiederkunft" bezogener Satz.

c. Kunstwerke, in deren Inhalten sich die Gedanken Nietzsches und des Künstlers begegnen und amalgamieren und über den nietzscheanischen Inhalt zu einer Änderung von Haltung und Stil des Künstlers führen. Solche Arbeiten nannte Dietrich Schubert 1982 „Nietzsche-Konkretionen".[9] Solchen konnten wir bereits unter Anderen in den Arbeiten von Fritz Schumacher, Kirchner und Fidus begegnen. Auch die Radierung „Und doch" 1888 (Abb. 26) von Max Klinger gehört in diesen ikonographischen Komplex sowie seine grosse Komposition der 90er Jahre „Christus im Olymp" im Museum der bildenden Künste Leipzig (Abb. 27). Auch dieses Riesengemälde von 4 x 8 Metern mit eingefügten lebensgrossen Marmorskulpturen und einer stilisierten Palmstamm-Gliederung aus Holz hat eine Ten-

---

7 Gabler 1988
8 Schütze 2006, S. 44-49
9 Schubert 1982, S. 278-317

denz zum Gesamtkunstwerk und wurde ebenfalls zunächst für eine Ausstellung geschaffen, die Leipziger Industrie- und Gewerbeausstellung von 1897. Christus tritt von links – gefolgt von vier hochgeschlossen bekleideten Tugenden – in die unbekleidete Götterwelt des Olymp, die unterschiedlich von hingebungsvoll bis abwehrend reagiert. Dionysos tritt ihm in der Mitte ausgleichend entgegen. Hier begegnen sich Askese und Sinnlichkeit, die Verachtung des Leibes auf der einen Seite und Freude an diesem auf der anderen, aus den Schriften Nietzsches allseits bekannt. Hans-Dieter Erbsmehl sieht in seiner Dissertation von 1993 in einer eingehenden Interpretation aller Szenen dieser Bilderwand eine kritische Auseinandersetzung Klingers mit den Gedanken Nietzsches mit einigen direkten Bezügen in „Die Geburt der Tragödie".[10] In diese Reihe von Überlagerungen christlicher und nietzscheanischer Elemente gehört auch noch das 1909 entstandene Riesengemälde (4 m hoch) des grandiosen Spätlings des Expressionismus, Max Beckmanns „Auferstehung" in der Staatsgalerie Stuttgart (Abb. 28). In diese Reihe gehören auch viele einzelne Werke der im Folgenden genannten Künstler.

d. Grössere Werkgruppen und Lebensabschnitte von Künstlern, deren menschliche und künstlerische Haltung, Welt- und Lebensbild, Selbsteinschätzung und schliesslich künstlerische Methode von Nietzsche geprägt sind. Aus dem engeren Kreis der Expressionisten gehören in diese Kategorie Eduard Munch, Franz Marc, Otto Dix, Ernst Ludwig Kirchner, Ludwig Meidner und der bereits erwähnte Spätling Max Beckmann. Neben den Expressionisten waren dies vor allem die verwandten Futuristen in Italien aber auch einige Fauvisten und schliesslich vor allem Giorgio de Chirico ab 1909, der immer wieder in seinen sonnengleissenden „Piazze d'Italia" Nietzsches „grossen Mittag" erstehen liess (Abb. 29).

e. Die ausserhalb der Erforschung von Einflüssen Nietzsches auf die Kunst erfolgende Heranziehung seiner Gedankenwelt für Erklä-

---

10 Erbsmehl 1993, S. 168-177

rungsmodelle der Moderne, insbesondere die seit den 70er Jahren des 20. Jahrhunderts entstandene. Hierzu folgendes Beispiel:

2005 unternahm Werner Hofmann in einem Aufsatz „Nietzsche und die Kunst des 20. Jahrhunderts", welcher in Form einer Art Exkurses in einem „Schopenhauer und die Künste" gewidmeten Band erschien, den Versuch, Nietzsche für sein zuvor schon einmal publiziertes Erklärungsmodell der Moderne „monofokal – polyfokal" einzuspannen.[11] Er fragt danach, „[…] ob sich spezifische Denkfiguren des Philosophen mit Strukturmustern der Moderne berühren, wobei es [ihm] unerheblich scheint, nach Einflüssen zu fahnden." Hofmann apostrophiert Nietzsche als „Konzeptkünstler avant la lettre", was sich in Fotowünschen und von Fotografen nach seinen Vorstellungen ausgeführten Porträtfotos des Philosophen manifestiere. Hier erfolgt eine Umkehrung der von allen anderen Autoren vorgenommenen – durchaus nicht ohne Skepsis anzusehenden – Methode, nämlich das an Vieles sich anpassende, weil unregelmässig lockere Raster des nietzscheanischen Denkens über die nach ihm entstandene Kunst zu legen. Hofmann macht es umgekehrt, er legt das Raster der Entstehungsgeschichte der Moderne, wie er es versteht, über die Gedanken Nietzsches und lässt diesen dann seine Thesen beweisen.

Die Literatur zu Nietzsche und die bildende Kunst, besonders der Expressionismus

Der 1885 geborene Philosoph und Kunsthistoriker Eckart von Sydow beschäftigte sich 1919 in seinem Aufsatz „Der doppelte Ursprung des Deutschen Expressionismus"[12] als erster eingehender mit dem Einfluss von Nietzsche auf den Expressionismus. Diesen Aufsatz nutzte er 1920 als Einleitung für seine umfangreiche Darstellung

---

11 Hofmann 2005
12 Sydow 1919

„Die deutsche expressionistische Kultur und Malerei."[13] Einen Ursprung des Expressionismus sieht er in den Malern und Dichtern Strindberg und Munch, van Gogh, Matisse und Picasso sowie Hodler, Dostojewski und Tolstoi und – seltsamerweise, weil historisch wenig plausibel – auch den Futuristen. Letzteres dürfte allerdings wohl dem für deutsche Kunsthistoriker typischen Bestreben geschuldet sein, Alles und Jedes in der deutschen Kunst als von aussen hinzugekommenem abzuleiten. Der andere Ursprung des Expressionismus liegt für von Sydow im durch Nietzsche ermöglichten „radikal individualistischen Lebensprinzip", dessen „logische Folgerung" der „Umschwung aus dem Impressionismus zum Expressionismus" gewesen sei. Ob Eckart von Sydow ab 1918/19 oder Carl Einstein in seiner Propyläen-Kunstgeschichte 1926[14], Nietzsche wird als Quelle und sein Denken als Wegbereiter für die Fauvisten und Kubisten, die Expressionisten, die Futuristen und insbesondere z. B. Franz Marc von allen erwähnt. Über Werner Haftmanns souveränen und selbstverständlichen Umgang mit Nietzsche in den fünfziger Jahren hatten wir bereits berichtet.[15] Zu einzelnen Künstlern und Bewegungen begann dies erst in Monographien und Studien, so 1968 durch Donald E. Gordon für Kirchner[16], 1976 durch Klaus Lankheit für Franz Marc[17] und 1977 durch Georg Reinhardt für die Künstlergruppe „Brücke".[18]

Einen guten Überblick über die seit 1980 stark anschwellende allgemeine Literatur zur Thematik Nietzsche und die moderne bildende Kunst findet sich in der Dissertation von Hans-Dieter Erbsmehl „Kulturkritik und Gegenästhetik: Zur Bedeutung Friedrich Nietzsches für die bildende Kunst in Deutschland 1892–1918."[19]

13 Sydow 1920
14 Einstein 1926
15 Haftmann 1954
16 Gordon 1968
17 Lankheit 1976
18 Reinhardt 1977
19 Erbsmehl 1993

Diese wurde bisher wenig beachtet, weil sie lediglich als Universitätsdruck der University of California in Los Angeles erschien. Sie ist jedoch wohlfeil im Internet als PDF erhältlich, also auch leicht auszudrucken. Allerdings erwähnte auch er wie schon 1980 Dietrich Schubert, der dort auf besondere Versäumnisse der Kunstwissenschaft hinwies, die völlig selbstverständlichen Erwähnungen und Hinweise auf Nietzsche in den früheren allgemeinen Darstellungen vor und nach der Nazizeit nicht.

An dieser Stelle sollte nun ein Literatur- und Forschungsbericht folgen. Ich habe diesen verfasst, die Zeit lässt aber deren Vortrag nicht zu.[20] Einzelne Autoren sind immer wieder eingestreut von mir erwähnt.

Einige methodische Fragen

Bevor wir uns einzelnen Expressionisten und insbesondere Kirchner zuwenden zu unserer Fragestellung zwei grundsätzliche und methodische Bemerkungen, die sich zwingend bei der Lektüre der bisherigen Forschungsergebnisse stellten:

1. In Untersuchungen zur und Darstellungen der Kunsttheorie, auch in der bisher umfassendsten von Charles Harrison und Paul Wood von 1998[21], wurden theoretische Äusserungen von Künstlern und solche von Nichtkünstlern, seien es solche von Kunsthistorikern, Dichtern oder Philosophen, unterschiedslos gleichwertig behandelt. Nun sind die ersteren aber programmatische Theorien während die letzteren von aussen an die Kunst herangetragene interpretative Theorien sind, völlig unterschiedlich in Bezug auf Entstehung, Zweck und Wirkung. Allein das „Manifest des Futurismus" des

---

20 Aus diesem Grunde ist der Publikation dieses Vortrages ein Literaturverzeichnis beigegeben
21 Harrison/Wood 1998

Dichters Filippo Tommaso Marinetti von 1909 und das Manifest des Nouveau Réalisme des Kunstkritikers Pierre Restany von 1960 bilden Ausnahmen, beides programmatische Theorien von – den Künstlern allerdings sehr nahestehenden – Nichtkünstlern. Diese Distinktion sollte generell beachtet werden und insbesondere in unserer Fragestellung, denn es ist etwas völlig anderes, wenn z. B. der Maler Erich Heckel sich auf Nietzsche bezieht als wenn dies der Kunsthistoriker Eckart von Sydow tut. Der erste Vorgang ist Mittel, Kunstwerke zu schaffen, der zweite ein Mittel diese fertigen Kunstwerke zu verstehen, also das, was wir hier heute versuchen.

2. Immer wieder geht es in der bisherigen Literatur zu unserer Fragestellung selbstverständlich auch – und das oft extensiv – um Präzisierungen der Gedanken und Ideen Nietzsches. Jedoch werden dabei sehr oft die hinterlassenen Schriften herangezogen, welche den jeweiligen Künstlern gar nicht bekannt sein konnten. Das halte ich für unzulässig und irreführend. Wenn ich recht informiert bin, dann können die Künstler bis 1908 doch nur die Werke gekannt haben, welche in den Bänden 1 bis 6 der Studienausgabe von Giorgio Colli und Mazzino Montinari[22] publiziert sind. Zudem die 1901 (1906?) erschienene Kompilation aus nachgelassenen Werken „Der Wille zur Macht. Versuch einer Umwerthung aller Werthe (Studien und Fragmente)"[23], die für unsere Frage voll berücksichtigt werden muss, auch wenn sie zu Teilen bereits eine Interpretation des nietzscheanischen Gedankens sein kann. Ob die Künstler tatsächlich die 1908 erschienene erste Ausgabe von „Ecce Homo" gelesen haben, scheint fraglich, da diese, von Henry van de Velde gestaltet, damals horrende 80 Mark kostete und die „Bankiersausgabe" genannt wurde.[24] Weitere Verbreitung hatte wohl erst die Kröner-Ausgabe von 1912.[25]

22 Nietzsche KSA
23 Nietzsche 1901
24 Nietzsche 1908
25 Nietzsche 1912

Nietzsche und die bildende Kunst des Expressionismus

Es steht auch so in Wikipedia: „Expressionistische Künstler berufen sich auf Friedrich Nietzsche als Vordenker." Seit Erscheinen von Fritz Burgers sogleich unglaublich populärer „Einführung in die moderne Kunst" 1917 in der Reihe „Handbuch der Kunstwissenschaft"[26] „galt" dies so. Jedoch erhebt sich die Frage, ob und wie dies tatsächlich geschah. Oder hat auch Burger auf der Basis einer geringen Wahrheit zu einer grossen Legendenbildung beigetragen, wie dies nach Meinung von Hans-Dieter Erbsmehl Walter Flex in seiner ebenso erfolgreichen Novelle „Der Wanderer zwischen beiden Welten"[27] in eben diesem Jahr durch „den Zarathustra im Tornister" des Weltkriegssoldaten tat.

Bekannt ist, dass auch die bildenden Künstler des Expressionismus Nietzsches Schriften lasen und bisweilen auswendig deklamierten. Daher wurden sie von einigen Nietzsche-Kennern und Verehrern fast vereinnahmt. Wo jedoch zeigen dessen Gedanken aber tatsächlich direkt erkennbare Wirkung in den Werken, in der Theorie und im Leben der Maler und Bildhauer? Werk vor Theorie, zumindest bei „Brücke", das ist hier ein wesentlich zu unterscheidendes Faktum. Wo ergeben sich also „Konkretionen" im Sinne von Dietrich Schubert[28] von Gedanken Nietzsches in den Kunstwerken und wie werden diese visualisiert und umgesetzt. Mein Versuch hier geht nicht von den Schriften und Gedanken Nietzsches aus, sondern von Werk, Theorie und Leben der Maler und Bildhauer des Expressionismus an Hand ausgesuchter Beispiele.

---

26 Burger 1917
27 Flex 1917
28 Schubert 1982

Nietzsche und einzelne Expressionisten

Zu den Expressionisten zähle ich sämtliche expressiv gestaltenden Künstler des deutschsprachigen Raumes der beiden zwischen 1860 und 1890 geborenen Generationen. Sicher konnte sich niemand von diesen den durch Nietzsche stark mitgeprägten gesellschaftlichen und geistigen Veränderungen der Jahre von 1890 bis 1914 entziehen (Erbsmehl verweist hier sicher zu Recht auf die Aufhebung der Sozialistengesetze als Mitauslöser um 1890.[29]), es lässt sich jedoch bisher nur für einige von ihnen ein direkter Bezug zu Nietzsche nachweisen. Dies sind Edvard Munch (für Manche eventuell ein Expressionist avant la lettre), Wilhelm Lehmbruck, Erich Heckel und Ernst Ludwig Kirchner ab 1905, Franz Marc, Otto Dix, Ludwig Meidner und der Spätling – er entwickelte sich erst nach 1914 zum Expressionisten – Max Beckmann.

Edvard Munch (1863–1944)

Edvard Munch hatte während seines ersten Berlin-Aufenthaltes 1892 bis 1895 nach seinem dortigen Ausstellungsskandal im Kreis um August Strindberg in der Weinstube „Zum Schwarzen Ferkel" direkt und indirekt das Gedankengut Nietzsches eindringlich kennengelernt. Im Februar 1893 schrieb er an den ihm befreundeten dänischen Maler Johan Rohde in Kopenhagen: „So elend es um die Kunst allgemein hier in Deutschland bestellt ist … sie hat doch den Vorteil hier unten, dass sie einzelne Künstler hervorgebracht hat, die alle anderen so hoch überragen und so allein stehen – z. B. Böcklin, der, so meine ich fast, über allen anderen gegenwärtigen Malern steht – Max Klinger – Thoma – Wagner bei den Musikern – Nietzsche bei den Philosophen."[30]

29 Erbsmehl 1993, S. 58
30 Kat. Hamburg 1994, S. 63f.

Aber erst sein Besuch 1904 bei Harry Graf Kessler und der Schwester des Philosophen, Elisabeth Förster-Nietzsche, in Weimar führte 1905–06 durch den Porträt-Auftrag des Stockholmer Nietzsche-Verehrers Ernst Thiel zu einer immer intensiveren Beschäftigung und Selbstidentifikation mit Nietzsches Gedankengut und dessen Persönlichkeit und Krankengeschichte, wie Gösta Svenaeus 1973 ausführlich darlegte.[31] Es entstehen einige Porträts des Philosophen und seiner Schwester in diversen Techniken (Abb. 9, 30). Dietrich Schubert betont 1980 in seinem Aufsatz „Nietzsche und seine Einwirkungen in die Bildende Kunst", dass im Gegensatz zur allgemein „desolaten Situation" dieser Fragestellung in der Kunstwissenschaft bei Edvard Munch durch Gösta Svenaeus in „langjährigen Studien (zu dessen) Kunst ohne Scheu und ohne Ressentiment die tiefgehenden Einflüsse Nietzsches auf Munch als Menschen und auf Munch als Maler, seine Darstellungen des nackten Menschen, der Priorität der Sonne, des ‚Menschenberges' usf. erkannt und dargelegt" worden seien.[32]

Die Einwirkungen nietzscheanischen Gedankengutes in die Bilderwelt Munchs ist in zahlreichen seiner Werke feststellbar, vor allem aber in den elf grossen Wandgemälden, welche er von 1909 bis 1916 für den Festsaal der Universität Oslo schuf (Abb. 31-35). Svenaeus hierzu: „Die Aula-Gemälde sind einer Vision entsprungen, die in allem Wesentlichen eine Parallele zu der metaphysisch-symbolischen Dramatik darstellt, die Nietzsche in ‚Also sprach Zarathustra' aufbietet."[33] und zur Komposition „Geschichte": „Genau wie Nietzsche reduziert er die Requisiten der Szene auf das Elementare: das Meer, die Felsen und den Baum. Man könnte das Gemälde auch mit einer Entlehnung aus ‚Also sprach Zarathustra' ‚Der Baum am Berge' nennen. ‚Um harte Felsen' schlägt er ‚harte Wurzeln'. ‚Knorrig und gekrümmt und mit biegsamer Härte' steht er am Meer, ‚ein

---

31   Svenaeus 1973, S. 26ff.
32   Schubert 1980b, S. 377
33   Svenaeus 1973, S. 44

lebendiger Leuchtturm unbesiegbaren Lebens'."[34] Die alles überstrahlende Sonne ist das Zentrum der Gesamtkomposition und links und rechts in einzelnen hochformatigen Gemälden finden sich die, welche ihr Glück, in dem sie erstrahlt, ausmachen, nämlich Zarathustra und die Seinigen, denen sie leuchten kann und darf.

Franz Marc (1880–1916)

Der äusserst belesene Primaner Franz Marc entdeckte den Philosophen bereits 1898 für sich, liess zu dessen Gunsten alle andere Lektüre fahren und schrieb im August in einem Brief über Nietzsche: „Nun habe ich aber alle grössere Lektüre zurückgelegt zugunsten Nietzsches. Zarathustra ist ein Werk poetischer und gedanklicher Pracht, fast ohnegleichen in seiner Fülle. ‚Jenseits von Gut und Böse' und ‚Zur Genealogie der Moral' haben mich sehr erschüttert. Ich las immer aufmerksamer, denn mit dem, was dieser Nietzsche hier sagt und zu sagen hatte, haben wir uns heute alle ernstlich auseinanderzusetzen. Ich wurde mir über vieles klar, was ich nur in Andeutungen, Ahnungen und Instinkten selbst gefühlt und gedacht habe."[35] Hier begann also eine Beeinflussung der Gedanken eines werdenden Künstlers durch die Gedanken Nietzsches durch dessen Schriften. Für uns stellt sich jedoch die Frage, ob und, wenn ja, welche Konsequenzen das für die Kunst Franz Marcs zeitigte.

Franz Marc ist für alle, die sich zu unserem Thema äusserten, das Paradebeispiel eines besonders durch Nietzsche beeinflussten Expressionisten. Das letzte Hauptkapitel von Hans-Dieter Erbsmehls Untersuchung von 1993 ist zwar „Nietzsche im Ersten Weltkrieg" betitelt, handelt jedoch fast ausschliesslich von Franz Marc, der sich wie viele 1914 als Freiwilliger gemeldet hatte und dann begann, Nietzsche, den er ja bereits als Schüler intensiv gelesen hatte,

---

34 Svenaeus 1973, S. 43
35 Marc/Raschka 2007, S. 44, Brief an August Caselman vom 2. 8. 1898

in die Debatte um den Krieg einzubeziehen.[36] Diese begann für den schreibgewandten Maler im Oktober 1914 mit einem Nachruf auf seinen gefallenen Weggefährten August Macke[37] und erlebte ihren Höhepunkt mit „Die 100 Aphorismen"[38] bereits Anfang 1915. So eindeutig die Beschäftigung mit und der Einfluss von Nietzsche auf Marcs Gedanken ist, so wenig geht es dabei aber um Umsetzungen in seine Kunst. Nur an einigen Stellen von Marcs Schriften geht es im Zusammenhang mit diesen um jene. Der Bezug zur Kunst wird denn auch 1993 in Erbsmehls Kriegs-Kapitel durch einen ausführlichen Hinweis auf die Beziehungen von Nietzsche und Kandinsky sowie vor allem Franz Marc in Fritz Burgers Einführung in die Kunst von 1917 hergestellt.[39] Auch Franz Marcs Biograph und Werkverzeichnis-Bearbeiter Klaus Lankheit sieht 1976 die Einflüsse unmittelbar durch die Lektüre der Schriften Nietzsches, jedoch ständig auch mittelbar z. B. durch den Kreis um Karl Wolfskehl in Schwabing oder die Schriften Alfred Momberts u. A., die Marc stark beeindruckten[40], jedoch Einflüsse direkt allein in Schriften des Künstlers, für Marks Werke gibt Lankheit nicht einmal indirekte an.

Ein direkter Einfluss der Schriften Nietzsches ist also in den bis 1910 eher spätimpressionistischen und dann expressiven Werken Franz Marcs weder inhaltlich noch stilistisch nachweisbar. Bis auf wenige Akte und einige Sonderfälle handelt es sich um Natur- und vor allem Tier-Darstellungen, insbesondere um Pferde (Abb. 36). Die expressionistische Übersteigerung von Form, Farbe und Gebärde intensiviert sich Ende 1912 in heftigen Gitterstrukturen und spitzigen Formkeilen und findet in einigen letzten Gemälden im Jahre 1914 zu abstrakter Auflösung des Gegenständlichen. Zu den Sonderfällen im Werk gehört das vier Meter hohe 1912 gemeinsam

---

36 Erbsmehl 1993, S. 286-317
37 Marc/Lankheit 1978, S. 156f.
38 Marc/Lankheit 1978, S. 184-213
39 Erbsmehl 1993, S. 308-313
40 Lankheit 1976, S. 100, 141, 144, 146, 167

mit August Macke gemalte Wandgemälde, heute im Westfälischen Landesmuseum in Münster, „Paradies" (Abb. 37), das sowohl den Lebens- und Leibes-bejahenden Anschauungen Nietzsches wie aber auch den bei Marc ebenso intensiven christlich-religiösen Gefühlen verdankt sein kann. Im ersten grundsätzlichen und von Zitaten aus dem Zarathustra durchsetzen Kapitel verweist Fritz Burger 1917 besonders auf Franz Marcs dort abgebildeten „Wasserfall im Eis" (Abb. 38), im Zweiten Weltkrieg zerstört und nur in einer schwarzweissen Abbildung überliefert.[41] Ich zeige noch die „Verzauberte" Mühle", ebenfalls von 1913, um einen Eindruck der möglichen Farbigkeit zu vermitteln (Abb. 39). Burger bildet von Marc auch noch „Der Stier" (Abb. 40) und „Die Grossen blauen Pferde" (Abb. 41), beide 1911, ab. Burger nennt seinen Freund Marc praktisch als einzigen deutschen Künstler der Gegenwart. Allerdings ist seine „Einführung in die moderne Kunst" unvollendet geblieben, da er kurz nach seinem Freund, in dessen Stil er auch selbst malte, bei Verdun fiel.

Einen Zusammenhang von Nietzsche und der Kunst stellt Franz Marc selbst allein für die Zukunft her, wie in Sätzen: „und die Kunst wird wieder zum grossen Gott, ja die Begriffe Gott, Kunst und Religion werden wiederkommen … Will man die Stimmen der grossen Propheten, Dostojewski, Tolstoi und Nietzsche nicht verstehen?"[42] oder „Aus dem Willen zur Macht wird der Wille zur Form entspringen" (Aphorismus 26, 1915)[43] sowie allgemeiner: „Nietzsche's Lehre, dass alles Grosse ‚trotzalledem' geschieht, ist das Evangelium der Schaffenden." (Aphorismus 60, 1915)[44] und man hört Nietzsche überall hindurch wie in: „Durch Umdeutung, Umwertung, nicht durch Abbruch und Umsturz schreitet der Schaffende fort." (Aphorismus 40, 1915)[45]

---

41 Burger 1917, S. 10
42 Marc/Lankheit 1978, S. 111
43 Marc/Lankheit 1978, S. 193
44 Marc/Lankheit 1978, S. 204
45 Marc/Lankheit 1978, S. 197

Wilhelm Lehmbruck (1881–1919)

Der einzige Künstler, welcher gänzlich auf Einflüsse von Nietzsche erforscht wurde, dürfte Wilhelm Lehmbruck sein und dies vorzugsweise in der umfangreichen Monographie von Dietrich Schubert von 1981.[46] Schubert erwähnt zwar erstaunlicherweise weder, wann Lehmbruck Nietzsche gelesen hat, noch, was er gelesen hat, seine Hinweise auf inhaltliche Bezüge in Werken Nietzsches sind jedoch plausibel. Zwei möchte ich herausgreifen, zunächst das noch nicht expressionistische Relief „Weg zur Schönheit" (Abb. 42), 1905, hier die 64 cm hohe Gipsfassung des Lehmbruck-Museums in Duisburg. Der „Weg zur Schönheit" führt zu einem griechischen Tempel, neben dem die Sonne aufgeht, also nach Griechenland und in die Morgenröte, beides wesentliche Inhalte bei Nietzsche, wie Schubert betont. Konkret verweist er auf einen Satz im Kapitel „Vom Baum am Berge" im Zarathustra, eine Begegnung mit einem Jüngling: „Zarathustra aber legte seinen Arm um ihn und führte ihn mit sich fort;"[47] Texte von Lehmbruck in vorbereitenden Skizzen verweisen ebenfalls in diese Richtung.

Nach 1911 wandte sich auch Lehmbruck einer „Übertreibung von Form, Farbe und Gebärde", wie ich den Expressionismus in der bildenden Kunst definiere, zu. Allerdings entfiel bei den Bildhauern das Element der Farbe, weil sie – bis auf einige Patinierungen ganz im Gegensatz zu den Peintre-Sculpteurs des Expressionismus – beim hergebrachten Usus der ungefassten Materialoberfläche blieben. Bei Lehmbruck – und eben hier in „Emporsteigender Jüngling" (Abb. 43), 1913, Bronze im Kunsthaus Zürich – längen und runden sich die Formen zu Gliedmassen verselbständigter Formen. Die Gebärde wird bis an die Grenze pathetischer Möglichkeiten übersteigert. Dabei handelt es sich um denselben, jedoch (Stil-)verwandelten Jüngling. Denn wieder verweist Schubert auf das Kapitel „Vom Baum

---

46 Schubert 1981
47 Nietzsche KSA 4, 52

am Berge" in Zarathustra, der spricht: „In die freie Höhe willst du, nach Sternen dürstet deine Seele. Aber auch deine schlimmen Triebe dürsten nach Freiheit, sie bellen vor Lust in ihrem Keller, […]"[48] Auch hier hatten wir uns schon immer gefragt, was denn an Lehmbrucks „Emporsteigender Jüngling" so „emporsteigend" sei, denn der Kopf ist keineswegs, wie bei einem Emporsteigenden zu vermuten wäre, nach oben gerichtet und überhaupt: Er bewegt sich gar nicht, er verharrt mit geradem rechten Standbein und vorgestelltem auf einen Felsen gestützten linken Bein, die Arme vor dem Körper verschränkt, eine Hand leicht erhoben, auf die der Kopf zu schauen scheint, in Überlegungen versunken. Nur eine Szene aus dieser Begegnung von Zarathustra und einem Jüngling, in der das – verhinderte – Emporsteigen thematisiert ist, kann diese Plastik erklären.

Max Beckmann (1884–1950)

Nietzsche lag in den Jahrzehnten vor und nach der Jahrhundertwende „in der Luft", schwang überall mit. Diese Selbstverständlichkeit dürfte der Grund dafür sein, dass die Beschäftigung mit seinen Werken und sein Einfluss auf Denken und Handeln oft gar nicht erwähnt wurden und wir es daher oft aus letzteren indirekt erschliessen müssen. Wie allgegenwärtig Nietzsche damals war, mag eine Szene zeigen, welche Max Beckmann in einem frühen Tagebuch berichtete. Seine völlig amusische Familie und auch seine Mutter waren mit seiner Berufswahl nie einverstanden gewesen. Als Beckmann einmal in ihrer Gegenwart heftig reagiert hatte und er seine Reaktion begründete, war der Kommentar der Mutter: „das wäre accurat wie Nietzsche und ich würde schon noch mal so enden."[49] Wie seine gesamte Generation war auch Beckmann stark von den lebensphilosophischen, vitalistischen und emanzipatorischen Gedanken Nietzsches

---

48 Nietzsche KSA 4, 53
49 Güse 1977, S. 17

beeindruckt und suchte in diesen Halt. Diese Situation – und selbstverständlich die Nicht-Eindeutigkeit um nicht zu sagen vielfache Widersprüchlichkeit Nietzsches – führte auch dazu, dass jeder sich sozusagen „seinen Nietzsche" zurechtlegte. So konnte es geschehen, dass 1912 zwei von Nietzsche stark beeinflusste und in seinem Sinne argumentierende sowie formulierende Maler dennoch in heftige Kontroverse gerieten, nämlich Max Beckmann und Franz Marc in Artikeln in der Berliner Wochenschrift Pan (von Alfred Kerr).[50]

Bereits im Alter von dreizehn Jahren also 1897 hatte Beckmann Nietzsche eingehend gelesen, wie Ernst-Gerhard Güse 1977 berichtet.[51] In der 1992 von Peter Beckmann und Joachim Schaffer publizierten Bibliothek von Beckmann hat sich eine Zarathustra-Ausgabe des Jahres 1906 mit Randbemerkungen des Malers erhalten.[52] Güse weist im frühen Tagebuch von Beckmann aus den Jahren 1903–04 sowohl in den Berichten seines täglichen Lebens wie auch in den darin enthaltenen theoretischen Überlegungen zur Kunst einen starken Einfluss Nietzsches nach.[53] So ist denn auch nach Güse der Begriff „Leben" eine der zentralen Kategorien in Beckmanns „Berliner Tagebuch 1908–1909".[54] Güse ist – wie so viele andere Autoren, welche sich mit Nietzsche und seinem Einfluss auf die Moderne beschäftigen – auf den indirekten Nachweis z. B. in Übereinstimmungen der Gedankenfiguren oder der Terminologie angewiesen, denn in diesem Tagebuch ist Nietzsches Name an keiner Stelle vermerkt. Die sich mehrenden Kampf- und Schlachtdarstellungen im Werk Beckmanns motiviert er mit einer sich verändernden Vorstellung von „Leben" bei Beckmann im Sinne eines dionysischen Ringens von Werden und Vergehen.

Das gewaltige, vier Meter hohe Gemälde der Stuttgarter Staatsgalerie, „Auferstehung" (Abb. 28) von 1908/09 bezieht Güse auf das

50 Güse 1977, S. 11ff.
51 Güse 1977, S. 17
52 Beckmann/Schaffer 1992, S. 45f.
53 Güse 1977, S. 17f.
54 Güse 1977, S. 27f.

Kapitel „Von der Erlösung" in „Also sprach Zarathustra".[55] Zur unteren Zone der aus den Gräbern Steigenden: „Dies ist meinem Auge das Fürchterliche, dass ich den Menschen zertrümmert finde und zerstreuet wie über ein Schlacht- und Schlächterfeld hin. […] Das Jetzt und das Ehemals auf Erden […] das ist mein Unerträglichstes, und ich wüsste nicht zu leben, wenn ich nicht noch ein Seher wäre, dessen, was kommen muss."[56] Güse fährt fort: „Im oberen Bildteil dagegen erscheint die vitalistische Vision des ‚erlösten', zukünftigen Menschen, der über sich hinausgelangt und sich im Sinne Nietzsches zum Übermenschen entwickelt."[57] Dies im Sinne von Zarathustra: „Die Vergangnen zu erlösen und alles ‚Es war' umzuschaffen in ein ‚So wollte ich es!' – das hiesse mir erst Erlösung."[58] Das zentrale Licht in der oberen Bildhälfte, auf das alles bezogen ist, bezieht Güse auf das Sonnengleichnis zu Beginn des Zarathustra.

Beim Anblick dieses Gemäldes denken wir sogleich an die Darstellungen des jüngsten Gerichtes in der Geschichte der Kunst von Signorelli über Michelangelo zu Rubens, auf den sich Beckmann hier formal ganz direkt bezieht. Güse weist zwar darauf hin, dass hier der Gegenstrom der nach unten stürzenden Verdammten fehlt. Alle Leiber rechts und links streben hinan. Aber es gibt doch zwei eklatante Indizien für eine totale Umwertung: Es ist ein Jüngstes Gericht ohne Gott und es ist gar kein Jüngstes Gericht sondern eben die „Auferstehung" (von den Toten) jedoch allein in der altbekannten Ikonographie des Jüngsten Gerichtes. Hier geschieht also nicht nur inhaltlich sondern auch künstlerisch eine Umwertung der Werte. Beckmann hat in der unteren Zone der gerade den Gräbern Entstiegenen sich selbst (am linken Bildrand), seine Familie und einige Freundinnen und Freunde dargestellt und dies nicht in Totenhemden sondern in Gesellschaftskleidung. Er projiziert das Ereignis vom Ende aller Tage

---

55 Güse 1977, S. 49f.
56 Nietzsche KSA 4, 178f.
57 Güse 1977, S. 50
58 Nietzsche KSA 4, 179

also in die Gegenwart, womit er meiner Meinung sagen will, dass Zarathustra eben nicht als mythische Prophetenfigur gesehen werden soll, sondern dessen Erlösung heute stattfindet. Beckmann schuf von 1906 bis 1912 noch weitere solcher „Umwertungen" religiöser Kompositionen. Neben der eigenen frühen religiösen Erziehung dürfte die Tatsache, dass seine erste Frau, Minna Tube, einem Pfarrershaushalt entstammte, hierfür eine Rolle gespielt haben.

Auffallend in der Beckmann-Literatur ist – und daher muss ich Dietrich Schuberts Klage von 1980 über den desolaten Zustand der kunstwissenschaftlichen Erforschung der Nietzsche-Rezeption in der der Moderne[59] auch heute noch zustimmen – dass Ernst-Gerhard Güses Erkenntnisse von 1977 zumindest in die Darstellung von Beckmanns Werk nicht eingeflossen sind. So ist denn in dem von Karin von Maur 1994 herausgegebenen Ausstellungskatalog „Max Beckmann – Meisterwerke 1907–1950" der Staatsgalerie Stuttgart in einem ausführlichen Text zur „Auferstehung" von all diesem überhaupt keine Rede und trotz vieler Worte muss das Gemälde für den Betrachter völlig unverständlich bleiben, es sei denn, er würde seinen Nietzsche kennen.[60] Eine Untersuchung von Beckmanns Bilderwelt nach seinem Stilwandel von 1913/14 in Bezug auf Einflüsse von Nietzsche steht – soweit ich sehe – noch aus.

Ludwig Meidner (1884–1966)

Weitere grosse bildnerische Rätsel ergeben sich in Ludwig Meidners „Apokalyptischen Landschaften" (Abb. 44, 45), welche dieser Maler und Schriftsteller des Expressionismus von 1912 bis 1916 schuf. Als Sohn einer schlesischen, eher liberalen jüdischen Familie waren ihm die Prophetien des Alten Testamentes dennoch durchaus bekannt

---

[59] Schubert 1980b, S. 374f.
[60] Maur 1994, S. 60f. Nietzsche von ihr nur kurz im Text zum Entwurf des Gemäldes S. 50 erwähnt.

und ab 1901 beschäftigte er sich nach eigenem Bekunden „sowohl mit der jüdischen und christlichen Mystik als auch Nietzsche, Baudelaire und sozialkritischen Schriften", wie Gerhard Leistner 1991 berichtet.[61] Diese durchaus explosive Gemengelage führte durch das Grosstadt-Erlebnis von Berlin zu visionären Kompositionen, welche die Zerstörungsszenarien der Städte im neuen Jahrhundert vorauszuahnen scheinen. Meidner war nach abgebrochenem Studium in Breslau 1905 zunächst nach Paris und dann nach Berlin gegangen und verfasste eine „Anleitung zum Malen von Grosstadtbildern", welche 1914 erschien, eine der wenigen frühen theoretischen Äusserungen eines expressionistischen Malers überhaupt.[62] 1909 geriet er in Berlin in den Kreis um das „Neopathetische Cabaret", dessen Gründung „für die expressionistische Bewegung folgenreich (war), da mit der Figur Nietzsches, der von allen Neopathetikern als Vordenker anerkannt wurde, ein vitalistischer Impuls in die Zeit- und Kulturkritik der Mitglieder einfloss." wie Michael Becker 1991 in seinem Beitrag „Ludwig Meidner und die frühexpressionistische Grosstadtlyrik" berichtet.[63] Ähnlich wie Beckmann scheinen Meidner die eschatologischen Prophetien des Alten und Neuen Testamentes die Vorlagen geliefert zu haben, Nietzsche dagegen gab ihm den direkten Anlass und die rauschhafte Arbeitsatmosphäre in seinem nächtlichen Berliner Atelier, über das er in „Nächte des Malers"[64] berichtet, schuf die Situation, in der expressionistische Bilderwelten von höchster Intensität entstehen konnten. Angelika Schmid schlug 1991 als unmittelbar inspirierende Textstelle aus Zarathustra eine Stelle aus dem Kapitel „Vom Vorübergehen" vor, in der „die Stadt als Ort der Verderbnis verwünscht und als einzige Perspektive eine umfassende Zerstörung derselben anvisiert"[65] wird, nämlich

61 Leistner 1991, S. 14
62 Meidner 1914
63 Becker 1991, S. 58
64 Meidner 1916
65 Schmid 1991, S. 86

„Wehe dieser grossen Stadt! – Und ich wollte, ich sähe schon die Feuersäule, in der sie verbrannt wird! Denn solche Feuersäulen müssen dem grossen Mittage vorangehen. Doch diess hat seine Zeit und sein eigenes Schicksal. – Diese Lehre aber gebe ich dir, du Narr, zum Abschiede: wo man nicht lieben kann, da soll man – v o r ü b e r g e h n ! –"[66] Angelika Schmid weist vor allem auf die Feuersäule hin, welche in fast allen „Apokalyptischen Landschaften" Meidners aufscheint. Die Szenen der Zerstörung spielen jedoch weder in entfernten sowie vergangenen oder zukünftigen Prophetien, sie spielen hier und heute und in Berlin mit teilweise erkennbaren stadtlandschaftlichen Bezügen in der unteren Hälfte der Kompositionen, teilweise mit fliehenden oder getöteten heutigen Menschen oder gar dem Maler als Selbstbildniskopf selbst (der „Auferstehung" von Beckmann nicht unähnlich). Wohingegen sich in der oberen Hälfte in einem dunklen Himmel bedrohende Gestirne und Flugkörper nähern und dazwischen Bomben und Granaten explodieren. Feuersäulen steigen auf. Einige Himmelskörper haben Kometenform und Angelika Schmid weist darauf hin, dass im Mai 1910 die Erscheinung des Halleyschen Kometen die Menschheit wieder einmal an diese so bedrohlichen Himmelskörper erinnert hatte – ein weiterer Nachweis für den Gegenwartsgehalt dieser visionären Kompositionen.[67] Im Gegensatz zur Erlösung in Beckmanns nietzscheanischen Umwertungen biblischer Szenen ist in Meidners „Apokalyptischen Landschaften" allerdings allein das Ergebnis der Verdammnis zu sehen. Daher weist Angelika Schmid in diesem Zusammenhang auf Nietzsches – dem Erlösungsgedanken doch eigentlich widersprechendes – Theorem, die „Ewige Wiederkehr des Gleichen", hin.[68] Wieder stehen wir vor dem Phänomen: Jedem sein Nietzsche und für jeden mit anderem Ausgang. Meidner zog sich schon um 1923 von allen atheistischen und sozialistischen Gedanken zurück und wandte sich einem mehr

---

66 Nietzsche KSA 4, 225
67 Schmid 1991, S. 87
68 Schmid 1991, S. 91

oder weniger orthodoxen Judentum zu, erwähnt aber z. B. noch 1932 in einer nicht publizierten Schrift „Zurück zur Thora" und, publiziert in „Religiöse Gedanken eines Malers"[69] durchaus freimütig seine nietzscheanische Vergangenheit wie auch der Name und die Gedanken Nietzsches an zahlreichen Stellen in seinen Schriften auftauchen.

Otto Dix (1891–1967)

Dietrich Schubert, der sich in seinem Aufsatz von 1980 intensiv mit der Vereinahmung Nietzsches durch die Nazis im Gefolge der tendenziösen Eingriffe von dessen Schwester Elisabeth Förster-Nietzsche in dessen Werk von 1890 bis zu ihrem Tode 1935 und mit den Folgen dieser Vereinahmung vor allem in der ehemaligen DDR auseinandersetzt, weist auf die überraschende Tatsache hin, dass der in der DDR hoch geschätzte und als „kritisch eingestufter Elends- und Kriegs-Maler und Grafiker wie Otto Dix, der in der Geschichtsschreibung der DDR als Paradigma gilt und ideologisch in Dienst genommen wird, kein Marxist sondern Nietzscheaner war." Er berichtet, Dix habe seit 1911 „jahrelang immer wieder im ‚Zarathustra' und vor allem in der ‚Fröhlichen Wissenschaft'" gelesen und sich noch 1965 in einem Interview zu Nietzsche bekannt.[70]

Dix schuf 1912 die verschollene Nietzsche-Büste des Dresdner Stadtmuseums (Abb. 1), neben den Porträts von Edvard Munch und Erich Heckel das einzige Nietzsche-Porträt eines Expressionisten. Das „Selbstbildnis als Mars" (Abb. 46) von 1915 in den städtischen Sammlungen Freital gemahnt Schubert in seinem Vortrag von 1982 an Zarathustras Vorrede, 5. Kapitel: „Man muss noch Chaos in sich haben, um einen tanzenden Stern gebären zu können."[71] Das Chaos

---

69 Meidner 1932, S. 432
70 Schubert 1980b, S. 379
71 Schubert 1982, S. 309, Nietzsche KSA 4, 19

ist ersichtlich und der tanzende Stern auch, tatsächlich sogar zwei. Das im gewandelten Stil eines „kritischen Verismus bzw. Realismus" gemalte Bild „An die Schönheit" (Abb. 47) von 1922 im Von der Heydt-Museum in Wuppertal ist für Schubert eine Persiflage auf „einen Titel der Kunst Klingers und das ganze historische Kunstsystem des 19. Jahrhunderts, – wobei erinnert werden muss, dass Nietzsche den Historismus radikal als Krankheit und Niedergang des Lebens gekennzeichnet hatte. […] Es war also nicht allein der Krieg, der Dix das Vertrauen in das idealistische ‚Gute' und ‚Schöne' (schöner Schein) am menschlichen Dasein nahm; es war vor allem der Nietzsche-Blick und Nietzsches Lehre der Weltidentität, also eine Absage an allen Platonismus"[72] also die Zuwendung an eine ungeteilte Wirklichkeit ohne Beschönigungen, wie etwa in „Altes Liebespaar" (Abb. 48) von 1923 in der Nationalgalerie in Berlin. Für Schubert entsteht „Gegenüber dem 19. Jahrhundert (Klinger) und auch gegenüber der Kunstrevolution des Expressionimus […] eine vollkommen neue Kunstauffassung: Bejahung und folglich die Gestaltung der sinnlich realen Welt als Einzige. Der ‚kritische' Verismus von Dix also – eine dionysische Malerei? Da Dix wieder und wieder Nietzsche las, kann dies bejaht werden."[73] Wir haben also mit dem späteren Dix das Gebiet des Expressionimus bereits wieder verlassen. Ich möchte jedoch ein weiteres, mir letztlich nicht unexpressiv erscheinendes Gemälde nicht auslassen, mit dem auch Schubert seine Bemerkungen zu Dix beschliesst, nämlich „Die sieben Todsünden" (Abb. 48) in der Kunsthalle Karlsruhe, 1933 als Allegorie auf die politische Situation in Deutschland nach der Machtergreifung Hitlers gemalt. Es trägt links an der grauen Wand ein zentrales Nietzsche-Motto aus „Zarathustra" und aus den Dionysos-Dithyramben, wie Schubert berichtet: „Die Wüste wächst, weh dem der Wüsten birgt."[74] Der Neid ist ein Zwerg mit Hitler-Gesicht und -Bart auf dem Rücken des Geizes

---

72 Schubert 1982, S. 310
73 Schubert 1982, S. 311
74 Nietzsche KSA 4, 380. Schubert 1982, S. 313

sitzend, einem alten Weib, vor einer grossen Paraphrase des Hakenkreuzes in Form eines tanzenden Todes. Danach und bis 1945 hatte Nietzsche eine andere Funktion, wurde er missbraucht und das leider mit einem langen Nachhall bis heute.

Nietzsche und „Brücke"

Als Fritz Bleyl, Erich Heckel, Ernst Ludwig Kirchner und Karl Schmidt-Rottluff am 7. Juni 1905 die „Künstlergruppe Brücke" gründeten, dokumentierte Kirchner dieses Ereignis in einer Art zeichnerisch-kalligraphischer Gedenktafel (Abb. 50). Rechts und links des Begriffes „Brücke" zeichnete er zwei spiegelbildlich aufeinander bezogene Brücken. Das Alles noch ganz in Jugendstil-Manier, in der er auch kurz zuvor seine Diplom-Arbeit abgeschlossen hatte. Heckel und Schmidt-Rottluff hatten bereits als Schüler in Chemnitz im dortigen „Debattierklub Vulcan" die Schriften Nietzsches kennengelernt. Der besonders belesene Heckel konnte Passagen aus dem Zarathustra auswendig. Solche „laut [...] deklamierend" lernte Kirchner ihn kennen.[75] Bleyl, Heckel und Schmidt-Rottluff versuchten in späten Erinnerungen den Ursprungs des Begriffes „Brücke" zu klären, kamen jedoch zu wenig präzisen und unterschiedlichen Ergebnissen.[76] Nietzsche nannten sie nicht, obwohl Kirchners Holzschnitt „Signet Künstlervereinigung Brücke" (Abb. 18) desselben Jahres – schon expressiver – mit dem oder der Sonnenanbeter/in doch wohl im Zusammenhang mit den anderen Sonnenanbetern im Sinne der Lichtmetaphorik Nietzsches gesehen werden muss. Zudem ist „Brücke" einer der zentralen oft verwendeten Begriffe von Nietzsche in „Also sprach Zarathustra", dem von allen gelesenen und debattierten Buch. Hier eine der am häufigsten herangezogenen Textstellen:

75 Kirchner/Kornfeld 1925, S. 334
76 Bleyl/Wentzel 1948, S. 215. Ketterer 1988, Bd.: Bildende Kunst. Kunsthandel, S. 42

„Was gross ist am Menschen, das ist, dass er eine Brücke und kein Zweck ist: was geliebt werden kann am Menschen, das ist, dass er ein Übergang und ein Untergang ist."[77]

Hansdieter Erbsmehl lehnte in seinem Vortrag 1998 eine Herleitung des Begriffes „Brücke" von Nietzsche – mangels Beweisen – ab, weist jedoch auf einige weitere Arbeiten hin, die sowohl das Motiv der Brücke wie auch durchaus Hinweise auf Nietzsche enthalten.[78] Noch 1905 schuf Heckel als einen seiner ersten Holzschnitte ein Porträt von Nietzsche nach der Radierung von Hans Olde (Abb. 8). 1906 fertigte Fritz Bleyl einen Holzschnitt, der ebenfalls wenn auch in noch recht jugendstiliger Auffassung einen Akt auf einer Brücke zeigt (Abb. 51), im gleichen Jahr Pechstein einen Holzschnitt, in dem er seine Mitstreiter Heckel, Schmidt-Rottluff und Kirchner unter einer Brücke sitzend darstellt (Abb. 52). Diesen Holzschnitt wiederum sieht Erbsmehl im Zusammenhang mit den Sätzen im Zarathustra, der Mensch sei „ein Übergang und ein Untergang"[79] oder „Ein Seher, ein Wollender, ein Schaffender, eine Zukunft selber und eine Brücke zur Zukunft – und ach, auch noch gleichsam ein Krüppel an dieser Brücke: das Alles ist Zarathustra."[80]

1906 schnitt Kirchner auch das Programm von „Brücke" in Holz (Abb. 53):

„Mit dem *Glauben* an *Entwicklung*, an eine *neue Generation* der *Schaffenden* wie der *Geniessenden* rufen wir alle *Jugend* zusammen Und als *Jugend*, die die *Zukunft* trägt, wollen wir uns *Arm- und Lebensfreiheit* verschaffen gegenüber den *wohlangesessenen, älteren Kräften*. Jeder gehört zu uns, der *unmittelbar* und *unverfälscht* wiedergiebt, was ihn zum *Schaffen* drängt."[81]

---

77 Nietzsche KSA 4, 16f.
78 Erbsmehl 1998, S. 12
79 Nietzsche KSA 4, 17
80 Nietzsche KSA 4, 179
81 Text des Holzschnittes mit Markierungen von Erbsmehl 1998, S. 18

In den durch Erbsmehl markierten Begriffen erkennt er und erkennen wir unschwer von Nietzsche vielfach verwendete Begriffe sowie das in den Formulierungen spürbare vitalistische Konzept im Hintergrund. Erbsmehl weist darauf hin, dass weder der Name „Brücke" erwähnt oder definiert wird noch irgendwo von „Kunst" die Rede ist.[82] Völlig absichtlich, wie ich meine, denn hier ist kein Wort zu viel verschwendet. Es ist ja von „Schaffenden" die Rede, welche die Kunst schaffen. Aber es ist vor allem von ihrer „Arm- und Lebensfreiheit" die Rede und von „unmittelbar" und „unverfälscht", in der sich die ungeheure Freizügigkeit des Lebens andeutet, welche sich die „Brücke"-Freunde in den kommenden Jahren in Dresden herausnahmen. Wie selbstverständlich kommt auch Erbsmehl im Folgenden auf diese Freizügigkeit zu sprechen, die Ingo Bartsch 1996 so formulierte: Hier verschmölze „gelebte Kunst und künstlerisch gestaltetes Leben [...] zu einem erotisch unterlegten Kosmos."[83]

Das „Brücke"-Programm erscheint in der Reihe der Künstler-Programme der Moderne, die Charles Harrison und Paul Wood 1992 in zwei wuchtigen Bänden zusammengestellt haben, zwischen diesen umfangreichen und wortgewaltigen Programmen, wie eine kurze Zwischenbemerkung.[84] Diese drei Sätze sind meiner Meinung nach jedoch nichts anderes als ein nietzscheanischer Aphorismus und von ähnlicher Sprengkraft wie diese. Tatsächlich stellen diese drei Sätze die einzige theoretische Äusserung der „Brücke"-Künstler bis 1920 dar. Das genügte und dieses Programm haben sie bis an alle seine Grenzen ausgelebt und ausgearbeitet.

An dieser Stelle klären sich möglicherweise einige Fragen zu Leben und Kunst der „Brücke". Da ist z. B. die heute noch erstaunlich erscheinende Situation, in welcher deren Mitglieder 1905 bis 1911 in Dresden lebten, eine Grosstadt zwar schon damals, eine auch für die Kunst offene, jedoch nicht eine der fortschrittlichsten. Sie lebten

---

82 Erbsmehl 1998, S. 18f.
83 Bartsch 1996, S. 91
84 Harrison/Wood 1992, S. 91

als Zwanzig- bis Dreissigjährige mit ihren Freundinnen in keineswegs verborgener wilder Ehe, arbeiteten in einer Atelieratmosphäre weitgehender Nacktheit und zwar in unmittelbarer Nähe des bürgerlichen Wohnhauses der Eltern von Erich Heckel, entwickelten diese auch im Freien an den Moritzburger Teichen im Sommer, sandten sich gegenseitig ständig Postkarten, welche rückseitig mit freizügigen Szenen bemalt waren, die anstandslos von der kaiserlichen Post befördert wurden (Abb 54-63).[85]

Für meine Altersklasse, die wie auch z. B. Dietrich Schubert, welcher sich 1980–82 zum ersten Male umfassender mit dem Einfluss von Nietzsche auf die bildende Kunst von 1890 bis 1933 beschäftigte, ist das eine erstaunliche Beobachtung, haben wir doch in unserer Jugend die verstaubten 50er und beginnenden 60er Jahre des vergangenen Jahrhunderts erlebt, in welchen z. B. Postboten sich weigerten, Pakete, welche nur den Absender von Beate Uhse trugen, zuzustellen. Noch vor zwanzig Jahren wurde in Deutschland gegen eine Briefmarkenserie protestiert, in der Gemälde der Expressionisten aus dieser Zeit reproduziert waren, darunter natürlich eine Reihe von Akten. Wir kannten die Gründe für diese offene und freie Zeit vor 1914 bisher nicht eindeutig. Nietzsche wurde zwar durchaus erwähnt und auch gelesen, auf die gewaltige emanzipatorische Wirkung seiner Schriften um 1900 jedoch nicht verwiesen – wie auch? – war man doch weit hinter diese Errungenschaften wieder zurückgefallen und hatten sie doch – vermeintlich – die Schrecken des Nationalsozialismus vorbereitet.

Die „Brücke"-Freunde nahmen sich diese Freiheiten (Abb. 64). Die Legitimation erhielten sie für sich durch Nietzsche, der wiederum durch seine enorme Breitenwirkung für die gesellschaftliche Akzeptanz sorgte, hatte doch z. B. Paul Klee schon 1898 in seinem

---

85 Ich gebe hier und gab während des Vortrages so viele Beispiele (von Hunderten) um dem möglichen Vorwurf zu entgehen, ich wolle mit Ausnahmen eine Regel vortäuschen.

Tagebuch geschrieben „Nietzsche liegt in der Luft"[86] mit allen Konsequenzen und Begleiterscheinungen von der „Lebensreform" bis zur Freikörperkultur. Tatsächlich sind sie nie von ihren sehr bürgerlichen Sammlern, von den Museumsleuten, mit denen sie zusammenarbeiteten oder von den Nachbarn wegen ihrer Lebensführung kritisiert worden.[87] Lediglich die Eltern von Erich Heckel, die ganz in der Nähe des berühmten „Brücke-Ateliers" wohnten, und ein Polizist an den Moritzburger Teichen machten einmal kleinere Schwierigkeiten.

Im Zusammenhang mit den allgemeinen Missbrauchs-Skandalen schaukelte sich 2010 um die Kirchner-Ausstellung im Frankfurter Städel und die Ausstellung zu Fränzi und Marcella im Sprengel-Museum in Hannover eine heftige Diskussion in den Medien hoch, die jüngst in Vorwürfen gegen die Neuhängung und den Katalog der Kunsthalle Karlsruhe gipfelten. In diesen war nicht nur von Pädophilie sondern auch von Ausnutzung der Ärmsten der Bevölkerung die Rede.[88] Ich habe mich hierzu im „Kunstjahr 2010" von Lindinger und Schmid eingehend geäussert.[89] Zu den jüngsten Vorwürfen der Frankfurter Allgemeinen Zeitung muss jedoch ergänzend darauf hingewiesen werden, dass die vier zentralen „Brücke"-Maler, Heckel, Kirchner, Pechstein und Schmidt-Rottluff ihre geliebten Modelle, welche tatsächlich nicht aus der damaligen Oberschicht stammten, allesamt nach einigen Jahren geheiratet haben. Nur Kirchner hat nicht geheiratet, lebte aber bis zu seinem Tode in durchaus eheähnlichem Verhältnis mit seiner Erna. Nebenbei: Auch Nietzsche selbst, der alle diese Forderungen nach Umwertung und Freiheit gestellt hatte, lebte selbst recht bürgerlich.

86 Klee 1957, S. 68
87 Auch diese Aussage beruht nicht etwa auf zu geringer Information über das tägliche Leben der „Brücke"-Maler: Wir sind praktisch über jeden Tag ihres Lebens durch schriftliche Aussagen und ihre Werke informiert.
88 Voss 2011
89 Henze 2010

Die „Brücke"-Maler lebten aber nicht nur ein freizügiges Leben und stellten dies in allen bildkünstlerischen Techniken dar – tatsächlich zumeist ausschliesslich dieses eigene intensiv ge- und erlebte Leben – sie lasen auch viel. Kirchner hatte eine grosse Bibliothek[90], wie berichtet wird, und es gab Diskussionsabende, während der vor allem Heckel Texte vorlas[91], vielfach solche von Nietzsche, wie sich Fritz Bleyl[92] erinnert, aber auch Emil Nolde in seinen Memoiren aus der Zeit seiner Mitgliedschaft bei „Brücke" 1906–07.[93] Auch im Titel des gemeinsamen Tagebuches, welches „Brücke" 1906 begann, „Odi profanum", vollständig: „Odi profanum vulgus et arceo" (Ich hasse den gemeinen Pöbel und halte ihn mir vom Leib) klingt das mit.[94] Für Georg Reinhardt galt dieser Satz des Horaz in seiner ausführlichen und präzisen Studie zur frühen „Brücke" von 1977 nicht „der Masse im sozialen Sinn, sondern der ungeistigen, verhärteten, unaufgeschlossenen, in der Tradition verharrenden Masse des Bürgertums."[95] Hierin sieht er eine durch Nietzsches Philosophie geprägte Geisteshaltung: „Sein ‚Zarathustra' spricht wiederholt den Hass gegenüber der bürgerlichen Welt, des Spiessers und des Herdenmenschens aus." Reinhardt widmet der Thematik „Die ‚Brücke' und Nietzsches ‚Zarathustra'" ein eigenes Kapitel, in dem er die einzelnen Erwähnungen zusammenfasst und ergänzt, allerdings durch eine Reihe indirekter Nachweise, weitere „Brücke"-Zitate und Stellen, durch welche sich die „Brücke"-Maler in ihrem Lebensgefühl bestärkt und bestätigt fühlen konnten.[96]

Neben dem Nietzsche-Porträt von Heckel (Abb. 8), bildet Reinhardt als einzigen konkreten Bezug zu einem Werk einen bis

90 Kirchners Bibliothek wurde in XXIV Auktion der Galerie Jürg Stuker in Bern vom 6. bis 15. März 1951 versteigert, S. Stuker 1951
91 Nolde 1934, S. 139
92 Bleyl/Wentzel 1948
93 Nolde 1934, S. 99
94 Zürich, Kunsthaus 1991, S. 56-90
95 Reinhardt 1977, S. 26
96 Reinhardt 1977, S. 28-31

dahin unbekannten Holzschnitt von Heckel ab, unter dem dieser handschriftlich „Ich verachte" geschrieben hat (Abb. 65). Weitere Konkretionen nach oder direkt im Sinne Nietzsches konnte ich in Heckels Werk bisher nicht finden. Als seine Kunst „literarischer" wurde, hatte sich während des ersten Weltkrieges bereits sein ganzes Interesse anderen Autoren, vor allem Stefan George zugewandt, dem er 1922/23 in Erfurt einen grossangelegten Zyklus von Wandbildern widmete. Wie es sich mit seinem späteren Interesse für Artisten und Zirkus verhält, müsste noch geprüft werden. Indirekt beschäftigten die „Brücke"-Maler sich allerdings ständig mit Nietzsches Hinwendung zum Leben und zum Leib und dies eindimensional, ohne Modellierung, ohne Schatten, ohne Perspektive und ohne jede Form metaphysischer Gedanken.

Zu Max Pechstein ist zu sagen, dass in der einzigen umfangreicheren Publikation zu ihm, die durch einen Index ausgezeichnet ist, der Name „Nietzsche" nicht auftaucht. Das muss nichts besagen, denn wir wissen ja, dass vor allem in der jüngeren kunstwissenschaftlichen Beschäftigung auf Beziehungen zu Nietzsche wenig geachtet wurde. Bei dieser Gelegenheit ist aber auch auf einen von mir oft festgestellten Misstand hinzuweisen, nämlich den, dass Publikationen zum Expressionismus vor allem zu expressionistischen Künstlern meistens keinen Index haben. Auch Ausstellungskataloge mit diversen oft so wertvollen Aufsätzen sollten solche unbedingt haben.

Dass Karl Schmidt-Rottluff seinen Nietzsche kannte, ist durch einen Bericht von Emil Nolde über einen Besuch im Jahre 1906 bei ihm dokumentiert: „Ich bewunderte seinen Scharfsinn und sein Wissen und wusste nur wenig zu sagen, wenn von Nietzsche und Kant oder Grössen dieser Art gesprochen wurde."[97] Schmidt-Rottluff hatte Nietzsche als Gymnasiast im Chemnitzer Debattierklub „Vulcan" gemeinsam mit Heckel kennengelernt. Direkte Einflüsse oder gar Konkretionen von Gedanken oder Figuren Nietzsches wurden bisher in seinem Werk jedoch nicht festgestellt.

---

97 Nolde 1934, S. 99

Ernst Ludwig Kirchner

In Kirchners hinterlassener Bibliothek befanden sich von Nietzsche „Also sprach Zarathustra", „Ecce homo", „Der Wille zur Macht", „Götzendämmerung", „Dionysos-Dithyramben" und „Nietzsche in seinen Briefen" herausgegeben von Alfred Baeumler.[98] Am 14. Oktober 1917, also nach seinem ersten längeren Aufenthalt in Davos und im Sommer auf der Stafelalp, schrieb er aus dem Sanatorium in Kreuzlingen an Helene Spengler in Davos: „Nein, Nein, gnädige Frau das kann ich wirklich nicht annehmen. Der Zarathustra gehört zum eisernen Bestand jeder Bibliothek u. wo ihn jetzt herbekommen."[99] Offensichtlich hatte er ihr bedauernd geschrieben, dass er diesen nicht zur Verfügung hätte und sie hat ihm dann wohl angeboten, ihm ihre Ausgabe zu schicken, denn seine Bibliothek war noch in Berlin. Die Stelle zeigt, dass Kirchner 1917 im Sanatorium Binswanger Nietzsche lesen wollte und zudem, welch hohen Stellenwert Nietzsche und insbesondere der Zarathustra für ihn hatte. In einem Brief aus Davos an Carl Hagemann vom 18. 12. 1933 erfahren wir, wie Kirchner über den anderen Autor dachte, welcher für die Expressionisten und besonders für Erich Heckel eine grosse Rolle spielte, Stefan George: „Nun, es giebt da verschiedene Ansichten viele Menschen schwärmen für St. G. besonders junge, die ein wenig eitel sind. Mir ist Niet[z]sche und Schiller lieber."[100] Am 18. 6. 1934 schrieb Kirchner an Max Huggler, der im Jahre zuvor die bis dahin umfassendste Retrospektive Kirchners in der Berner Kunsthalle gezeigt hatte, nach Bern einen längeren grundsätzlichen Text zu seiner Kunst und ihrer Herkunft und in diesem: „Manches Vorurteil, das man als Sohn gutbürgerlicher Eltern mitbekommt, musste fallen. Niet[z]sche und Whitmann fand ich gleichzeitig an meinem Wege. Das ewige Streben über das erreichte hinaus und die grosse Liebe zu

---

98 Stuker 1951, S. 62-85
99 Delfs 2010, Nr. 452
100 Delfs 2010, Nr. 2928, Delfs/Lüttichau/Scotti 2004, Nr. 526

allem Lebenden, die freie Liebe ohne Begehren. Ich wurzelte im einfachen Volke und war gleichzeitig bei den hoch kultivierten Menschen und Gelehrten in Jena."[101]

In Leben und Werk von Ernst Ludwig Kirchner stehen wir immer wieder verblüffenden Begebenheiten, Entscheidungen und künstlerischen Umsetzungen gegenüber, die Fragen aufwerfen, welche bis heute nicht beantwortet sind oder vielleicht gar nicht oder nicht nachhaltig genug gestellt wurden.

Eine solche Begebenheit in Kirchners Leben, welche nie eine völlig überzeugende Erklärung fand, war seine Entscheidung im Jahre 1919, auch nach Ende des Weltkrieges und somit Ende seiner persönlichen Bedrohung weiterhin in Davos zu bleiben. Dieser Maler der Grosstadt par excellence, die in der Serie seiner „Strassenszenen" von 1914 ihre intensivste Darstellung gefunden hatte, schrieb, seine Aufgaben lägen jetzt dort oben im Gebirge. Erst sechs fruchtbarste expressive Jahre später (Abb. 66) und nach hoher persönlicher Selbststilisierung sowie inzwischen auf dem Wege eines „Neuen Stiles" steigt er im Winter 1925–26 wieder von den Bergen herab in die Grosstadt, besucht Frankfurt, Dresden und Berlin, liebäugelt mit einem Lehrauftrag in Dresden, um seine neue Lehre zu verbreiten – seine neue in der Einsamkeit der Berge erarbeitete Kunsttheorie. Ein Schelm, wer dabei nicht an Nietzsches Zarathustra und Ecce Homo dächte. Stellvertretend für viele mögliche Bezüge sei folgende Stelle aus letzterem zitiert:

„Das Eis ist nahe, die Einsamkeit ist ungeheuer – aber wie ruhig alle Dinge im Lichte liegen! wie frei man athmet! wie Viel man unter sich fühlt! – Philosophie, wie ich sie bisher verstanden und gelebt habe, ist das freiwillige Leben in Eis und Hochgebirge – das Aufsuchen alles Fremden und Fragwürdigen im Dasein, alles dessen, was durch die Moral bisher in Bann gethan war. Aus einer langen Erfahrung, welche eine solche Wanderung im Verbotenen gab,

---

101 Delfs 2010, Nr. 2988

lernte ich die Ursachen, aus denen bisher moralisirt und idealisirt wurde, sehr anders ansehn [...]"[102]

Ein weiteres nietzscheanisches Element in Leben und Arbeit von Kirchner ist sein Arbeiten, wie er es nennt, „bis zur Raserei", sein Arbeiten in Ekstase, im Rausch, den er im Laufe seines Lebens mit sehr unterschiedlichen und zahlreichen Rauschmitteln bis zur Morphiumsucht zu steigern wusste.

Desgleichen thematisiert Kirchner die Umsetzung von Kunst aus dem Liebesrausch, wenn er schreibt, dass er während des Liebesspieles aufgestanden sei und an einem Werk weitergearbeitet hätte. Hierzu zitieren Gordon und Erbsmehl aus „Der Wille zur Macht": „Das Verlangen nach Kunst und Schönheit ist ein indirektes Verlangen nach den Entzückungen des Geschlechtstriebes, welche er dem Cerebrum mitteilt."[103]

Kirchner war zudem Hypochonder und es war nie ganz klar, ob er mit Rauschmitteln Krankheiten bekämpfte oder ob die Rauschmittel die Krankheit verursachten. Jedenfalls erinnert sein Umgang mit Krankheit und Genesung durchaus an Nietzsche. Einen Vergleich dieser Art machte schon der Jenenser Sammler Kirchners, Botho Graef, am 1. Dezember 1916 in einem Brief an Eberhard Grisebach, ebenfalls Sammler von Kirchner in Jena, beide dort Universitäts-Professoren: „Aber man muss damit rechnen, dass er vielleicht wie Nietzsche jahrelang in einem hilflosen Zustand leben wird."[104]

Kirchner hat sehr viele Werke der Literatur, die er las, illustriert, wie der Dissertation von Wolfram Gabler von 1988 zu entnehmen ist.[105] Wenig davon wurde publiziert, einiges ist noch völlig unbekannt. Jedoch fanden sich trotz der hohen Wertschätzung Nietzsches bei Kirchner keine weiteren unmittelbaren Konkretionen in seinem Werk. Er illustrierte allerdings 1919–1923 eine posthume

---

102   Nietzsche KSA 6, 258f.
103   Nietzsche SA III, 870
104   Grisebach 2010, S. 94
105   Gabler 1988

Ausgabe von Gedichten Georg Heyms, der wiederum Nietzsche sehr verpflichtet gewesen war.[106]

Aber es gibt eine Reihe von Werken, die sich zunächst und auch bisher einer plausiblen Interpretation verschlossen. Eines von diesen enigmatischen Gemälden ist das 150 cm breite „Der Wanderer" aus dem Jahre 1922 im Kunstmuseum Aarau (Abb. 67). Beat Stutzer[107] zitierte hierzu 1995 wie schon 1968 der Bearbeiter des Werkverzeichnisses der Gemälde, Donald E. Gordon, aus Zarathustra:

„Als nun Zarathustra so den Berg hinanstieg, gedachte er unterwegs des vielen einsamen Wanderns von Jugend an, und [auf] wie viele Berge und Rücken und Gipfel er schon gestiegen sei. Ich bin ein Wanderer und ein Bergsteiger, sagte er zu seinem Herzen, ich liebe die Ebenen nicht und es scheint, ich kann nicht lange still sitzen. Und was mir nun auch noch als Schicksal und Erlebnis komme, – ein Wandern wird darin sein und ein Bergsteigen: man erlebt endlich nur noch sich selber."[108]

Fazit

Wir erkennen also die vielfältigen direkten und indirekten Einflüsse von Nietzsches Schriften auf die Künstler und die bildende Kunst der Moderne und auch auf die Malerei, die Skulptur und die Architektur des Expressionismus. In Italien kennt man für diese Situation ein schönes Sprichwort: „È come il parmigiano: C'è dappertutto!" Er (Nietzsche) ist wie der Parmesan: Er ist überall drin! Um 1900 „lag er in der Luft", danach fand er überall hinein. Dieser Tatsache ist wirklich bis heute von der kunstwissenschaftlichen Forschung noch zu wenig Beachtung geschenkt worden. Ich bereite gerade eine Neuausgabe des Werkverzeichnisses der Gemälde von Kirchner vor, in

---

106 Heym/Kirchner 1924
107 Stutzer 1995, S. 116
108 Nietzsche KSA 4, 193

welchem ich beabsichtige, zu jedem Gemälde nicht nur den üblichen technischen Apparat zu publizieren sondern zu jedem einzelnen Gemälde auch einen interpretierenden Text. Ich bin sehr gespannt, was ich unter diesen für mich neuen Voraussetzungen dabei alles feststellen werde. Dieser Vortrag ist also als ein kurzer Arbeitsbericht anzusehen. Nun, wir kennen jetzt das Ingredienz, was uns die Analyse der hohen Komplexität der Werke der bildenden Kunst erleichtern wird. Aber – und das sei auch in Bezug auf die bisherige Literatur zur Thematik gesagt – das italienische Sprichwort übertreibt: Der Parmesan ist selbstverständlich nicht überall drin, bisweilen täuscht einen der Geschmack oder man will es nur im Nietzsche-Überschwang so.

1
Curt Stoeving (1863–1939)
Bildnis Friedrich Nietzsche, 1984
Öl auf Leinwand[109]

2
Hans Olde (1855–1917)
Kleiner Nietzsche-Kopf, 1899
Radierung

3
Anonym:
Postkarte mit Holzschnitt *Friedrich Nietzsche*
nach Hans Olde, um 1900

4
Rudolf Köselitz (1861–1948)
Bildnis Friedrich Nietzsche, 1901
Öl auf Leinwand

5

Karl Bauer (1868–1942)
Friedrich Nietzsche, 1902
Farblithographie

6

Karl Bauer (1868–1942)
Friedrich Nietzsche – Der Unzeitgemässe, um 1903
Lithographie

7

Max Klinger (1857–1920)
Friedrich Nietzsche, um 1902/03
Bronze

8

Erich Heckel (1883–1970)
Porträt Friedrich Nietzsche, 1905
Holzschnitt[110]

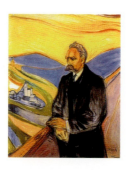

9

Edvard Munch (1863–1944)
Friedrich Nietzsche, 1906
Öl auf Leinwand[111]

10

Alfred Soder (1880–1957)
Der nackte Nietzsche im Hochgebirge, 1907
Exlibris für Friedrich Berthold Sutter

11

Otto Dix (1891–1967)
Büste *„Friedrich Nietzsche",* 1912
Gips, grün getönt[112]

12

Josef Thorak (1889–1952)
Büste Friedrich Nietzsche, 1944

13

links: Curt Stoeving (1863–1939)
und Rudolph Saudeck, *Totenmaske Friedrich Nietzsche*, 1900
Bronze
rechts: Rudolph Saudeck, *Totenmaske von Friedrich Nietzsche*,
1910 überarbeitet[113]

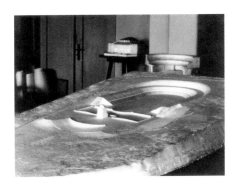

14

Henry van de Velde (1863–1957)
Nietzsche-Tempel und Gesamtanlage
1912, Modell

15

Henry van de Velde (1863–1957)
Nietzsche-Tempel, 1911/12
Perspektive der vermutlich
letzten Fassung[114]

16

Henry van de Velde (1863–1957)
Nietzsche-Stadion in Weimar,
Flanke der Zuschauertribüne, 1911/12

17
Fritz Schumacher (1869–1947)
Entwurf für eine Nietzsche-Gedenkstätte, 1898
Zeichnung auf Papier

18
Ernst Ludwig Kirchner (1880–1938)
Signet Künstlervereinigung Brücke, 1905[115]

19
Fidus (Hugo Höppener 1868–1948)
Lichtgebet, um 1910
Öl auf Leinwand

20
Giovanni Segantini (1858–1899)
La voce, 1894
Kohle und weisse Kreide auf grauem Papier[116]

21

Melchior Lechter (1865–1937)
Der Pallenberg-Saal, 1900–1903
ehemals im Kunstgewerbemuseum Köln[117]

22

Melchior Lechter (1865–1937)
Entwurfszeichnung für den Pallenberg-Saal, 1900–1903
ehemals im Kunstgewerbemuseum Köln

23

Melchior Lechter (1865–1937)
Entwurfszeichnung für den Pallenberg-Saal, 1900–1903
ehemals im Kunstgewerbemuseum Köln

24

Melchior Lechter (1865–1937)
Entwurfszeichnung für den Pallenberg-Saal, 1900–1903
ehemals im Kunstgewerbemuseum Köln

25

Melchior Lechter (1865–1937)
Entwurfszeichnung für den Pallenberg-Saal, 1900–1903
ehemals im Kunstgewerbemuseum Köln

26

Max Klinger (1857–1920)
Und doch, 1888
Radierung[118]

27

Max Klinger (1857–1920)
Christus im Olymp, 1897
Wandgemälde mit Skulpturen[119]

28

Max Beckmann (1884–1950)
Auferstehung, 1908–09
Öl auf Leinwand[120]

29

Giorgio de Chirico (1888–1974)
Die Freuden des Dichters, 1913
Öl auf Leinwand[121]

30

Edvard Munch (1863–1944)
Friedrich Nietzsche, 1906
Farblithographie[122]

31

Edvard Munch (1863–1944)
Wandgemälde in der Aula
der Universität von Kristiania,
Oslo, 1911–1914/16

32

Edvard Munch (1863–1944)
Die Geschichte, 1911–1914/16,
Öl auf Leinwand
Wandgemälde in der Aula der
Universität von Kristiania, Oslo[123]

33

Edvard Munch (1863–1944)
Die Sonne, 1911–1914/16
Öl auf Leinwand
Wandgemälde in der Aula der
Universität von Kristiania, Oslo[124]

34

Edvard Munch (1863–1944)
Erwachende Männer im Lichtstrom, 1911–1914/16
Öl auf Leinwand
Wandgemälde in der Aula der
Universität von Kristiania, Oslo[125]

35

Edvard Munch (1863–1944)
Genien im Lichtstrom, 1911–1914/16
Öl auf Leinwand
Wandgemälde in der Aula der
Universität von Kristiania, Oslo[126]

36

Franz Marc (1880–1916)
Tierschicksale, 1913
Öl auf Leinwand[127]

37

Franz Marc (1880–1916) und August Macke (1887–1914)
Paradies, 1912
Öl und Tempera auf Gips[128]

38

Franz Marc (1880–1916)
Wasserfall im Eis, 1913
Öl auf Karton[129]

39

Franz Marc (1880–1916)
Verzauberte Mühle, 1913
Öl auf Leinwand[130]

40

Franz Marc (1880–1916)
Der Stier, 1911
Öl auf Leinwand[131]

41

Franz Marc (1880–1916)
Die grossen blauen Pferde, 1911
Öl auf Leinwand[132]

42

Wilhelm Lehmbruck (1881–1919)
Genius und Jüngling: „Weg zur Schönheit", 1907
Gips[133]

43

Wilhelm Lehmbruck (1881–1919)
„Emporsteigender Jüngling", 1914
Bronze[134]

44

Ludwig Meidner (1884–1966)
Apokalyptische Landschaft, 1913
Öl auf Leinwand[135]

45

Ludwig Meidner (1884–1966)
Apokalyptische Landschaft, 1913
Öl auf Leinwand[136]

46

Otto Dix (1891–1967)
Selbstbildnis als Mars, 1915
Öl auf Leinwand[137]

47

Otto Dix (1891–1967)
An die Schönheit, 1922
Öl auf Leinwand[138]

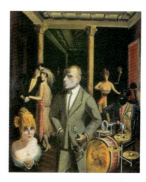

48

Otto Dix (1891–1967)
Altes Liebespaar, 1923
Öl auf Leinwand[139]

49

Otto Dix (1891–1967)
Die sieben Todsünden, 1933
Öl auf Leinwand[140]

50

Ernst Ludwig Kirchner (1880–1938)
Zusammenschluss zur Künstlergruppe Brücke, 1905
Feder in Tusche[141]

51

Fritz Bleyl (1880–1966)
„Ausstellung Brücke", 1906
Holzschnitt[142]

52

Max Pechstein (1881–1955)
Unter der Brücke, 1906
Holzschnitt[143]

53

Ernst Ludwig Kirchner (1880–1938)
Programm der Künstlergruppe Brücke, 1906
Holzschnitt[144]

54

Ernst Ludwig Kirchner (1880–1938)
Stehender weiblicher Akt mit Kissen (Dodo), 1909
Feder in Tusche und farbige Kreiden[145]

55

Ernst Ludwig Kirchner (1880–1938)
Rückseite der Postkarte Abb. 54

56

Ernst Ludwig Kirchner (1880–1938)
Tanzender Kirchner im neuen Atelier, 1909
Feder und Pinsel in Tusche[146]

57

Ernst Ludwig Kirchner (1880–1938)
Rückseite der Postkarte Abb. 56

58

Ernst Ludwig Kirchner (1880–1938)
Stehender weiblicher Akt mit Kastagnetten, 1909
Feder in Tusche und farbige Kreiden[147]

59

Ernst Ludwig Kirchner (1880–1938)
Rückseite der Postkarte Abb. 58

60

Ernst Ludwig Kirchner (1880–1938)
Marzella und Senta, 1910
Feder in Tusche, Bleistift und farbige Kreiden[148]

61

Ernst Ludwig Kirchner (1880–1938
Rückseite der Postkarte Abb. 60

62

Ernst Ludwig Kirchner (1880–1938)
Nachzeichnung eines Palaubalkens
(Detail), 1910
Bleistift, Tusche und farbige Kreiden[149]

63

Ernst Ludwig Kirchner (1880–1938)
Rückseite der Postkarte Abb. 62

64

Ernst Ludwig Kirchner (1880–1938)
Vier Badende, 1909, Öl auf Leinwand[150]

65

Erich Heckel (1883–1970)
Mann mit Hut, 1905
Holzschnitt[151]

66

Ernst Ludwig Kirchner (1880–1938)
Wintermondlandschaft, 1919
Öl auf Leinwand[152]

67

Ernst Ludwig Kirchner (1880–1938)
Der Wanderer, 1922
Öl auf Leinwand[153]

Fußnoten zu den Abbildungen

109	Abbildungen 1-8, 10,14,17 und 18 aus Wesenberg 2001 und Erbsmehl 2001
110	Dube 1964, S. 15, Nr. H 54
111	Woll 2008, Bd. II, S. 692, Nr. 690
112	Löffler 1981, Nr. 1912/18
113	Zimmermann 2001, S. 39
114	Abbildungen 15,16: aus Kostka 1992, S. 272
115	Dube 1967, Bd. I, S. 68, Nr. 692, Abb. Bd. II, S. 98
116	Quinsac 1982, Bd. 2, S. 503, Nr. 591
117	Abb. 21-25 aus: Kat. Münster 2006, S. 44-47
118	Singer 1907/1991, S. 92, Nr. 237. Abb.: Hüttel 2007, S. 127 Abb. 53
119	Foto freundlicherweise durch Museum der bildenden Künste Lepzig
120	Göpel 1976, Bd. I, S. 88, Nr. 104. Abb. Bd. II, Taf. 47
121	Museum of Modern Art, New York, Schmied 1980, S. 140. Fagiolo dell'Arco 1984, S. 84, Nr. 23. Bruni 1971, Abb. 11
122	Woll 2001, S. 228, Nr. 286
123	Woll 2008, Bd. III, S. 958, Nr. 968
124	Woll 2008, S. 962, Nr. 970
125	Woll 2008, S. 1136, Nr. 1222
126	Woll 2008, S. 1136, Nr. 1221
127	Hoberg/Jansen 2004, S. 254f., Nr. 217
128	Hoberg/Jansen 2004, S. 210, Nr. 184
129	Hoberg/Jansen 2004, S. 257, Nr. 219
130	Hoberg/Jansen 2004, S. 240f., Nr. 207
131	Hoberg/Jansen 2004, S. 172, Nr. 154
132	Hoberg/Jansen 2004, S. 178f., Nr. 159
133	Schubert 2001, S. 169, Nr. 20
134	Schubert 2001, S. 273ff., Nr. 68
135	Kat. Darmstadt 1991, Bd. II, S. 135
136	Kat. Berlin 1990, S. 10
137	Löffler 1981, Nr. 1915/01
138	Löffler 1981, Nr. 1922/06
139	Löffler 1981, Nr. 1923/06
140	Löffler 1981, Nr. 1933/01
141	Brücke-Museum Berlin

142	Schmitt 1993, S. 168, Nr. 115. Lewey 1999, Nr. H 51
143	Krüger 1988, S. 41, Nr. 25
144	Dube 1967, Bd. I, S. 68, Nr. 696. Bd. II, S. 98, Nr. 696
145	Dube-Heynig 1984, S. 60f.
146	Dube-Heynig 1984, S. 36f.
147	Dube-Heynig 1984, S. 14f.
148	Dube-Heynig 1984, S. 92f.
149	Dube-Heynig 1984, S. 142f.
150	Gordon 1968, S. 287, Nr. 95
151	Reinhardt 1977, S. 31, nicht bei Dube
152	Gordon 1968, S. 355, Nr. 558
153	Gordon 1968, S. 372, Nr. 677

Literaturverzeichnis

Bartsch 1996 Ingo Bartsch: „Spiel der Widersprüche – Lust des Einklangs." – Zivilisationskritik und Emanzipation von der Natur im Werk der ‚Brücke' und des ‚Blauen Reiter'" in: *Von der Brücke zum Blauen Reiter. Farbe, Form und Ausdruck in der deutschen Kunst von 1905–1914,* Kat. Dortmund 1996, S. 90-93

Becker 1991 Michel Becker: „Ludwig Meidner und die frühexpressionistische Grossstadtlyrik", in: *Ludwig Meidner. Zeichner, Maler, Literat 1884–1966,* **Kat.** Darmstadt 1991, Bd. I, S. 57-69

Beckmann/Kinkel 1983 Max Beckmann: *Leben in Berlin. Tagebuch 1908–1909,* Hrsg. Hans Kinkel, München 1983

Beckmann/Pillep 1990 Max Beckmann: *Die Realität der Träume in den Bildern. Schriften und Gespräche 1911 bis 1950,* Hrsg. Rudolf Pillep, München 1990

Beckmann/Schaffer 1992 Peter Beckmann und Joachim Schaffer (Hrsg.): *Die Bibliothek Max Beckmanns. Unterstreichungen, Kommentare, Notizen und Skizzen in seinen Büchern,* Worms 1992

Bleyl/Wentzel 1948 Fritz Bleyl: „Erinnerungen", in: Hans Wentzel: „Fritz Bleyl, Gründungsmitglied der ‚Brücke'", in: *Kunst in Hessen und am Mittelrhein,* 8, 1968, S. 89-105, abgedruckt in: *Brücke Archiv. Fritz Bleyl 1880–1966,* Archiv-Heft 18/1993, Hrsg. Magdalena M. Moeller, Berlin 1993, S. 204-225

Bruni 1971 Claudio Bruni: *Giorgio de Chirico. Catalogo Generale, opere dal 1908 al 1930*, Mailand 1971
Burger 1917 Fritz Burger: *Einführung in die Moderne Kunst*, Berlin 1917
Conzelmann 1983 Otto Conzelmann: *Der andere Dix. Sein Erlebnis des Krieges und des Menschen*, Stuttgart 1983
Delfs/von Lüttichau/Scotti 2004 Hans Delfs, Mario-Andreas von Lüttichau, Roland Scotti (Hrsg.): *Kirchner, Schmidt-Rottluff, Nolde, Nay … Briefe an den Sammler und Mäzen Carl Hagemann*, Ostfildern 2004
Delfs 2010 Hans Delfs (Hrsg.): *Ernst Ludwig Kirchner. Der gesamte Briefwechsel*, 4 Bde., Zürich 2010
Dube 1964 Annemarie und Wolf-Dieter Dube: *Erich Heckel. Das Graphische Werk*, 3 Bde., Berlin 1964, 1965, 1974
Dube 1967 Annemarie und Wolf-Dieter Dube: *E. L. Kirchner. Das Graphische Werk*, 2 Bde., München 1967, 1980, 1991
Dube-Heynig 1984 Annemarie Dube-Heynig: *Ernst Ludwig Kirchner. Postkarten und Briefe an Erich Heckel im Altonaer Museum in Hamburg*, Köln 1984
Einstein 1928 Carl Einstein: *Die Kunst des 20. Jahrhunderts*, Berlin 1928
Erbsmehl 1993 Hansdieter Erbsmehl: *Kulturkritik und Gegenästhetik: Zur Bedeutung Friedrich Nietzsches für die bildende Kunst in Deutschland 1892–1918*, (Diss.) Los Angeles 1993
Erbsmehl 1998 Hansdieter Erbsmehl: „Ihr seid mir keine Brücken zum Übermenschen!" *Friedrich Nietzsches Immoralismus und die Künstlergruppe ‚Brücke'*, Manuskript Brücke-Vortrag Ingelheim 1998
Erbsmehl 2001a Hansdieter Erbsmehl: „‚Geschwistergehirn' und ‚Zwillingsbruder'. Das melancholische Selbstbild des nietzscheanischen Künstlers um 1900", in: *Die Lebensreform. Entwürfe zur Neugestaltung von Leben und Kunst um 1900*, Kat. Darmstadt 2001, Bd. II, S. 43-50
Erbsmehl 2001b Hansdieter Erbsmehl: „Hary Graf Kessler. Mittler einer nietzscheanischen Kultur im Deutschen Kaiserreich", in: *Die Lebensreform. Entwürfe zur Neugestaltung von Leben und Kunst um 1900*, Kat. Darmstadt 2001, Bd. II, S. 51-60
Fagiolo Dell'Arco 1984 Maurizio Fagiolo Dell'Arco: *L`opera completa di De Chirico 1908–1924*, Mailand 1984
Flex 1917 Walter Flex: *Der Wanderer zwischen beiden Welten. Ein Kriegserlebnis*, München 1917
Gabler 1983 Karlheinz Gabler: *Erich Heckel. Zeichnungen, Aquarelle, Dokumente*, Stuttgart 1983

Gabler 1988 Wolfram Gabler: *Ernst Ludwig Kirchner als Illustrator*, (Diss.) Berlin 1988
Gockel 2010 Bettina Gockel: *Die Pathologisierung des Künstlers. Künstlerlegenden der Moderne*, Berlin 2010
Göpel 1976 Erhard und Barbara Göpel: *Max Beckmann. Katalog der Gemälde*, Bd. I und II, Bern 1976
Gordon 1968 Donald E. Gordon: *Ernst Ludwig Kirchner. Mit einem kritischen Katalog sämtlicher Gemälde*, München 1968
Gordon 1987 Donald E. Gordon: *Expressionism. Art and Idea*, New Haven, London 1987
Grisebach 2010 Lothar und Lucius Grisebach: *"Ich bin den friedlichen Bürgern zu modern. Aus Eberhard Grisebachs Briefwechsel mit seinen Malerfreunden*, Hrsg. Kirchner Museum Davos, Zürich 2010
Güse 1977 Ernst-Gerhard Güse: *Das Frühwerk Max Beckmanns. Zur Thematik seiner Bilder aus den Jahren 1904–1914*, Kunstwissenschaftliche Studien, Hrsg. Alexander Perrig, Bd. 6, Frankfurt am Main 1977
Haftmann 1954 Werner Haftmann: *Malerei im 20. Jahrhundert*, München 1954
Harrison/Wood 1998 Charles Harrison und Paul Wood Hrsg.: *Kunsttheorie im 20.Jahrhundert. Künstlerschriften, Kunstkritik, Kunstphilosophie, Manifeste, Statements, Interviews*, Bd. I und II, Ostfildern 1998
Henze 2008 Wolfgang Henze: „Ernst Ludwig Kirchners späte Kunst-Theorie", in: *Kunst – Geschichte – Wahrnehmung. Strukturen und Mechanismen von Wahrnehmungsstrategien*, Münchener Universitätsschriften des Instituts für Kunstgeschichte, Bd. 7, Hrsg. Stephan Albrecht, Michaela Braesel, Sabine Fastert, Andrea Gottdang und Gabriele Wimböck, München, Berlin 2008, S. 145-162
Henze 2010 Wolfgang Henze: „Fränzi oder die Moral des Kunstwerks", in: *Kunstjahr 2010*, Regensburg 2010, S. 30ff.
Heym/Kirchner 1924 Georg Heym: *Umbra Vitae. Nachgelassene Gedichte. Mit 47 Originalholzschnitten von Ernst Ludwig Kirchner*, München 1924
Hoberg/Jansen 2004 Annegret Hoberg und Isabelle Jansen: *Franz Marc. Werkverzeichnis, Gemälde*, München 2004
Hofmann 2005 Werner Hofmann: „Nietzsche und die Kunst des 20. Jahrhunderts", in: *Schopenhauer und die Künste,* Hrsg. Günther Baum und Dieter Birnbacher, Frankfurt am Main 2005, S. 308-323

Hüttel 2007   Richard Hüttel, „Max Klinger. Die graphischen Folgen, Eine Auswahl", in: *Eine Liebe. Max Klinger und die Folgen,* Kat. Leipzig, Hamburg 2007, S. 85-130

Kat. Berlin 1990   *Ludwig Meidner. Apokalyptische Landschaften*, Hrsg. Carol S. Eliel, Mit Beiträgen von Carol S. Eliel und Eberhard Roters, Ausstellungskatalog Berlinische Galerie, Martin-Gropius-Bau, Berlin 1990

Kat. Berlin 2001   *Artistenmetaphysik – Friedrich Nietzsche in der Kunst der Nachmoderne,* Ausstellungskatalog Haus am Waldsee, Berlin 2001

Kat. Darmstadt 1991   *Ludwig Meidner. Zeichner, Maler, Literat 1884 – 1966,* Hrsg. Gerda Breuer und Ines Wagemann, Ausstellungskatalog Institut Mathildenhöhe, Darmstadt 1991, 2 Bde.

Kat. Darmstadt 2001   *Die Lebensreform. Entwürfe zur Neugestaltung von Leben und Kunst um 1900*, 2 Bde., Ausstellungskatalog Institut Mathildenhöhe, Darmstadt

Kat. Dortmund 1996   *Von der Brücke zum Blauen Reiter. Farbe, Form und Ausdruck in der deutschen Kunst von 1905 – 1914,* Ausstellungskatalog Museum am Ostwall, Dortmund

Kat. Hamburg 1994   *Munch und Deutschland*, Konzept, Ausstellung und Katalog Uwe M. Schneede, Dorothee Hansen, Ausstellungskatalog Hamburger Kunsthalle und Kunsthalle der Hypo-Kulturstiftung München 1994–1995

Kat. Hannover 2011   *Der Blick auf Fränzi und Marcella. Zwei Modelle der Brücke-Künstler Heckel, Kirchner und Pechstein*, Ausstellungskatalog Sprengel Museum, Hannover, Stiftung Moritzburg, Halle

Kat. Münster 2006   *Melchior Lechters Gegen-Welten. Kunst um 1900 zwischen Münster, Indien und Berlin,* Ausstellungskatalog Westfälisches Landesmuseum für Kunst und Kulturgeschichte, Münster und Staatliche Museen zu Berlin, Stiftung Preussischer Kulturbesitz, Berlin 2006

Kat. Stuttgart 1994   *Max Beckmann. Meisterwerke 1907–1950*, Hrsg. von Karin von Maur, Ausstellungskatalog Staatsgalerie Stuttgart 1994

Kat. Zürich 1991   *Von Leibl bis Pechstein. Deutsche Zeichnungen aus den Beständen der Graphischen Sammlung,* Ausstellungskatalog Kunsthaus Zürich, 1991

Ketterer 1988   Roman Norbert Ketterer: Dialoge, 2 Bde. Stuttgart 1988

Kirchner/Kornfeld 1925   Ernst Ludwig Kirchner: „Die Arbeit E. L. Kirchners" Manuskript 1925/26, abgedruckt in: Eberhard W. Kornfeld: *Ernst Ludwig Kirchner. Nachzeichnung seines Lebens*, Bern 1979, S. 331-345

Klee 1957 Paul Klee: *Tagebücher 1898–1918,* Hrsg. Felix Klee, Köln 1957

Kostka 1992 Alexandre Kostka: „Dilettant und sein Künstler. Die Beziehung Harry Graf Kessler – Henry van de Velde", in: *Henry van de Velde. Ein europäischer Künstler seiner Zeit,* Kat. Hagen 1992, S. 253-284

Kostka 2000 Alexandre Kostka: „Der Epigone als Vollender: Harry Graf Kessler", in: *Widersprüche. Zur Frühen Nietzsche-Rezeption,* Hrsg. Andreas Schirmer und Rüdiger Schmidt im Auftrag der Stiftung Weimarer Klassik, Weimar 2000, S. 165-186

Krause 1984 Jürgen Krause: *„Märtyrer" und „Prophet". Studien zum Nietzsche-Kult in der bildenden Kunst der Jahrhundertwende,* Berlin 1984

Krüger 1988 Günter Krüger: *Das druckgraphische Werk Max Pechsteins,* Hamburg 1988

Lankheit 1976 Klaus Lankheit: *Franz Marc. Sein Leben und sein Kunst,* Köln 1976

Leistner 1991 Gerhard Leistner: „Figur und Landschaft im Frühwerk von Ludwig Meidner als Prolog zu seinem Verständnis von Expressionismus", in: *Ludwig Meidner. Zeichner, Maler, Literat 1884 – 1966,* Kat. Darmstadt 1991, Bd. I, S. 13-27

Lewey 1999 Petra Lewey: „Werkverzeichnis der Druckgraphik. Einführung in das graphische Werk Fritz Bleyls", in: Ausstellungskatalog *Brücke-Almanach 1999. Fritz Bleyl und die frühen Jahre der „Brücke",* Hrsg. von Hermann Gerlinger und Heinz Spielmann, Schleswig-Holsteinisches Landesmuseum Schloss Gottorf, Schleswig und Städtisches Museum Zwickau 1999/2000, S. 112-152

Löffler 1981 Fritz Löffler: *Otto Dix 1891–1969. Œuvre der Gemälde,* Recklinghausen 1981

Marc/Lankheit 1978 *Franz Marc. Schriften,* Hrsg. Klaus Lankheit, Köln 1978

Marc/Meissner 1980 *Franz Marc. Briefe, Schriften und Aufzeichnungen,* Hrsg. Günter Meissner, Leipzig 1980

Marc/Raschka 2007 Franz Marc: *Werke, Briefe und Schriften,* Auswahl und Redaktion: Achim Raschka, Digitale Bibliothek, Berlin 2007

Mattenklott 2000 Gert Mattenklott: „Nietzsche in Literatur und Kunst des 20. Jahrhunderts", in: *Widersprüche. Zur Frühen Nietzsche-Rezeption,* hrsg. im Auftrag der Stiftung Weimarer Klassik von Andreas Schirmer und Rüdiger Schmidt, Weimar 2000, S. 360-378

Maur 1994 Karin von Maur: „Auferstehung", in: Kat. Stuttgart 1994, S. 60ff.

Meidner 1914 Ludwig Meidner: „Anleitung zum Malen von Grosstadtbildern" aus: „Das Neue Programm", in: *Kunst und Künstler,* 12, 1914, S. 312-314, abgedruckt von Michael Assmann in: *Ludwig Meidner. Zeichner, Maler, Literat 1884–1966,* Kat. Darmstadt 1991, Bd. II, S. 290ff.

Meidner 1916 Ludwig Meidner: „Nächte des Malers", in: *Der Almanach der neuen Jugend auf das Jahr 1917,* hrsg. von Heinz Barger, Berlin 1916, S. 104-111, abgedruckt von Michael Assmann in: *Ludwig Meidner. Zeichner, Maler, Literat 1884–1966,* Kat. Darmstadt 1991, Bd. II, S. 306ff.

Meidner 1932 Ludwig Meidner: „Religiöse Gedanken eines Malers", in: *Blätter des jüdischen Frauenbundes für Frauenarbeit und Frauenbewegung,* 8, 1932, H. 6, Juni, S. 1-3, abgedruckt von Michael Assmann in: *Ludwig Meidner. Zeichner, Maler, Literat 1884–1966,* Kat. Darmstadt 1991, Bd. II, S. 431ff

Meyer 1993 Theo Meyer: *Nietzsche und die Kunst,* Tübingen, Basel 1993

Nietzsche 1901 Friedrich Nietzsche: Der Wille zur Macht. Versuch einer Umwerthung aller Werthe. Nietzsche's Werke, Zweite Abteilung, Band XV, Nachgelassene Werke, Leipzig 1901

Nietzsche 1908 Friedrich Nietzsche: *Ecce Homo. Wie man wird, was man ist.* Leipzig 1908

Nietzsche 1912 Friedrich Nietzsche: *Ecce Homo. Der Wille zur Macht, Erstes und Zweites Buch.* Nietzsche's Werke. Zweite Abtheilung, Band XV, Leipzig 1912

Nietzsche KSA Friedrich Nietzsche: *Sämtliche Werke. Kritische Studienausgabe* in 15 Bänden, Hrsg. Giorgio Colli und Mazzino Montinari, München 1967–1977, Neuausgabe1999

Nietzsche SA *Friedrich Nietzsche. Werke in drei Bänden.* Hrsg. von Karl Schlechta, München und Darmstadt 1954ff. Index-Band 1965.

Nolde 1934 Emil Nolde: *Jahre der Kämpfe 1902–1914,* Berlin 1934, Neuausgabe Hrsg. Stiftung Seebüll Ada und Emil Nolde, (Band 2 der vierbändigen Ausgabe von Noldes Memoiren) Köln 1967

Quinsac 1982 Annie-Paule Quinsac: *Segantini. Catalogo Generale,* Mailand 1982

Reinhardt 1977 Georg Reinhardt: *Die frühe „Brücke". Beiträge zur Geschichte und zum Werk der Dresdner Künstlergruppe „Brücke" der Jahre 1905–1908,* Brücke-Archiv, Heft 9/10, Berlin 1977

Schmid 1991 Angelika Schmid: „Die sogenannten ‚Apokalyptischen Landschaften' (1912–1916): ‚Mahnende Rufer' des Künstlers Ludwig Meidner", in: *Zeichner, Maler, Literat 1884–1966*, Kat. Darmstadt 1991, Bd. I, S. 84-95

Schmied 1996 Wieland Schmied: „Friedrich Nietzsche und sein Einfluss auf die Bildende Kunst. Ein kleiner Spaziergang durch das Jahrhundert der Moderne", in: *Protokolle. Zeitschrift für Literatur und Kunst*, Bd. 2, Hrsg. Otto Breicha bei Pilcher, Wien 1996, S. 83-110

Schmied 1980 Wieland Schmied, Alain Jouffroy, Maurizio Fagiolo Dell`Arco, Domenico Porzio: *De Chirico. Leben und Werk*, München 1980

Schmitt 1993 Evmarie Schmitt: „Fritz Bleyl – zwischen Sorgfalt und Vehemenz", in: *Brücke Archiv. Fritz Bleyl 1880–1966*, Archiv-Heft 18/1993, Hrsg. Magdalena M. Moeller, Berlin 1993, S. 9-51

Schubert 1980a Dietrich Schubert: *Otto Dix in Selbstzeugnissen und Bilddokumenten*, Hamburg 1980

Schubert 1980b Dietrich Schubert, „Nietzsche und seine Einwirkungen in die Bildende Kunst – Ein Desiderat heutiger Kunstgeschichtswissenschaft?", in: *Nietzsche-Studien*, Internationales Jahrbuch für die Nietzsche-Forschung, Bd. 9, Hrsg. von Ernst Behler, Mazzino Montinari, Wolfgang Müller-Lauter, Heinz Wenzel, Berlin New York 1980, S. 374-382

Schubert 1981 Dietrich Schubert: *Die Kunst Lehmbrucks*, Worms 1981

Schubert 1982 Dietrich Schubert, „Nietzsche-Konkretionsformen in der bildenden Kunst 1890–1933", in: *Nietzsche-Studien*, Internationales Jahrbuch für die Nietzsche-Forschung, Bd. 10/11, Hrsg. Ernst Behler, Mazzino Montinari, Wolfgang Müller-Lauter, Volker Gerhardt, Berlin, New York 1982, S. 278-317

Schubert 2001 Dietrich Schubert: *Wilhelm Lehmbruck. Catalogue raisonné der Skulpturen 1898–1919*, Worms 2001

Schütze 2006 Sebastian Schütze: „Turm von bleibendem strahl in der flutnacht der zeit". Melchior Lechter und die Antinomien, Paradoxien und Pathologien der modernen Zeit", in:*Melchior Lechters Gegen-Welten. Kunst um 1900 zwischen Münster, Indien und Berlin*, Kat. Münster, Berlin, S. 13-53

Singer 1909 Hans Wolfgang Singer: *Max Klinger. Radierungen, Stiche und Steindrucke 1887–1903*, Berlin 1909, Neuausgabe: San Francisco 1991

Stuker 1951 „Bibliothek E. L. Kirchner" in: Kat. XXIV Auktion der Galerie Jürg Stuker in Bern vom 6. bis 15. März 1951, S. 62-85

Stutzer 1995 Beat Stutzer: „Ausgewählte Werke mit Kommentaren, Literatur – Ausstellungsnachweisen", in: *Ernst Ludwig Kirchner. Die Werke in Schweizer Museen*, Kat. Davos 1995, S. 75-180

Svenaeus 1973 Gösta Svenaeus: „Der heilige Weg. Nietzsche-Fermente in der Kunst Edvard Munchs", in: *Edvard Munch. Probleme – Forschungen – Thesen*, Studien zur Kunst des neunzehnten Jahrhunderts, Bd. 21, Hrsg. Henning Bock, Günther Busch, München 1973, S. 25-46.

Sydow 1919 Eckart von Sydow: „Der doppelte Ursprung des deutschen Expressionismus", in: *Neue Blätter für Kunst und Dichtung*, Jhrg. 1, Februar, Dresden 1919, S. 227-230.

Sydow 1920 Eckart von Sydow: *Die deutsche expressionistische Kultur und Malerei*, Berlin 1920

Voss 2011 Julia Voss: „Die nackte Armut ist nicht modern. Freizügige Moderne." in: Frankfurter Allgemeine Zeitung, 10. Mai 2011 und „Wir wollen die Werke nicht denunzieren. Ein Streitgespräch mit Pia Müller-Tamm, Direktorin der Staatlichen Kunsthalle Karlsruhe, in: *Frankfurter Allgemeine Zeitung*, 10. Juni 2011, S. 27

Wesenberg 2001 Angelika Wesenberg: „,… um jeden tiefen Geist wächst fortwährend eine Maske'. Bildnisse Friedrich Nietzsches von Stoeving bis Munch", in: *Die Lebensreform. Entwürfe zur Neugestalltung von Leben und Kunst um 1900,* Bd. II, Kat. Darmstadt, S. 35-42

Woll 2001 Gerd Woll: *Edward Munch. Complete Paintings, catalogue raisonné*, Bd. II-III, New York 2009

Woll 2008 Gerd Woll: *Edward Munch. Werkverzeichnis der Graphik*, London 2001

Wyss 1996 Beat Wyss: *Der Wille zur Kunst. Zur ästhetischen Mentalität der Moderne*, Köln 1996

Zimmermann 2001 Jörg Zimmermann: „Nietzsche und die bildende Kunst der Moderne. Wege der Rezeption von Max Klinger bis Francis Bacon", in: *Artistenmetaphysik – Friedrich Nietzsche in der Kunst der Nachmoderne*, Kat. Berlin, S. 35-49

Nachbemerkung des Herausgebers

Dieser Band enthält die Vorträge des Nietzsche-Symposiums zum Thema „Wandern im Verbotenen – Über Sinne und Sinn in Nietzsches Philosophie" im Grand Resort Bad Ragaz vom 23.–26. Juni 2011.
 Ein ausführliches Programmheft orientierte über den Ablauf. Das Programm kann auf der Website *www.philosophiesymposium.ch/archiv* weiterhin eingesehen werden.
 Im *ersten Teil* bietet dieses Buch philosophisch-literarische Analysen. Sie setzen den Akzent bei Nietzsches künstlerischem Philosophieren aus den Sinnen. Zentral ist die Frage, aus welchen Kräften und Einschätzungen des Lebens heraus entsteht welches Denken. Gemäß meinem Konzept dieser Symposiumsreihe handelte es sich aber nicht um die rein fachphilosophische Tagung. Die Veranstaltung richtete sich an alle an Philosophie und Kunst Interessierte. Entsprechend legte ich Schwerpunkte auf die Nietzsche-Rezeption in den Künsten bei Ernst Ludwig Kirchner mit Exkursion zum Kirchner-Museum in Davos und beim Komponisten Wolfgang Rihm mit Präsentation seiner Opernphantasie „Dionysos" für Salzburg 2010. Aus drucktechnischen Gründen wurden hier diese Beiträge zum *zweiten Teil* versammelt, der mit Fotos der Tamina-Installation „Hören aus der Tiefe" eingeleitet wird, welche der Schweizer Künstler Roman Signer für die Dauer des Nietzsche-Symposiums auf der Fußgängerbrücke installiert hatte. Die Mitte dieses Buches, beim Symposium den Schluss, macht die Dichterstimme von Thomas Hürlimann mit einer fulminanten Präsentation zu Nietzsches Regenschirm.
 Ich bedaure, dass ein wichtiger Beitrag in dieser Publikation fehlt. Er galt dem Thema „Jenseits der Peitsche. Oder: Einige Annotationen zu Nietzsche, Lou Andreas Salomé, Meta von Salis und Helene Druskowitz". Die Referentin Ursula Pia Jauch wollte ihren Vortrag in diesem Rahmen nicht zum Druck freigeben. Bleibt zu wünschen, dass wir ihn gelegentlich anderswo lesen können.